普通高等学校城市轨道交通专业规划教材编写委员会

主　　任　李　锐（安徽交通职业技术学院　系主任　教授）
　　　　　　刘志刚（上海工程技术大学城市轨道交通学院　博士　副院长　教授）

副主任　　李建洋（安徽交通职业技术学院　博士　教授）
　　　　　　张国侯（南京铁道职业技术学院　教研室主任　副教授）
　　　　　　李宇辉（南京铁道职业技术学院　教研室主任　副教授）
　　　　　　穆中华（郑州铁路职业技术学院　教研室主任　副教授）
　　　　　　朱海燕（上海工程技术大学城市轨道交通学院　副教授）
　　　　　　周庚信（新疆交通职业技术学院　系主任　高级讲师）

委　　员　娄　智（安徽交通职业技术学院　系副主任　副教授）
　　　　　　李志成（安徽交通职业技术学院　副教授）
　　　　　　兰清群（安徽交通职业技术学院　副教授）
　　　　　　王晓飞（安徽交通职业技术学院　讲师）
　　　　　　李泽军（安徽交通职业技术学院　工程师）
　　　　　　李艳艳（安徽交通职业技术学院　讲师）
　　　　　　颜　争（安徽交通职业技术学院　讲师）
　　　　　　黄建中（南京铁道职业技术学院　副教授）
　　　　　　周云娣（南京铁道职业技术学院　讲师）
　　　　　　陈　谦（南京铁道职业技术学院　讲师）
　　　　　　黄远春（上海工程技术大学城市轨道交通学院　讲师）
　　　　　　田　亮（深圳城市轨道交通运营公司　工程师）
　　　　　　文　杰（杭州城市轨道交通运营公司　工程师）
　　　　　　任志杰（宁波城市轨道交通运营公司　工程师）
　　　　　　李国伟（郑州铁路局郑州北站　工程师）
　　　　　　薛　亮（沈阳交通高等专科学校　讲师）
　　　　　　牛云霞（新疆交通职业技术学院　讲师）
　　　　　　张　荣（新疆交通职业技术学院　讲师）
　　　　　　苏　颖（新疆交通职业技术学院　讲师）

普通高等学校"十三五"省级规划教材
普通高等学校城市轨道交通专业规划教材

城市轨道交通
列车运行自动控制

李 锐 张国侯 穆中华 等 编

中国科学技术大学出版社

内 容 简 介

本书以信号工岗位能力需求为依据,结合城市轨道交通信号系统现状,概述了当前国内外主要列车运行自动控制系统的特点,涵盖城轨信号控制关键技术、城轨 ATC 控制系统、CASCO CBTC 系统、西门子 CBTC 系统、泰雷兹 CBTC 系统、交控科技 CBTC 系统、DCS 系统及其维护、CBTC 列控系统实践等内容。

本书可作为高等院校城市轨道交通专业教学用书,也可作为城市轨道交通专业工程技术人员、技术工人的培训用书和参考资料。

图书在版编目(CIP)数据

城市轨道交通列车运行自动控制/李锐,张国侯,穆中华,等,编.—合肥:中国科学技术大学出版社,2015.8(2020.1 重印)

ISBN 978-7-312-03709-2

Ⅰ.城… Ⅱ.①李…②张…③穆… Ⅲ.城市铁路—轨道交通—列车—运行—自动控制系统—高等学校—教材 Ⅳ.U284.48

中国版本图书馆 CIP 数据核字(2015)第 156605 号

出版	中国科学技术大学出版社 安徽省合肥市金寨路 96 号,230026 http://press.ustc.edu.cn http://zgkxjsdxcbs.tmall.com
印刷	合肥市宏基印刷有限公司
发行	中国科学技术大学出版社
经销	全国新华书店
开本	787 mm×1092 mm 1/16
印张	14
字数	346 千
版次	2015 年 8 月第 1 版
印次	2020 年 1 月第 2 次印刷
定价	33.00 元

总 序

  本套教材以职业岗位能力为依据,根据国家骨干院校城市轨道交通运营管理专业建设要点,结合城市轨道交通通信信号技术、城市轨道交通车辆技术、城市轨道交通机电技术专业的需要,由安徽交通职业技术学院与相关轨道交通运营公司合作编写。

  本套教材包括《城市轨道交通概论》《城市轨道交通信号基础设备》《城市轨道交通运营与信号》《城市轨道交通客运组织》《城市轨道交通车站设备》《城市轨道交通行车组织》《城市轨道交通列车运行自动控制》《城市轨道交通车辆构造与维护》《轨道交通运营管理综合实训指导书》《轨道交通信号综合实训指导书》《轨道交通车辆综合实训指导书》等。

  本套教材融合了国内主要城市轨道交通运营企业现场作业的内容,以实际工作项目为主线,在项目中以具体工作任务作为知识学习要点,并针对各项任务设计模拟实训与思考练习,实现了课堂环境模拟现场岗位作业情景及学生自我学习、自我训练的目标,体现了"岗位导向、学练一体"的教学过程。

普通高等学校城市轨道交通专业规划教材
编写委员会

前 言

城市轨道交通系统的安全、高效与信号控制系统密切相关,以速度控制为基础的列车运行自动控制系统已成为城市轨道交通信号系统的共同选择,业已成为城市轨道交通调度指挥和运营管理的中枢。

随着计算机技术和微电子技术的飞速发展,信号控制系统发生了质的变化,技术上日趋成熟。CBTC系统采用当前先进的计算机技术和信息传输技术,具有多方面优势(提高效率、易于延伸线建设和改造升级)。移动闭塞是今后ATC系统发展的主流已经成为共识。

当前列车运行控制系统是中国城市轨道交通建设的瓶颈,政府部门在引进国外先进的CBTC系统的同时大力发展具有自主知识产权的信号控制系统,以打破垄断,改变受制于人的窘境。

本书第一章首先概括了国内外轨道交通列车运行控制系统的现状,随后在第二章中总结了列控系统的关键技术,在第三章城轨ATC控制系统中对比讲述了信号控制系统,在第四章至第七章中分别从不同角度介绍了国内外主要的CASCO CBTC系统、西门子CBTC系统、泰雷兹CBTC系统、交控科技CBTC系统,第八章讲述了CBTC系统的共同核心——DCS系统及其维护,第九章讲述的是CBTC列控系统实践及维护说明。

本教材由安徽交通职业技术学院李锐任第一编者,负责拟定编写大纲与全书统稿,并编写了第一章、第九章,南京铁道职业技术学院张国侯编写了第二章、第七章,郑州铁路职业技术学院穆中华编写了第三章和附录部分,南京铁道职业技术学院赵德生编写了第四章,深圳地铁集团邓文坤编写了第五章,安徽交通职业技术学院李泽军编写了第六章,安徽交通职业技术学院李建洋编写了第八章。本书在编写过程中,参考了大量专家及学者的研究成果,在此一并表示最诚挚的谢意!

限于编者水平、能力及视角,书中难免有疏漏与不足之处,恳请读者批评指正。

编 者

目 录

总序 …………………………………………………………………………………（ⅰ）
前言 …………………………………………………………………………………（ⅲ）

第一章　城市轨道交通列车运行控制系统发展概况 ……………………………（1）
第一节　国外城市轨道交通列车运行控制系统发展概况 ………………（1）
第二节　国内城市轨道交通列车运行控制系统发展状况 ………………（4）
第三节　我国铁路列车运行控制系统的发展 ……………………………（9）

第二章　城市轨道交通信号控制关键技术 ………………………………………（14）
第一节　列车定位技术 ……………………………………………………（14）
第二节　列车测速技术 ……………………………………………………（19）
第三节　车—地通信技术 …………………………………………………（22）
第四节　闭塞方式 …………………………………………………………（28）
第五节　速度控制模式 ……………………………………………………（32）

第三章　城市轨道交通 ATC 控制系统 ……………………………………………（38）
第一节　基于轨道电路的 ATC 系统 ………………………………………（38）
第二节　Check 方式 ATC 系统 ……………………………………………（48）
第三节　基于 CBTC 的 ATC 系统 …………………………………………（53）

第四章　CASCO CBTC 系统 ………………………………………………………（64）
第一节　CASCO CBTC 系统概述 …………………………………………（64）
第二节　CASCO ATS 子系统 ………………………………………………（67）
第三节　基于 CBTC 的 ATP 子系统 ………………………………………（75）
第四节　CASCO ATC 系统维护 ……………………………………………（84）

第五章　西门子 CBTC 系统 ………………………………………………………（89）
第一节　西门子 CBTC 系统概述 …………………………………………（89）
第二节　西门子 ATS 子系统 ………………………………………………（90）

第三节 西门子 ATP 子系统 ……………………………………………………（98）

第六章 泰雷兹 CBTC 系统 …………………………………………………（106）
第一节 泰雷兹 CBTC 系统组成 ………………………………………………（106）
第二节 泰雷兹 CBTC 系统原理 ………………………………………………（116）
第三节 泰雷兹 CBTC 系统后备模式 …………………………………………（120）

第七章 交控科技 CBTC 系统 ………………………………………………（126）
第一节 ATC 系统概述 …………………………………………………………（126）
第二节 ATP 子系统 ……………………………………………………………（129）
第三节 ATO 子系统 ……………………………………………………………（134）

第八章 DCS 子系统及其维护 ………………………………………………（139）
第一节 DCS 子系统概述 ………………………………………………………（139）
第二节 DCS 系统安全性 ………………………………………………………（145）
第三节 DCS 系统抗干扰性 ……………………………………………………（152）
第四节 DCS 设备日常维护 ……………………………………………………（157）
第五节 DCS 系统性能维护 ……………………………………………………（161）

第九章 CBTC 列控系统操作实践 …………………………………………（172）
第一节 ATS 系统基本操作 ……………………………………………………（172）
第二节 ATP 系统基本操作 ……………………………………………………（182）
第三节 ATO 系统基本操作 ……………………………………………………（191）
第四节 CBTC 系统后备模式基本操作 ………………………………………（196）

附录 ……………………………………………………………………………（204）
附录一 ATC 子系统日常维护 …………………………………………………（204）
附录二 DCS 设备日常维护 ……………………………………………………（209）

参考文献 ………………………………………………………………………（213）

第一章 城市轨道交通列车运行控制系统发展概况

城市轨道交通列车运行控制系统是城市轨道交通的主要技术装备,它担负着指挥列车运行、保证行车安全、提高运输效率、实现列车运行自动化的重要任务。

第一节 国外城市轨道交通列车运行控制系统发展概况

19世纪欧洲工业革命的成功促进了社会经济的发展和城市的繁荣,蒸汽机的发明促使轨道交通在英国诞生。

交通工具的机械化和现代化使得城市轨道交通控制方式的瓶颈日益凸现出来。根据英国学者韦伯思特(Webster V.)和柯布(Cobber M.)的著作记述,为保证城市轨道交通运行安全和减少交通事故的发生,1868年英国伦敦出现了一种红绿两色的臂板式信号灯,从此揭开了城市轨道交通列车运行控制的序幕。1918年,纽约安装了一种手动的三色信号灯,首次出现了真正现代意义上的列车运行控制装置,这也是列车运行控制的雏形。

随着社会的发展,城市车辆不断增多,传统的交通信号灯已不能满足轨道交通控制的需求,交通工程师开始寻求借助其他工程领域的技术来解决交通信号控制问题,由此带来了交通控制技术的迅速发展。1926年,英国在沃尔佛汉普顿安装了一种结构简单的机械式交通信号机,它通过电动机带动齿轮机械转动,实现单时段定周期的红绿灯切换。这种机械式的信号机首次实现自动控制,奠定了城市交通信号自动控制的基础。

交通信号的控制,由手动信号机到自动信号机,由固定周期到可变周期,控制方式由点控到线控和面控,从无车辆检测器到有车辆检测器,经历了近百年的历史。进入20世纪70年代,随着计算机技术和自动控制技术的发展,数字技术和自动化技术的介入,世界各国城市轨道交通控制技术发生了质的变化,技术上日趋成熟。较为先进的轨道交通系统已摒弃了"用信号显示指挥列车"的旧有概念,引进了ATC(Automatic Train Control)系统,司机操作台上显示的是反映列车运营状态的信息。

最早的列车指挥由一位戴绅士礼帽、穿黑大衣和白裤子的铁路员工在列车前骑马引导列车运行,他边跑边以各种手势发出信号指挥列车前进和停止。

为确保安全,人们开始研究使用固定的信号设备:用一块长方形的板子在指挥列车,板子上的横向线路是停车信号,顺向线路是行车信号。可是,顺向线路的板子实际上很难观察,故又在顶端加块圆板。当必须在晚间开车时,就以红色灯光表示停车信号,以白色灯光表示行车信号。

1841年，英国人戈里高利提出用长方形臂板作为信号显示，装设在伦敦车站，这是铁路上首次使用臂板式信号机，如图1.1所示。随着光电技术、电子的发展，城市轨道交通控制方式由臂板信号机逐渐过渡到色灯信号机和机车信号。

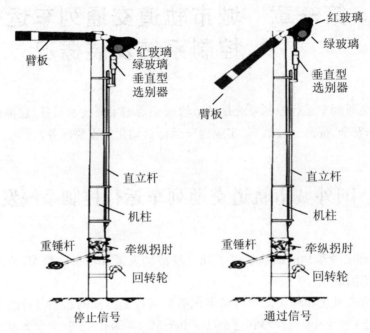

图1.1　臂板信号机

城市轨道交通色灯信号机（用灯光的颜色、数目及亮灯状态表示信号的含义，指挥列车运行）一般设于车站出站口、道岔处、转线处等，分别指挥列车出站、防护道岔、转线作业等。色灯信号机结构如图1.2所示。

将地面信号传递给机车，在司机操作台上显示的信号为机车信号。机车信号是指通过设在机车司机室的机车信号机自动反映运行条件、指示司机运行的信号。为实现机车信号而装设的整套技术设备称为机车信号设备。机车信号机如图1.3所示。

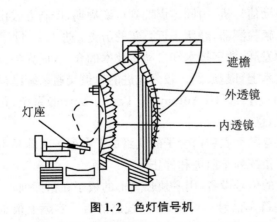

图1.2　色灯信号机

图1.3　机车信号机

为保证行车安全，提高运输效率及改善司机的劳动条件，在机车上要安装机车信号车载设备，在线路上也要安装机车信号地面设备，使机车上能接收到反映地面信号的信息。

在线路条件不好、气候条件不好的情况下，机车信号的作用是非常大的。

在轨道交通线路中，由于站间距小、运营线路条件差，仅仅靠机车信号显示和由司机来控制机车是很难做到大密度运营的。

西门子公司、GRS公司、USSI公司、西屋公司、日立公司、阿尔斯通公司、泰雷兹集团等从20世纪80年代开始广泛采用先进的数字化信号控制系统，确保列车运行达到最大的安全和效率。

轨道交通信号控制系统由列车自动控制系统（ATC）和联锁设备两大部分组成。其中ATC系统又可分为列车自动防护（ATP）子系统、列车自动运行（ATO）子系统和列车自动监控（ATS）子系统三个子系统。

当前，列车自动控制系统大体上分为两种制式，即基于数字轨道电路的准移动闭塞和基于感应环线通信的移动闭塞制式CBTC系统，或基于无线（Radio）通信虚拟闭塞制式CBTC系统。基于城市轨道交通领域业内人士对移动闭塞制式CBTC系统可靠性、安全性的认可，对互联互通和对无线通信接口的标准的统一，发展移动闭塞是今后ATC系统的主流已经成为共识。

按照闭塞方式的不同划分，世界主要城市轨道交通控制系统应用情况如表1.1所示。

表1.1 世界各国城市轨道交通控制系统一览表

控制模式	供货商	主要应用情况
固定闭塞制式	西屋公司（WESTING HOUSE，英国）	新加坡1号线
	美国通用铁路信号有限公司（GRS，美国）	纽约地铁
	西门子公司（SIEMENS，德国）	在德国已广泛应用
准移动闭塞制式	西门子公司（SIEMENS，德国）	
	阿尔斯通公司（ALSTOM，法国）	法国巴黎南北线
	美国联合道岔与信号国际公司（USSI，美国，现属安萨尔多集团）	美国洛杉矶绿线、韩国首尔地铁
	西屋公司（WESTING HOUSE，英国）	英国伦敦Jubilee新线、西班牙马德里地铁
移动闭塞控制模式	阿尔卡特公司（ALCATEL，法国，现属泰雷兹集团）	温哥华1、2号线（环线）；肯尼迪国际机场全自动轻轨系统（环线）；拉斯维加斯单轨线路（无线）
	西门子公司（SIEMENS，德国）	巴黎地铁14号线（环线）；纽约卡纳西线（无线，建设中）
	阿尔斯通公司（ALSTOM，法国）	新加坡东北线（波导管）
	庞巴迪公司（BOMBARDIER，美国）	美国旧金山机场线（无线）
	美国联合道岔与信号国际公司（USSI，美国，现属安萨尔多集团）	

第二节　国内城市轨道交通列车运行控制系统发展状况

一、国内城市轨道交通信号控制系统发展概述

城市轨道交通(包括地下铁道和轻轨铁路)是现代化都市所必需的交通工具,它具有运量大、速度快、安全可靠、污染低、受其他交通方式干扰小等特点,能有效改变城市交通拥挤、乘车困难、行车速度下降状况。城市轨道交通是城市现代化的标志。我国北京、上海、天津、重庆、广州、深圳、佛山、南京、苏州、无锡、杭州、宁波、武汉、成都、沈阳、大连、长春、哈尔滨、西安、郑州、昆明、长沙等已建成档次和规模不同的地铁并不断进行扩展和延伸,福州、南昌、合肥、南宁、贵阳、石家庄、太原、济南、兰州、东莞、青岛、厦门、徐州、南通等正在或计划建设城市轨道交通,我国城市轨道交通出现了建设高潮,前景十分广阔。

城市轨道交通系统的安全、速度、输送能力和效率与信号控制系统密切相关,以速度控制为基础的列车自动控制系统已成为城市轨道交通信号控制系统的共同选择。信号控制系统实际上已成为城市轨道交通调度指挥和运营管理的中枢神经,选择合适的信号控制系统,可以带来较好的经济效益和社会效益。

信号控制系统是城市轨道交通的重要基础设施之一,它对于确保列车的运行安全和提高行车效率必不可少。从 20 世纪中后期开始,随着计算机技术和微电子技术的飞速发展,信号控制系统因为数字技术和自动化技术的介入,发生了质的变化,技术上日趋成熟。

从 20 世纪 90 年代起,国内新建造或改造的北京、上海、广州和天津等地的地铁开始引进国外先进的地铁信号控制系统设备:北京地铁 1 号线引进英国西屋公司设备,上海地铁 1 号线引进美国 GRS 公司设备,广州地铁、深圳地铁及南京地铁 1 号线引进德国西门子公司设备,上海地铁 2 号线引进美国 USSI 公司设备,上海地铁 3 号线引进法国阿尔斯通公司设备,上海地铁 5 号线引进德国西门子公司设备。国产信号控制系统由于多种原因,至今没有得到大规模应用。

阿尔卡特公司(现属泰雷兹集团)在世界上较早推出 CBTC 系统,有比较成熟的技术,上海自仪股份公司选择与泰雷兹集团合作,不仅适应了地铁建设的需要,而且有助于在一个较高的起点上发展公司的自动控制系统新产业。

西门子公司凭借"全面交通解决方案"的理念,将其先进的 CBTC 解决方案引进到中国城市轨道交通中,并提供模块化产品——"Trainguard MT"列车运行自动控制系统,其采用基于无线 AP 的 WLAN 作为车—地通信通道,是目前在我国开通较早且运行稳定的设备之一,为我国城市轨道交通的发展提供了新的选择和方向。

我国城市轨道交通控制系统的主要应用情况如表 1.2 所示。

表 1.2 国内城市轨道交通控制系统应用情况一览表

控制模式	供货商	主要应用情况
固定闭塞制式	西屋公司(WESTING HOUSE,英国)	北京地铁 1 号线(含复八线);八通线;13 号线
	美国通用铁路信号有限公司(GRS,美国)	上海地铁 1 号线
	西门子公司(SIEMENS,德国)	上海地铁 5 号线(点式应答器)
准移动闭塞制式	西门子公司(SIEMENS,德国)	广州地铁 1、2 号线;深圳地铁 1 号线;南京地铁 1 号线
	阿尔斯通公司(ALSTOM,法国)	上海地铁 3、4 号线;香港机场快速线
	美国联合道岔与信号国际公司(US-SI,美国,现属安萨尔多集团)	上海地铁 2 号线;天津滨海线
	西屋公司(WESTING HOUSE,英国)	北京地铁 5 号线;天津地铁 1 号线
移动闭塞控制模式	阿尔卡特公司(ALCATEL,法国,现属泰雷兹集团)	武汉轻轨 1 号线(环线);广州地铁 3 号线(环线);上海地铁 6、7、8、9、11 号线(无线);北京地铁 4 号线,大兴线(无线);港九铁路西线(环线);南京地铁 4 号线,机场线;合肥地铁 1 号线
	西门子公司(SIEMENS,德国)	广州地铁 4、5 号线;深圳地铁 4 号线(无线);广佛线(无线);北京地铁 10 号线(无线);南京地铁 2、3 号线(无线);苏州地铁 1 号线(无线)
	阿尔斯通公司(ALSTOM,法国)	北京地铁 2 号线(波导管+无线);北京机场线(波导管);广州地铁 6 号线(波导管);上海地铁 10 号线(无线)
	庞巴迪公司(BOMBARDIER,美国)	首都机场捷运系统(无线)
	美国联合道岔与信号国际公司(US-SI,美国,现属安萨尔多集团)	沈阳地铁 1、2 号线;深圳地铁 2、3 号线;西安地铁 2 号线;成都地铁 1 号线(无线);郑州地铁 1 号线(无线)
	北京交控科技	北京地铁亦庄线、昌平线、7 号线;成都地铁 3 号线;长沙地铁 1 号线;深圳地铁 7 号线;天津地铁 6 号线;石家庄地铁 3 号线;越南河内轻轨线

二、国内城市轨道交通信号控制系统技术发展趋势

信号控制系统是保障行车安全、提高运输能力的关键技术装备。城市轨道交通信号控制系统随着微电子技术、计算机技术、通信技术的发展而不断发展。在信号控制系统中,地面与车载设备的安全信息传输方式大致经历了模拟轨道电路、数字轨道电路和无线通信三个阶段。

1. 基于模拟轨道电路的 ATC 系统

轨道电路是将区间线路划分为若干固定的区段,作为进行列车占用检查和向车载 ATC 设备传送信息的载体。列车定位以固定的轨道电路区段为单位,采用模拟轨道电路方式由地面向车载设备传 10～20 种信息,列车采用阶梯式速度控制,称为固定闭塞,如图 1.4 所示。模拟轨道电路在我国应用的代表产品有:从英国西屋公司引进的 FS-2500 无绝缘轨道电路(北京地铁 1 号线、13 号线);从美国 GRS 公司引进的无绝缘数字调幅轨道电路(上海地铁 1 号线);大连轻轨采用的国产 WG-21 A 轨道电路。

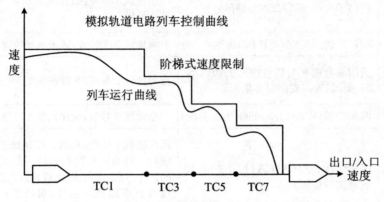

图 1.4　模拟轨道电路列车运行速度控制示意图

从系统整体角度来看,基于模拟轨道电路的 ATC 系统中各子系统处于分立状态,技术水平明显落后,维修工作量大,制约了列车运行速度和密度的进一步提高,将逐步退出历史舞台。

2. 基于数字轨道电路的 ATC 系统

数字轨道电路采用数字编码方式,地面向车载设备传送数十位数字编码信息,列车可实现一次模式曲线式安全防护,缩短了列车运行间隔,提高了舒适度。数字轨道电路列车速度控制曲线如图 1.5 所示。

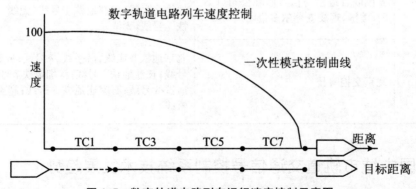

图 1.5　数字轨道电路列车运行速度控制示意图

采用数字轨道电路的 ATC 系统,列车可实现一次模式曲线式安全防护,因此称之为准移动闭塞。数字轨道电路在我国应用的代表产品有:美国 USSI 公司的 AF-904 无绝缘数字轨道电路(上海地铁 2 号线、津滨轻轨等),德国西门子公司的 FTGS 无绝缘数字轨道电路(广州地铁1、2号线,南京地铁1号线等)。数字轨道电路的ATC系统采用微电子技术、计算机技术和数字通信技术,延续了轨道电路故障—安全的特点,目前在我国和世界范围内开通运用较多,系统的可靠性和稳定性得到了充分的验证。但数字轨道电路存在以下缺点:

(1) 必须具备很强的抗干扰能力。轨道电路中ATC信息电流一般在几十毫安至几百毫安,而列车牵引回流最大可达4000安。

(2) 受轨道电路特性限制,只能实现地面向列车的单项信息传输,信息量也只能到数十比特,限制了ATC系统的性能。

(3) 与牵引供电专业的设备安装相互影响。信号设备和牵引供电设备都需要安装在轨道上,两个专业设备的安装必须相互协调,否则会相互影响对方系统的性能。

(4) 无法进行列车精确定位。只能按轨道电路区段对列车进行定位,一般区段长度为30~300m,对缩短列车运行间隔有一定的限制。

3. 基于通信的列车运行控制系统(CBTC)

CBTC系统的特点是实现车—地之间连续的双向通信,通过安全数据传输,将为每列通信列车提供一个LMA,并不断更新和重建,实现一次模式曲线式安全防护,并且其防护点能够随前车的移动而实时更新,有利于进一步缩小行车间隔,提高运输效率,称为移动闭塞。CBTC系统列车速度控制如图1.6所示。

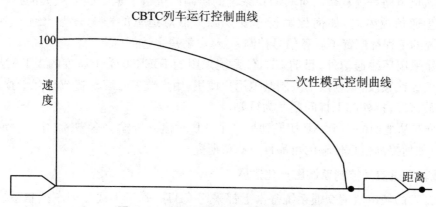

图1.6 CBTC列车运行速度控制示意图

无线通信的传输方式很多,目前国内主要采用以下四种方式:

(1) 无线AP传输方式:采用沿着轨道方向的无线定向天线,传输距离可以达到200~400m。优点是安装简单,施工方便,成本低。缺点是无线场强分布不均匀。

(2) 漏缆传输方式:沿着同轴电缆的外部导体周期性或非周期性配置开槽口,电信号在该电缆中传输的同时,能把电磁能量的一部分按要求从特殊开槽口以电磁波的形式放射到周围的外部空间,既具有传输线的性质,又具有无线电发射天线的性质。优点是场强覆盖均匀、适应性强、电磁污染小等。缺点是成本较高。

(3) 波导管传输方式:波导管也是一种双向数据传输的无线信号传输媒介,具有传输频带宽、传输损耗小、可靠性高、抗干扰能力强等特点。缺点是工艺复杂,受环境湿度影响较大。

(4) 感应环线方式:通过轨道铺设交叉感应环线,实现无线通信。

在我国已经开通使用的轨道交通中,武汉轻轨和广州地铁3号线采用加拿大阿尔卡特公司的 SelTracMB 系统,用感应环线实现车—地信息双向传输;北京地铁10号线和奥运支线、广州地铁4号线采用德国西门子公司的 Trainguard MT,用点式 AP 实现无线信息传输;北京地铁2号线改造、机场线采用法国阿尔斯通公司的 URBALISTM,用波导管和点式 AP 实现无线信息传输。现在正在建设的项目(广州地铁5号线、广佛线,上海地铁6、7、8、9、11号线,北京地铁4号线、大兴线,沈阳地铁1、2号线,成都地铁1号线等)都选择了基于点式 AP 无线通信的 CBTC 系统,它已经成为我国城市轨道交通信号控制系统选型的主流制式。

CBTC 系统采用当前先进的计算机技术和信息传输技术,不与牵引供电争轨道,有利于牵引供电专业合理布置设备;不需要在轨道上安装设备,易形成疏散通道。采用 CBTC 技术具有多方面优势(提高效率、易于延伸线建设和改造升级),可以充分利用国内现有的信号产品和资源,易于实现国产化。其中具有完全自主知识产权的计算机联锁设备和 ATS 子系统已经成功在现场开通使用。但目前 CBTC 系统的应用在国际上还处于初期阶段,国外厂商都在结合工程实践不断完善,开通投入商业运营的线路并不多,开通过程中主要存在以下技术瓶颈,需要在今后的研制和工程实施中加以解决:

(1) CBTC 系统的列车定位和移动授权依赖无线信息传输,如果某列车或地面某点发生无线通信中断或故障,就会失去对列车的定位,将对运营造成较大的影响,且故障处理将比原来的轨道电路系统复杂。对 CBTC 系统的研制已进行了近30年,最大的技术难题就是一旦发生通信故障时,如何保障行车安全和降低对运营的影响。为此绝大多数采用 CBTC 系统的工程都配置了后备信号控制系统,以解决上述问题。

(2) 除采用环线通信外,目前 CBTC 系统采用的 IEEE802111 系列的 WLAN 标准是一个开放的无线频段,该频段不限制其他用户使用,用户较多时容易造成相互干扰,特别是在高架开放区段,抗外部干扰问题尤为重要。

(3) 列车从地面的一个 AP 切换到另一个 AP 时信息传输会有中断,存在一定程度的丢包现象,如何提高信息传输的可靠性也有待研究。

4. 城轨交通信号控制系统国产化进展

国内开发的城市轨道交通系统基本上都采用 CBTC 基于无线的列车控制系统。主要开发进展情况如下:

(1) 中国铁道科学研究院充分利用专业齐全的优势,通过多年的研发,完成了 CBTC 系统的所有子系统(ATS、联锁、ATP、ATO、DCS、应答器等),并进行了室内系统调试、现场试验和调试。铁科院的 ATS 子系统、计算机联锁子系统是国内成熟技术,具有城市轨道交通业绩,已经具备工程实施的条件。铁科院的 CBTC 系统对无线故障情况下的后备转换进行了深入的研究,能够在保证行车安全的情况下尽量减少对正常运营的干扰,达到了先进的水平。在安全性方面,与研发同步进行第三方安全认证工作,已签署安全认证合同并开展安全认证工作。

(2) 2004年,北京交通大学、北京地铁运营公司、北京和利时公司申请北京市科委"基于通信的城轨 CBTC 系统研究"科研项目,在北京地铁试车线进行了 ATP、ATO 试验,并在大连设立了10km试验段,包括地面线路和地下线路,进行了两列列车的追踪试验。亦庄线于2011年底开通 CBTC 全系统全功能。

（3）北京全路通信信号研究设计院也正在进行城市轨道交通 CBTC 的研发，它们利用自身研发的通过 SIL4 级的安全控制平台进行 ATP 的研发。

目前，中国的城市轨道交通建设规模空前，方兴未艾。列车运行控制系统已成为中国城市轨道交通建设的关键瓶颈，政府部门也在思索良策，在大力引进国外先进的 CBTC 的同时，地铁、轻轨业主呼吁国内有社会责任感的公司提供自主知识产权的信号控制系统，以打破垄断，改变目前受制于人的窘境。北京交通大学研发的 LCF-CBTC 在北京地铁亦庄线的成功应用，标志着国产 CBTC 技术将成为今后城市轨道交通列车控制系统的发展趋势。

第三节　我国铁路列车运行控制系统的发展

城市轨道交通信号控制系统初期是在铁路信号控制的基础上演变发展的，因此本节简要地介绍我国铁路列车运行控制系统。

一、中国列车控制系统(CTCS)概述

根据《中国列车控制系统(CTCS)技术规范总则(暂行)》和相应 CTCS 技术条件，它以分级的形式满足不同线路运输需求，有效地保证列车运行的安全。

1. CTCS 列控系统的系统构成

CTCS 的体系结构按铁路运输管理层、网络传输层、地面设备层和车载设备层配置。如图 1.7 所示。

（1）铁路运输管理层：铁路运输管理系统是行车指挥中心，以 CTCS 为行车安全保障基础，通过通信网络实现对列车运行的控制和管理。

（2）网络传输层：CTCS 网络分布在系统的各个层面，通过有线和无线通信方式实现数据传输。

（3）地面设备层：地面设备层主要包括列控中心、轨道电路和点式设备、接口单元、无线通信模块等。列控中心是地面设备的核心，根据行车命令、列车进路、列车运行状况和设备状态，通过安全逻辑运算，产生控车命令，实现对运行列车的控制。

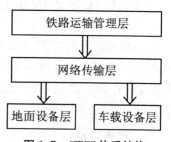

图 1.7　CTCS 体系结构

（4）车载设备层：车载设备层是对列车进行操纵和控制的主体，具有多种控制模式，并能够适应轨道电路、点式传输和无线传输方式。车载设备层主要包括车载安全计算机、连续信息接收模块、点式信息接收模块、无线通信模块、测速模块、人机界面和记录单元等。

2. CTCS 应用等级

CTCS 共划分为五个等级，依次为 CTCS-0～CTCS-4 级，同条线路上可以实现多种应用级别，向下兼容，以满足不同线路速度需求。

(1) CTCS-0 级为既有线的现状,即由目前使用的通用式机车信号和运行监控记录装置构成。

(2) CTCS-1 级为面向 160km/h 以下的区段,由主体机车信号和加强型运行监控记录装置组成。它需在既有设备的基础上强化改造,达到机车信号主体化的要求,增加点式设备,实现列车运行安全监控。

(3) CTCS-2 级为面向提速干线和高速新线,采用车—地一体化设计,为基于轨道电路传输信息的列车运行控制系统。它适用于各种限速区段,地面可不设通过信号机,凭车载信号行车。CTCS-2 级采用目标—距离控制模式(又称连续式一次速度控制)。目标—距离控制模式根据目标距离、目标速度及列车本身的性能确定列车制动曲线,不设定每个闭塞分区速度等级,采用一次制动方式,是目前动车工作的模式。

(4) CTCS-3 级为面向提速干线、高速新线或特殊线路,基于 GSM-R 无线传输信息,并采用轨道电路等方式检查列车占用及完整性的列车运行控制系统。点式设备主要传送定位信息,它可以叠加在既有干线信号系统上,是目前高铁工作的模式。

(5) CTCS-4 级为面向高速新线或特殊线路,是完全基于 GSM-R 无线传输信息的列车运行控制系统。地面可取消轨道电路,不设通过信号机,由地面无线闭塞中心 RBC 和车载验证系统共同完成列车定位和完整性检查,点式信息设备提供列车用于测距修正的定位基准信息,实现虚拟闭塞或移动闭塞。

我国早期的地铁信号系统,基本采用的就是 CTCS-0/1 级技术(如早期的北京地铁 1、2 号线,现已改造升级,以及国外相当多早期建设的线路),CTCS-2 在我国 20 世纪 90 年代至 2008 年建设的地铁中广泛采用(读者可以对照表 1.2,了解国内城市轨道交通控制系统的应用情况),下面主要介绍在我国轨道交通信号系统发展中具有重要参考价值的 CTCS-2/3 级。

二、CTCS-2 系统结构

如图 1.8 所示,CTCS-2 级基于轨道电路和点式信息设备传输列车运行许可信息,是一种点-连式列车运行控制系统。CTCS-2 列控系统分车载设备和地面设备两部分,地面设备由 ZPW-2000 轨道电路、点式应答器、列控中心、车站联锁组成,可分轨旁和室内设备两部分。

1. 地面设备

(1) ZPW-2000 轨道电路:轨道电路占用检查及连续传输传送列控信息,主要包括以下信息:行车许可、空闲闭塞分区数量、道岔限速等。

(2) 应答器:多种点式信息由有源应答器和无源应答器提供,向车载设备传输定位信息、线路参数、进路参数、临时限速和停车等信息。

(3) 地面电子单元 LEU:LEU 经过 1 个冗余的、安全的串行链路(接口 S)接收列控中心发送的编码,并独立地驱动 4 个有源应答器,向其实时发送进路股道、临时限速信息报文。

(4) 列控中心:列控中心是 CTCS 的地面设备之一,列控中心分别与车站信号联锁、CTC 或 FDCS、微机监测、地面电子单元(LEU)等设备进行信息交换,获得行车命令、列车进路、列车运行状况和设备状态，通过安全逻辑运算，产生控车命令，通过有源应答器及轨道电路传送给列车，实现对运行列车的控制。

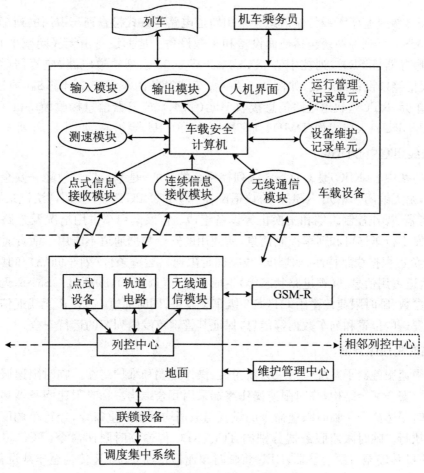

图 1.8　CTCS-2 级系统结构示意图

2. CTCS-2 车载设备

CTCS-2 车载设备的主要功能：列控数据采集，静态列车速度曲线的计算，动态列车速度曲线的计算，缓解速度的计算，列车定位、速度的计算和表示，运行权限和限速在 DMI 上的表示。运行权限和限速的监控，在任何情况下防止列车无行车许可运行，防止列车超速运行，防止列车溜逸。列车超速时，车载设备的超速防护可采取声光报警、切除牵引力、动力制动、空气常用制动、紧急制动等措施。车载设备发生故障时，及时报警提醒机车乘务员对故障设备进行必要的隔离。对司机行为的监控、反向运行防护、CTCS-2 信息的记录。

CTCS-2 级动车组的两端各安装一套独立的 ATP 车载设备；总体结构采用硬件冗余结构，关键设备均采用双套，核心设备采用三取二或者二乘二取二结构；力求达到高安全性和可用性；安全等级达到 SIL4 级。车载控制设备根据地面设备提供的信号动态信息、线路参数、临时限速等信息和动车组参数，按照目标—距离模式生成控制速度，监控列车安全运行。

三、CTCS-3 系统结构

CTCS-3 级是基于无线传输信息并采用轨道电路等方式检查列车占用的列车运行控制系统。CTCS-3 级列控系统包括地面设备和车载设备。地面设备由无线闭塞中心(RBC)、临时限速服务器(TSR)、列控中心(TCC)、ZPW-2000 系列轨道电路、应答器(含 LEU)、GSM-R 通信接口设备等组成,如图 1.9 所示;车载设备由车载安全计算机(VC)、GSM-R 无线通信单元(RTU)、轨道电路信息接收单元(TCR)、应答器信息接收模块(BTM)、记录单元(JRU/DRU)、人机界面(DMI)、列车接口单元(TIU)等组成,如图 1.10 所示。

1. 无线闭塞中心(RBC)

无线闭塞中心(RBC)是 CTCS-3 级列控系统的核心,是基于信号故障—安全计算机的控制系统,由无线闭塞单元(RBU)、协议适配器(VIA)、RBC 维护终端、司法记录器(JRU)、ISDN 服务器、操作控制终端和交换机等设备组成。它根据列车占用情况及进路状态向所管辖列车发出行车许可和列车控制信息,所使用的安全数据通道不能用于话音通信。

RBC 负责根据线路特性(如坡度、线路固定限速)、运输条件(列车间隔)和其他系统的情况(如轨道占用信息、联锁进路状态等)生成行车许可(MA),并通过 GSM-R 无线通信系统将线路参数、临时限速传输给 CTCS-3 级车载设备;同时通过 GSM-R 无线通信系统接收车载设备发送的位置和列车数据等信息,保证其管辖范围内列车的运行安全。

2. 临时限速服务器

临时限速服务器子系统包括服务器主机、操作终端和维护终端。临时限速服务器采用二乘二取二安全冗余结构,临时限速操作终端采用冗余结构。临时限速服务器集中管理客运专线临时限速命令。临时限速命令的设置与取消均采用双重口令,经行车调度员确认下达后立即执行。临时限速服务器分别向 TCC、RBC 传递临时限速命令;TCC 将临时限速信息经 LEU 传输至有源应答器;RBC 将临时限速信息经 GSM-R 传输至车载设备。

3. 列控中心(TCC)

TCC 是 CTCS-2 级列控系统地面子系统的核心部分,TCC 采用二乘二取二安全计算机平台,具有技术成熟、可靠性高等特点。TCC 之间通过安全局域网进行连接,实现 TCC 之间、与车站联锁之间安全信息传输。根据轨道区段占用信息、联锁进路信息、线路限速信息等产生列车行车许可命令,并通过轨道电路和有源应答器,传输给车载子系统,保证其管辖内的所有列车的运行安全。

TCC 接收轨道电路的信息,并通过联锁系统传送给 RBC;同时,TCC 具有轨道电路编码、应答器报文实时编码、站间安全信息传输、临时限速功能,可满足后备系统需要。TCC 接收轨道电路占用信息并通过联锁传送给无线闭塞中心(RBC);在 CTCS-2 级运用时,TCC 根据轨道电路、进路状态及临时限速等信息产生 CTCS-2 行车许可,通过轨道电路及有源应答器将行车许可传送给 CTCS-2 列车。

4. 无线通信(GSM-R)地面设备

GSM-R 采用单网交织的冗余覆盖方案,由移动交换中心(MSC)、基站控制器(BSC)、基站(BTS)、光传输设备(OTE)、移动终端(MT)、码型转换和速率适配单元(TRAU)等组成。完成车—地之间的信息双向传输。

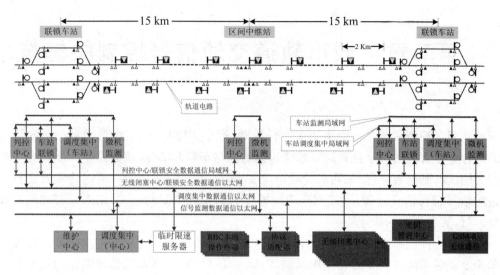

图 1.9　CTCS-3 级地面设备结构示意图

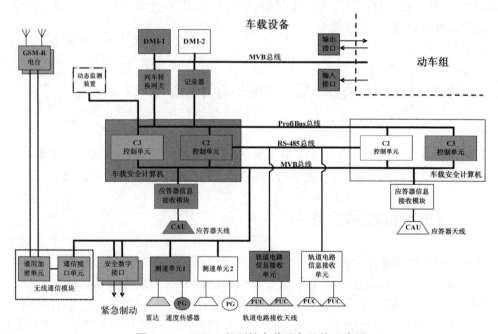

图 1.10　CTCS-3 级列控车载设备结构示意图

第二章　城市轨道交通信号控制关键技术

城轨列车控制系统是一个集列车运行控制、行车调度指挥、信息管理和设备检测为一体的综合业务管理的自动化系统。系统包括地面与车载两部分，地面设备产生出列车控制所需要的全部基础数据，例如列车的运行速度、间隔时分等；车载设备通过传输媒介将地面传送的信号进行信息处理，形成列车速度控制数据及列车制动模式，用来监督或控制列车安全运行，实现列车的超速防护。

列车运行控制系统内容随着技术发展，从初级阶段的机车信号与自动停车装置发展到列车速度监督系统与列车自动操作系统，向数字化、网络化、自动化与智能化的技术方向发展。系统改变了传统的信号控制方式，可以连续、实时地监督列车运行速度，自动控制列车的制动系统；列车控制方式可以由人工驾驶，也可自动控制，使列车自动调整追踪间隔，提高线路的通过能力、提高运输效率。

第一节　列车定位技术

在城市轨道交通行车安全和指挥系统中，列车定位是一项关键性技术。准确、及时地获取列车位置信息是列车安全、有效运行的保障，也是区分不同信号系统的关键。

一、列车定位技术的作用

列车定位系统能够在任何时刻、任何地方按要求确定列车的位置，包括列车行车安全的相关间隔、速度；对轨旁设备和车载设备等资源进行分配和故障诊断；在局部出现故障时，能够在满足一定精度要求的前提下，降级运行。列车定位方式按照空间可用性分为离散方式、连续方式和接近连续方式。按照产生定位信息的不同部分分为完全基于轨旁设备的方式、完全基于车载设备的方式及基于轨旁设备和车载设备的方式。

列车定位技术在现代轨道交通行车安全和指挥系统中的作用主要体现在以下几个方面：

（1）为保证安全列车间隔提供依据；

（2）在某些 ATC 系统中，提供区段占用/出清信息，作为转换轨道检测信息和速度控制信息发送的依据；

（3）为列车自动防护（ATP）子系统提供准确位置信息，作为列车在车站停车后打开车门和站内屏蔽门的依据；

(4) 为列车自动运行(ATO)子系统提供列车精确位置信息,作为列车计算速度曲线、实施速度自动控制的主要参数;

(5) 为列车自动监控(ATS)子系统提供列车位置信息,作为显示列车运行状态的基础信息;在某些 CBTC 系统中,作为无线基站接续的依据。

二、列车定位方法

目前典型应用的列车定位技术采用列车车载自身定位与地面绝对位置校正设备有效结合的方式,其中地面绝对位置校正设备包括应答器、交叉轨道环线、裂缝波导等。当然还有其他一些定位方式,如 GPS、无线定位等。在 CBTC 系统中,要求列车的定位技术更为安全、可靠。

1. 查询应答器定位

查询应答器是铺设在轨道中央,反映线路绝对位置的物理标志,能够给列车提供位置、路况等信息的装置,分为有源和无源两种。它可以用作连续式列车速度自动控制系统的列车精确定位设备,也可以用作点式列车速度自动控制系统的列车检测、定位辅助设备。列车通过后将列车车载测量的距离与该信标在数据库中的位置进行比较,从而消除列车位置测量的误差。采用这种方法,想要准确定位就必须在轨道上设置大量的应答器。应答器的定位原理如图 2.1 所示。

每一个查询应答器都存储着它本身的识别号码,还存储着下一个查询应答器的识别号码、到达下一个查询应答器的距离以及绝对可靠和安全的列车运行间隔。列车一旦读取了定位查询应答器的识别号码,就可以通过轨道电路等信息的辅助,得到列车在轨道上的绝对位置信息。查询应答器内部的信息由列车上的查询应答器识别装置来读取,由车载计算机判别一个查询应答器的信息是否被成功地读取、处理。

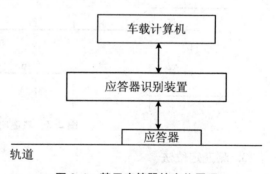

图 2.1 基于应答器的定位原理

轨道电路及测速装置对列车在相邻两个查询应答器之间已经走行的距离进行计算,并综合绝对位置信息,产生一个完整的列车位置信息,再送往车载计算机,作为列车运行控制的依据。当列车每经过一个查询应答器时都得到一个新的绝对位置信息,同时校正轮轴传感器的测距误差。

如图 2.2 所示,无源应答器天线首先以一定的频率通过电磁感应方法将能量传递给应答器;应答器内部电路在接收到能量后即开始工作,将所储存的数据以某种调制方式通过电磁感应传送到车上。

车载设备接收到一条安全的数字应答器报文,该报文给出了应答器的标志,尤其是该应答器中心点的地理位置。应答器支持安全定位,所使用的应答器安全检测精度是一个系统参数。为了实现应答器的安全定位,当车载天线距应答器的距离超出给定的距离时,列车接收不到应答器报文。应答器可以用作连续式列车速度自动控制系统的列车精确定位设备（这时应答器内部储存的数据是固定的），也可以用作点式列车速度自动控制系统的列车检测、定位辅助设备，作为系统向列车传输数据的通道。

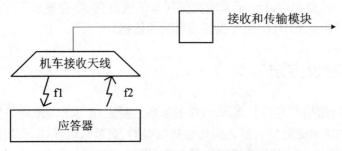

图 2.2　无源应答器信息传输原理

2. 音频无绝缘轨道电路法

音频无绝缘轨道电路采用自然衰耗、短路线法等电气方法实现轨道区段的分割。目前广为采用的是 S 型连接音频轨道电路。S 型音频轨道电路确保相邻轨道区段的信号互不干扰，同时平衡两条钢轨的牵引回流。在同一区段的音频信号发送端和接收端，由电容器 c 与两段钢轨组成调谐于某一轨道信号载频的 Lc 并联谐振电路，从而使得该载信号能够被加在区段上，并被选择接收。如图 2.3 所示。

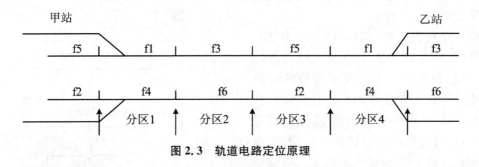

图 2.3　轨道电路定位原理

3. 测速定位法

在轨道电路定位法和计轴器定位法中，车在区间的始端还是终端是无法判断的，对列车定位时的最大误差就是一个区段的长度。为了得到较为准确的位置信息，在计算具体位置信息时通常要引入列车的即时速度信息。引入测速信息后大大减小了定位的误差。目前使用较多的列车测速一般是通过测量车轮转速，然后将车轮转速换算为列车直线速度。

将传感器输出频率与轮轴转速成正比的脉冲信号，通过对频率进行一系列换算先得出速度，再由速度对时间进行积分得到距离。

$$V = \pi \times F \times D \times 3.6/N (\text{km/h})$$

得到 $V \propto F$。式中，F 为输出脉冲的频率；D 为车轮的直径；N 为传感器每转输出的脉冲个数。

测出传感器输出的脉冲频率后，即可求得车轮运动的线速度 V，如果不考虑空转和打滑因素，此线速度即为列车运行速度，而累加运行距离为

$$S(t) = \int_0^t V(u)\,du$$

将积分转化为和的形式,若选取各时段(处理周期)相等,$t_i = T$,则上式该写为

$$S(n) = \sum V_i t_i = T \sum V_i$$

4. 无线扩频定位

如图 2.4 所示,在地面设置测距基站和中心控制站,在列车两端安装无线扩频通信发射机,发射机向地面测距基站发射定位信息,测距基站的位置是固定不变的,所有的测距基站都由同步时钟精确同步。测距基站收到定位信息后计算出伪距,送至中心控制站进行信息处理,测距基站计算机或车载计算机利用不同测距基站传输信息的时间延时可以精确计算出列车的位置。其结果显示在电子地图上,并以无线方式传递到机车上。

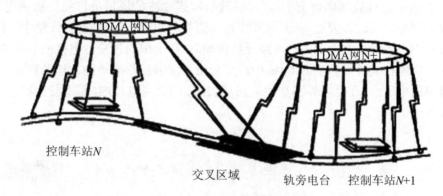

图 2.4　无线扩频原理示意图

5. 电缆环线定位技术

在两根钢轨之间敷设交叉感应回线:一条线固定在轨道中央的道床上,另一条线固定在钢轨的颈部下方,它们每隔一定距离作交叉,中央回线就像一个天线。当列车驶过一个交叉点时,利用信号极性的变化引发地址码加1,由机车控制中央根据地址码计算出列车的地理位置,并对从列车转速转化的里程记录进行误差修正。由于感应回线是列车与地面之间的信息通道,利用极性交叉这种方法一方面可实现列车的定位,另一方面也起到了抗牵引电流干扰的作用。如图 2.5 所示。

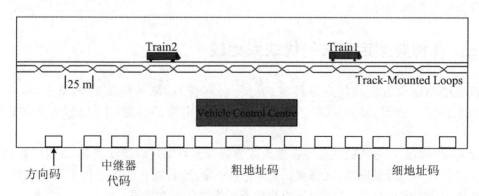

图 2.5　基于交叉环线的列车定位方法

当接收到的地址码为：00100001011010

解码：

(1) 列车为下行方向；

(2) 中继器代码为：010（4#中继器）；

(3) 粗地址码为：0001011（十进制的 11），即列车处于第 11 环路；

(4) 细地址码为：010（十进制的 2），即列车处于 11 环路的 $25×1/8×2=6.25(m)$ 处。

最终定位为：$25×128×4+25×11+6.25=13081.25(m)$。

6. 波导管定位

裂缝波导是一种中空的铝质矩形方管，在其顶部每隔一段距离（约 6cm）刻有一条长 2mm、宽 3cm 的窄缝，能够让无线电波从此缝中向外漏泄，最大覆盖距离可达到 1600m。采用连续波频率通过裂缝耦合出不均匀的场强，对连续波的场强进行采集和处理，并通过计数器确定列车经过的裂缝数，从而计算出列车走行的距离，确定列车在线路中的位置。

当控制中心发射出的电磁波沿电缆导线传输时，在电缆内传输的电磁波从外导体槽孔辐射到周围空间在其外部产生漏泄场，因而车载设备能够接收到地面发送的信息；同样，车载设备发出的电磁波，在电缆外部产生漏泄场，也会耦合到电缆内，实现与控制中心通信。如图 2.6 所示。

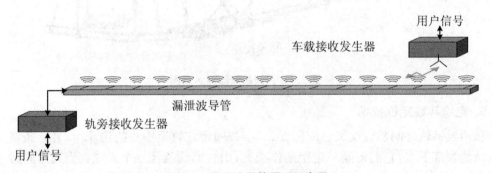

图 2.6　漏泄波导管原理示意图

7. 车载列车设备定位

车载定位设备主要采用速度传感器、雷达测速和加速度计相结合的方式实现列车移动的速度和走行距离的测量。

三、几种典型定位法的优缺点比较

轨道电路定位方式的优点是经济、方便、可靠性高，既可以实现列车定位，又可以检测轨道的完好情况；缺点是定位精度取决于轨道电路的长度，不精确，无法构成移动闭塞。

查询应答器定位方式的优点是在地面应答器安装点的定位精度较高，在复线铁路上可以正确区分列车的行驶股道，维修费用低，使用寿命长，且能在恶劣条件下稳定工作；缺点是只能给出点式定位信息，在设置间距和投资规模之间存在矛盾。

基于测速的列车定位是一种典型的增量式相对定位，缺点是存在累计误差，在定位精度要求较高的地点,需要用其他的方法不断校正其位置信息。

无线扩频列车定位的优点是定位比较精确,但需要在沿线设置专用扩频基站,投资成本较高。

交叉感应回线定位方式成本较低,实现也比较简单,但只能实现列车的相对定位,每隔一段距离就要对列车的位置进行修正,而且定位精度受交叉区长度的限制,如果交叉区比较窄,对于位置脉冲漏计的可能性将增大。

由于单一的定位系统偶然的故障会导致整个系统无法正常工作,甚至会给重要的系统造成灾难性的后果;而且每一种定位的方法总有其固有的缺点,单一的定位方法无法在定位的精度、可靠性和代价之间做到很好的平衡,而多种定位技术集成的优势在于能通过冗余、互补和多种的信息为系统提供更为精确的信息,使整个轨道交通和指挥系统中的安全性、测量精度、可靠性、造价等方面做到一定的平衡。例如,基于测速的列车定位法在轮径变化、打滑或空转时存在累计误差,此时可以通过增加查询应答器纠正累计误差的方法不断校正其位置信息。在已有的轨道交通和高速铁路交通中采取的定位大多数都是多种方法的综合,或以某种方法为主,其他方法为辅。

第二节 列车测速技术

列车速度精确测量是所有与速度有关的安全功能及列车定位的先决条件。不论列车的定位状态如何,利用速度传感器数据的安全组合,可连续测量速度和距离;即使在列车没有被定位时,通过列车速度传感器测量列车的实际速度,并通过车载控制器进行速度级别检查和比较,从而实现超速防护的安全功能。一个控制系统包括控制器、传感器、变送器、执行机构、输入输出接口;控制器的输出经过输出接口、执行机构加到被控系统上;控制系统的被控量经过传感器、变送器,通过输入接口送到控制器。

列控系统的核心是控制列车的运行速度,与速度有关的传感器在轨道交通控制的测速和定位中运用较广,开发了多种类型:脉冲转速传感器、惯性加速度传感器、相对传感器、地面传感器、绝对传感器等。测速传感器用于列车速度和距离的精确检测,通过计算经车轮旋转在测速传感器里产生的脉冲来测量列车的速度和距离。

影响距离测量精度的因素主要有两个。它们被称为"空转"和"打滑"。空转在列车的加速期间发生,车轮失去与走行轨的黏着接触,因此测量的准确性受到不利影响。打滑在制动期间发生,车轮失去与走行轨的黏着接触,因此列车位置无法确定。

测速测距子系统的设计是使用一个速度传感器连接到车轮。速度传感器向车载设备发送脉冲,车轮每1转发送200个脉冲。车载设备对脉冲进行计数以确定列车速度。该速度传感器可以非常精确地检测"零速度",最小可以检测到0.1km/h,能够检测到的最小位移大约是3cm。列车速度:

$$列车速度 = \frac{1}{T} \times \frac{N}{100} \times \pi D$$

式中,T 为车载计算机获得 N 个脉冲的时间,D 为车轮直径。

为了避免由于车轮磨损而产生错误,我们在车辆段转换轨处设两个固定距离的轮径补偿应答器,车载计算机存储的车轮直径将在每次列车离开车辆段时得到自动更新。

　　为确保列车运行安全,并充分发挥运输效能,只有时刻掌握列车运行的即时速度和位置,才能确保列车的正点到达和安全运行。传统的轨道电路定位法由于定位粗糙、精度不够,并且不能检知列车的即时速度,难以满足列车的定位要求。还有一种运用电机方式实现测速定位,该方式只适用于列车运行速度较低的线路。测速和定位还可通过外加输入信号直接获取列车的位置和速度信息,但该方式的测量精度受到一些因素的制约,在性价比方面存在局限性。传感器在轨道交通控制的测速和定位技能中成为当前的主流产品,运用较广,像脉冲转速传感器、惯性加速度传感器、相对传感器、地面传感器、绝对传感器等。这是仅以轮轴脉冲转速和惯性加速度传感器为例进行说明。

一、轮轴脉冲转速传感器

　　转速传感器的种类很多,有磁电式、光电式、离心式、霍尔式等转速传感器。其中轮轴脉冲转速传感器在高速铁路中运用较为广泛。轮轴脉冲转速传感器测速的基本工作原理为:运用车轮的周长作为"尺子"测量列车走行距离,根据所测距离测算列车运行速度。其基本公式为:

$$V = \pi \times F \times D \times 3.6/N \text{(km/h)}$$

式中,$\pi=3.14$,D 为车轮直径,N 为车轮转速。

　　从上式可知,测量列车速度就是检测列车车轮转速和列车轮径。脉冲转速传感器安装在轮轴上,轮轴每转动一周,传感器输出一定数目的脉冲,使脉冲频率与轮轴转速成正比。输出的脉冲经隔离和整形后直接输入计算机进行执行频率测量,再经换算从而得出车组速度和走行距离。其原理框图如图 2.7 所示。

图 2.7　轮轴脉冲转速传感器测速原理框图

　　传感器内地齿盘旋转引起磁脉冲探头线圈内磁通变化而产生的感应电动势为:

$$E = N\frac{\mathrm{d}\Phi}{\mathrm{d}t} \times 10^{-8}$$

N 为线圈匝数,$\mathrm{d}\Phi/\mathrm{d}t$ 为磁通变化率。若每齿转过引起的磁通变化率为 $\Delta\Phi$,所需时间为 Δt,则 $\Delta t=60/z\times n$(z 为齿数,n 为转速)。则有:

$$E = \frac{N\Delta\Phi z n}{60} \times 10^{-8}$$

式中,$\Delta\Phi$ 与探头和齿盘之间隙的大小有关,且受齿盘与转轴同心度及轴承精密度等因素的影响。E 为毫伏级信号,较难用其幅值的变量来确定转速。而 E 的频率取决于磁通的变化率,仅与转速和齿盘的齿数直接相关。该频率可描述为:$F=z\times n/60$。

二、惯性加速度传感器

加速度传感器是一种能够测量加快力的电子设备。加快力是物体在加快流程中作用在物体上的力,可以是常量或变量。一般加速度传感器根据压电效应原理工作,加速度传感器内部由于加速度造成晶体变形产生电压,只要计算出产生的电压和所施加的加速度之间的联系,就可将加速度转化成电压输出。还有很多其他效应可用于加速度传感器,如电容效应、热气泡效应、光效应,但其最基本的原理都是由于加速度使某种介质产生变形,通过测量其变形量并用有关电路转化成电压输出。

轮轴脉冲转速传感器也存在一定缺陷,即车轮空转或打滑会使列车速度的测量结果存在误差,为处理此类疑问,在列车车轴上加装一个加速度传感器,配合脉冲转速传感器运用。该方式工作原理如下:在列车打滑期间,把机车的内加速度作为测速的信息源,该信息与车轮旋转的状态等信息无关,而在其余工作时间仍用轮轴脉冲传感器测速,所以该方式称为基于惯性加速度传感器的测速。在车轮打滑时,由加速度传感器测得加速度及车轮打滑前加速度的倾斜分量,从而计算出车轮打滑时的列车运行加速度,再将该值积分即得车轮打滑时列车实时运行的速度。

加速度计工作原理:利用惠斯顿电桥的原理,在加速时,作用力使得电桥不平衡,从而产生正比于加速度的电压。其输出是沿输入轴方向正比于惯性加速度和重力加速度分量的合成信号,即每一个轴加速度计的输出为一正比于所有的加速度在其上分量之和的电压。具体原理如图2.8所示。

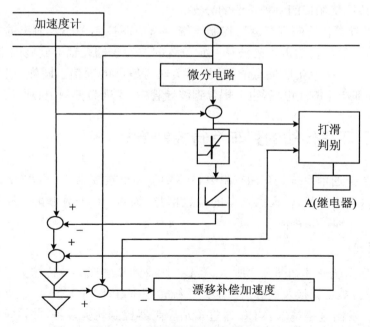

图 2.8　加速度传感器测速原理框图

加速度转感器的测轴放置在车辆的纵方向并与车辆地板平行。正常运行时,通过轴头测速;发生打滑时,使用通过加速度转感器测得的加速度作为信息源。加速度是与车轮运转无关的信息源。

从输出值 a 中减去倾斜加速度 $a_{倾斜}$ 即得到速度的导函数 b 校正；再进一步积分得到修正的距离值 s 校正。在这里车轮脉冲速度传感器有两个任务，即倾斜分量计算和漂移补偿。

$$a = a_{倾斜} + \frac{dv}{dt} = g \cdot \sin\alpha + \frac{dv}{dt}$$

式中，α 为倾斜角，g 为重力加速度，$a_{倾斜}$ 为加速度的倾斜分量，$a_{倾斜} = a - dv/dt$。

第三节 车—地通信技术

车—地信息传输是城市轨道交通控制系统的关键技术，主要的信息传输技术有以下几种：

（1）基于环线传输的列车运行控制系统。在两轨间敷设交叉型感应环线，环线每隔 25m 或 50m 交叉 1 次。它可以用于列车定位，也可作为列车与地面之间的双向数据通信媒体。

（2）基于漏泄同轴电缆传输的列车运行控制系统。电磁波在漏缆中纵向传输的同时通过槽孔向外界辐射电磁波，外界的电磁波也可通过槽孔感应到漏缆。频段覆盖在 450MHz～2GHz。

（3）基于无线自由波传输的列车运行控制系统。目前在列车运行控制系统中，采用基于 IEEE802.11 系列标准的 WLAN 无线网络作为地—车信息传输的媒介；无线局域网（WLAN）是无线网络领域的一种重要的分支。

（4）基于波导管传输的列车运行控制系统。当地面控制中心发射出的电磁波沿波导管传输时，在波导管内传输的电磁波从一定位置的波导管槽孔辐射到周围空间，在其外部产生漏泄电场，列车从中获取信息能量，从而实现与地面的通信。同样，列车发出的电磁波，在波导管外部产生漏泄电场，也会耦合到波导管中，实现与控制中心通信。

一、基于环线传输的列车运行控制方式

感应环线数据通信系统是车辆控制中心（VCC）和车载控制器（VOBC）之间交换信息的媒介，通过 VOBC 向 VCC 提供列车的位置信息，通过 SDH 网由车站控制器（STC）向 VCC 提供道岔、计轴等线路信息。

1. 通信原理

车—地通信系统原理如图 2.9 所示。VCC 接收到从感应环线传输上来的列车位置等相关信息后，进行数据转换及处理后传输给系统管理中心（SMC），SMC 根据运行图中匹配的信息向 VCC 发出进路请求，VCC 通过车站控制器控制轨旁设备，并接收由车站控制器反馈回来的轨旁设备状态信息。

VCC 在确认进路锁闭、道岔锁好等安全条件下，通过感应环线向 VOBC 发送移动授权、目标点、推荐速度等；VCC 向所有感应环线广播各列车的控制信息，当列车行驶到某一环线上时，会根据令牌信息选择接收本列车的控制信息。

2. 感应环线至 VCC 数据通信流程

感应环线至 VCC 数据流程如图 2.10 所示。感应环线接收到 VOBC 传输的列车位置信息后,在馈电设备柜进行数据耦合、阻抗匹配及对数据信号调整进行监控。馈电设备对感应环线的监控,根据 VCC 发送的 36kHz FSK 移频键控信号进行四分频,输出 9kHz 监视信号到馈电设备的监督继电器,用于检测感应环线的完整性。模块前面的指示灯可显示感应环线的状态。馈电设备进行最后的电流放大及变压器耦合,并将 36kHz FSK 移频键控信号发送到感应环线上,通过调节馈电设备模块上的电感来平衡感应环线电流。

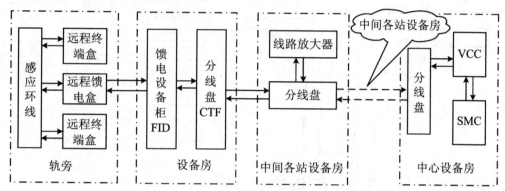

图 2.9　感应环线通信原理图

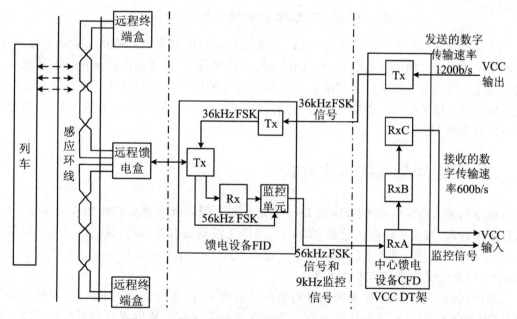

图 2.10　感应环线至车辆控制中心的数据通信流程

馈电设备接收到感应环线的数据信息后,进行相关处理,通过 50 芯电缆从本站分线盘传输至下一站分线盘,经线路放大器放大处理后,再逐站传输至中心 VCC。线路放大器只对传至本站的其他感应环线数据进行放大,而本站的感应环线数据则不经过本站的线路放大器。

3. VOBC 与 VCC 之间数据通信原理

感应环线至 VCC 数据通信原理如图 2.11 所示，VCC 发来的命令报文以 $36±0.4$ kHz FSK 移频键控信号的形式通过中心馈电设备和馈电设备送入感应环线电缆。每个感应环线通道每隔 70ms 的 VCC 工作周期输出一个 83 位的串行命令报文，数据传输速率相当于 1200 b/s。感应环线电流所产生的磁场被列车上的天线接收，并传给 VOBC 天线。

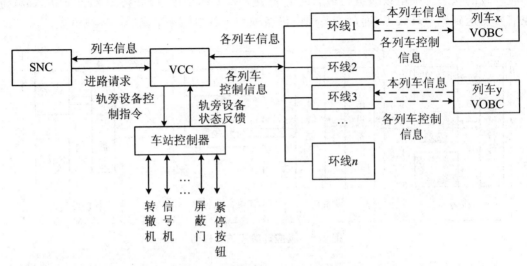

图 2.11　感应环线至车辆控制中心数据通信原理图

同理，VOBC 通过 $56±0.2$ kHz FSK 移频键控信号的频率，以 600b/s 的速率发送 41 个数据位的报文。响应报文信号经车辆的发送天线耦合后，再由馈电设备接收器从感应环线驱动变压器的第 3 组线圈上提取出来。输入信号随后经过多级放大，通过"收到信号"表示灯可知有信号输入。如果在规定时间内没有输入信号，则放大电路停止工作，避免将噪声信号传给 VCC。

二、漏泄同轴电缆传输方式

漏泄同轴电缆采用 2.4 GHz 的 ISM 频带。漏泄同轴电缆传输特性和衰减性能较好，传输距离较远，最大传输距离达到 600m，且沿线无线场强覆盖均匀，呈现良好的方向性分布，抗干扰能力较强，适合于狭长的地下隧道内使用。可减少列车在各个 AP 之间的漫游和切换，提高无线传输的连续性和可靠性。

漏泄同轴电缆可以根据现场条件安装在隧道侧墙（仅适用于全地下线路）或隧道顶部（仅适用于全地下线路，且三轨供电），其与列车车载天线的安装位置基本对应。漏泄同轴电缆在地面和高架线路上安装比较困难，且美观效果较差。正因为如此，阿尔斯通公司等采用了漏泄同轴电缆与无线电台混合组网的方案，即在地下线路部分采用漏泄同轴电缆覆盖，地面及高架线路部分采用无线电台覆盖。

漏泄同轴电缆特性如下：

（1）可选用 200MHz～2.4 GHz 的任意频段，沿线贯通敷设，场强覆盖效果均匀。

（2）一般采用地面应答器和车载测速设备确定列车位置。

(3) 漏泄同轴电缆可提供较宽的带宽。

(4) 每个轨旁控制单元采用2芯单模光纤和2芯电源电缆与室内主控制单元相连接，每个轨旁控制单元在隧道内一般可控制300m的漏泄同轴电缆。

(5) 漏泄同轴电缆方式信息传输速率高，传输衰耗较小，但价格较贵，工程投资较大。

(6) 轨旁设备较多，漏泄同轴电缆敷设、维修工作量大。

(7) 需满足漏泄同轴电缆敷设、安装要求。

三、裂缝波导管传输方式

目前采用裂缝波导管无线传输的信号系统供货商有阿尔斯通公司，其已经在新加坡东北线以及国内的北京地铁2号线、机场线，深圳2号线首通段等多条线路中得到成功应用。

裂缝波导管采用的是一种长方形铝合金材料，在其表面每隔一段距离（约6cm）刻有1条2mm宽、3cm长裂缝，能够让无线电波从此裂缝中向外漏泄出来，因其波导管物理特性和衰减性能很好，传输距离较远，最大传输距离可达到1600m，且沿线无线场强覆盖均匀，并呈现良好的方向性分布，抗干扰能力较强。裂缝波导管具有漏泄同轴电缆的优点，适合于狭长的地下隧道内使用，而传输距离要优于漏泄同轴电缆，可减少列车在各个AP之间的漫游和切换，大大提高了无线传输的连续性和可靠性。

裂缝波导管可以根据现场条件安装在隧道底部钢轨旁（地下、地面、高架或混合线路均可）、隧道侧墙（仅适用于全地下线路）或隧道顶部（仅适用于全地下线路，且三轨供电）。

因裂缝波导管技术装备的安装位置受到现场制约，且必须与车载天线位置对应，因此其安装精度要求也比较高。裂缝波导管特性如下：

(1) 选用2.4 GHz频段，波导管沿线敷设，安装于线路的一侧。

(2) 采用波导裂缝、地面应答器及车载测速设备等确定列车位置。

(3) 微波波导系统具有较宽的带宽，不仅可传输车—地双向连续数据，还可传输音频和视频信号，传输衰耗小。但波导价格贵，工程投资相对大。

(4) 每套车站通信设备可控制多个无线基站，每个无线基站又可控制多段约800m的通信单元。

(5) 波导传输方式衰耗小，且衰耗均匀，无反射波、邻频干扰、传输死区等情况。

(6) 轨旁多采用无源、可靠、简单设备，且车载、地面设备的工作状况可被通过的列车采集并传至控制中心集中监控，维修方便。

(7) 设备构成相对复杂，维护工作量大。

(8) 轨旁无线基站与波导管以及车载设备与接收天线之间的距离都有严格的要求，安装精度要求高。

四、基于无线自由波传输的列车运行控制方式

目前采用无线自由波进行车—地双向通信的系统供货商有法国阿尔卡特公司、阿尔

斯通公司,德国西门子公司,美国 USSI 公司和庞巴迪公司等。南京地铁 2 号线,上海地铁 8 号线,北京 10 号线,成都 1 号线,广州 4、5 号线等项目均采用此方式。如图 2.12 所示。

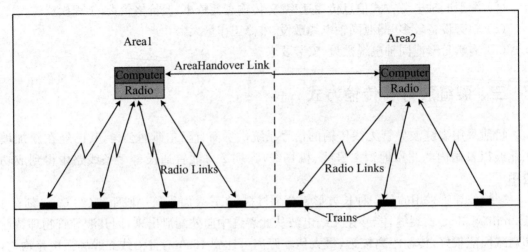

图 2.12 基于无线自由波传输的列控系统

该方式目前广泛采用的是基于 2.4GHz 的 ISM 频带,无线电台方式传输的最大距离约为 400m。由于轨道交通线路多穿行于城市区域,弯道和坡道较多,增加了无线场强覆盖的难度,为了保证场强覆盖的完整性,保证通信的质量和可靠性,一般在地下线路 250m 左右设置 1 套,在地面和高架线路 300m 左右设置 1 套。无线自由波特性如下:

(1) 选用 2.4GHz 频段技术,符合 IEEE802.11 协议的规定,隧道内约 250m 设置 1 个 AP,高架及地面线约 300m 设置 1 个 AP。

(2) 采用地面应答器、车载测速设备及无线定位等确定列车位置。

(3) 可采用 FHSS 技术、DSSS 技术和 ODFM 技术。采用 FHSS 技术,抗干扰能力强,但带宽较低。采用 DSSS 技术,抗干扰能力较弱,但带宽高,可传送音频和视频信息。采用 ODFM 技术,抗干扰能力强,带宽较高。

(4) 每个车站无线交换机可连接 24 个 AP 点,每个 AP 点采用 2 芯单模(或多模)光纤和 2 芯电缆与室内设备连接,根据无线 AP 点的数量可配置多个交换机。

(5) 无线传输方式为空气自然传播,衰耗相对较大,并且要考虑不同电磁环境下的防干扰问题。

(6) 轨旁设备简单,并高度通用模块化,维修工作量小。

(7) 轨旁设备安装比较简单,设备采用商业现货,工程投资相对较少,长期运营费用低。

自由波 AP 箱规格参数如表 2.1 所示,车载定向天线规格参数如表 2.2 所示,轨旁定向天线规格参数如表 2.3 所示。

表 2.1　自由波 AP 箱规格参数

自由波 AP 箱	参数、特点
	产品名称：自由波 AP 箱 产品用途：无线接入轨旁接入点 产品特点：整合了 AP 的元器件集成、现场安装设备及对外接口，具有防水、防尘、防冲击、防盗及电磁屏蔽等功能产品组成：AP 模块、信号分路/耦合模块、光电转换模块、供电模块、防雷与接地模块和 AP 箱箱体 电源要求：2 路 220V 交流电源，总功耗 100W 温度：−40～75℃ 平均气压：70～106kPa（相当于海拔约 3000m 以下） 外壳防护等级：IP65 振动：满足【TB/T2846−1997】《铁路地面信号产品振动试验方法》的抗震动冲击要求 尺寸：600mm×500mm×300mm 安装方式：采用壁挂式，AP 箱安装后下边沿距离地面 1200mm±10mm；箱门开启角度应大于 120°；箱体上边沿与水平面平行，公差为±3°；箱体与水平面垂直，公差为±3°

表 2.2　车载定向天线规格参数

车载定向天线	参数、特点
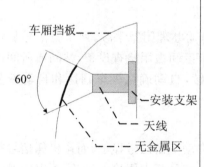	产品名称：车载定向天线 产品用途：接收/发射 2400～2483.5MHz 频段信号 特点：高增益定向天线 工作频率范围：2400～2483.5MHz 电压驻波比：VSWR≤1.5∶1 3dB 波瓣宽度：典型值 47°×55°($E\times H$) 增益：≥10dBi 极化方式：垂直极化 尺寸：180mm×92mm×58mm 安装方式：车头、车尾两端分别安装一对车载定向天线，天线安装在车辆顶部驾驶室内；为保证无线覆盖，天线前方有 60°角的无金属区

表 2.3　轨旁定向天线规格参数

轨旁定向天线	参数、特点
	产品名称：轨旁定向天线 产品用途：接收/发射 2400～2483.5MHz 频段信号 特点：高增益定向天线 工作频率范围：2400～2483.5MHz 电压驻波比：VSWR≤1.5∶1 3dB 波瓣宽度：典型值 30°×30°($E\times H$) 增益：≥13.5dBi 极化方式：垂直 极化尺寸：430mm×92mm×58mm 安装方式：轨旁定向天线一般安装在隧道顶壁或者天线杆上，两组天线安装在同一横截面上，安装水平距离在 500～1000mm；安装完后和车载天线的高度差至少为 500mm

第四节　闭　塞　方　式

一、闭塞制式概述

列车自动控制系统(ATC)通过车载设备、轨旁设备、车站和控制中心组成的控制系统完成对列车运行的控制,它包括列车自动监控(ATS)子系统、列车自动防护(ATP)子系统、计算机联锁(CBI)子系统和列车自动驾驶(ATO)子系统。ATC闭塞就是用信号或凭证保证列车按照空间间隔控制运行的技术方法。

1. 固定站间闭塞

固定站间闭塞就是两站间只能运行一列车,其列车的空间间隔为一个站间。按技术手段和闭塞方法又可分为:电话闭塞、路签闭塞、路牌闭塞、半自动闭塞、自动站间闭塞。

电话闭塞目前是列车控制的一种最终的备用闭塞。路签和路牌闭塞在我国已经淘汰,这里不再介绍。半自动闭塞就是人工办理闭塞手续,列车凭信号显示发车后,出站信号机自动关闭的闭塞方法。其特征为:站间或所间只准走行一列车,人工办理闭塞手续,人工确认列车完整到达和人工恢复闭塞。

自动站间闭塞就是在有区间占用检查的条件下,自动办理闭塞手续,列车凭信号显示发车后,出站信号机自动关闭的闭塞方法。其特征为:有区间占用检查设备,站间或所间区间只准走行一列车,办理发车进路时自动办理闭塞手续,自动确认列车到达和自动恢复闭塞。

2. 自动闭塞

自动闭塞就是根据列车运行及有关闭塞分区状态自动变换信号显示,而司机凭信号行车的闭塞方法。其特征为:把站间划分为若干闭塞分区,有分区占用检查设备,可以凭通过信号机的显示行车,也可凭机车信号或列车运行控制的车载信号行车;站间能实现列车追踪;办理发车进路时自动办理闭塞手续,自动变换信号显示。

从保证列车运行而采取的技术手段角度来看,自动闭塞可分两大类:传统的自动闭塞和装备列车运行自动控制系统的自动闭塞。

(1) 传统的自动闭塞。传统的自动闭塞一般应用在铁路系统,它设地面通过信号机,装备有机车信号,保证列车按照空间间隔制运行的技术方法是用信号或凭证来实现的。传统的自动闭塞通常就称自动闭塞。目前,传统的自动闭塞一般适用于列车最高运行速度在160km/h及以下的线路,它可分为:三显示自动闭塞、四显示自动闭塞、多信息自动闭塞。

三显示自动闭塞是指通过信号机具有三种显示,能预告列车前方两个闭塞分区状态的自动闭塞,分两个速度等级,一个闭塞分区的长度满足从规定速度到零的制动距离。

四显示自动闭塞是指通过信号机具有四种显示,能预告列车前方三个闭塞分区状态的自动闭塞,分三个速度等级,两个闭塞分区的长度满足从规定速度到零的制动距离。

多信息自动闭塞也称多显示自动闭塞,是对四显示及以上自动闭塞的统称。多于四显示时,往往地面通过信号机不具备多显示的条件,而以机车信号显示为主。

(2) 城市轨道交通控制的自动闭塞。城市轨道交通控制系统的自动闭塞是保证列车按照空间间隔制运行的技术方法,是靠控制列车运行速度的方式来实现的。

运行列车间必须保持的空间间隔首先要满足制动距离的需要,当然还要考虑适当的安全余量和确认信号时间内的运行距离。所以根据城市轨道交通控制采取的不同控制模式会产生不同的闭塞制式。列车间的追踪运行间隔越小,运输能力就越大。

从闭塞制式的角度来看,城市轨道交通控制的闭塞同样可分为三类:固定闭塞、准移动闭塞(含虚拟闭塞)和移动闭塞。

二、常用闭塞控制方式

1. 固定闭塞

在固定闭塞中,运行列车间的空间间隔是若干个闭塞分区,闭塞分区数依划分的速度级别而定。一般情况下,闭塞分区是用轨道电路或计轴装置来划分的,用以检测列车位置和列车间距。以线路条件和列车牵引特性等参数为依据,进行各闭塞分区的长度设计。固定闭塞中制动的起点和终点是固定的,且均在分区分界点上,这两个点都是固定的,空间间隔的长度也是固定的,所以称为固定闭塞。

由于列车定位是以固定不变的分区为单位的,系统只识别列车在哪个闭塞分区中,无法获知列车在闭塞分区内的具体位置。因轨道电路传输的信息量有限,难以实现对列车运行速度的实时连续控制,所以固定闭塞的速度控制是分级的,即将速度划分为若干等级。固定闭塞原理图如图 2.13 所示。

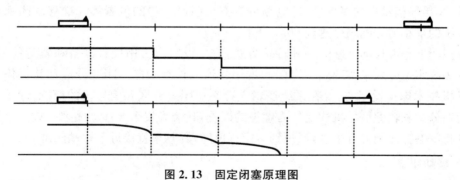

图 2.13 固定闭塞原理图

2. 准移动闭塞

准移动闭塞是介于固定闭塞和移动闭塞之间的一种闭塞制式,也要进行闭塞分区的划分,但不设定每个闭塞分区速度等级,对前、后列车的定位方式不同。前行列车的定位仍沿用固定闭塞的方式,而后续列车的定位则采用连续的或称为移动的方式,即准移动闭塞的目标追踪点是前行列车所占用闭塞分区的始端(当然会留有一定的安全距离),目标点相对固定,不依前行列车的走行而变化。

该制式下目标距离是距前车或目标地点所处轨道闭塞分区的分界点,而不是距前车的实际距离。若前行列车不动而后续列车前进时,两车间隔距离减少,其最大允许速度是连续变小的，停车点（目标距离）为前行列车占用分区尾部分界点前的一段保护距离；而当前行列车前进，其尾部驶过占用分区的分界点时，后续列车停车点则向前移动一个闭塞分区长度，此时后续列车的最大允许速度将跳跃上升。所以，它的速度控制模式既具有连续的特点，又具有分级（阶梯）的性质。

准移动闭塞方式采取目标—距离控制模式（又称连续式一次速度控制）。其目标—距离控制模式根据目标距离、目标速度及列车本身的性能确定列车制动曲线，采用一次制动方式。由于空间间隔的长度是不固定的，显然准移动闭塞的追踪运行间隔要比固定闭塞小。一般情况下，闭塞分区是用轨道电路或计轴装置来划分的，它具有列车定位和占用轨道的检查功能。其原理如图 2.14 所示。

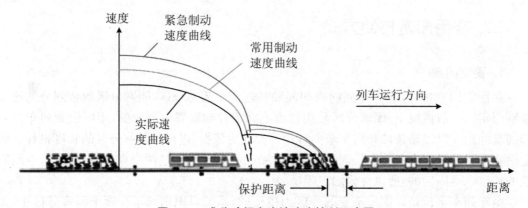

图 2.14　准移动闭塞连续速度控制示意图

基于 ATC 系统的准移动闭塞的列车追踪间隔和列车控制精度除取决于线路特性、停站时分、车辆参数外，还与 ATP/ATO 系统及轨道电路的特性密切相关，如闭塞分区的长度、地—车传输信息量的多少、轨道电路分界点（或计轴点）的位置等。准移动闭塞的列车控制系统的最小追踪间隔可达到 90s。

虚拟闭塞是准移动闭塞的一种特殊方式，它不设轨道占用检查设备和轨旁信号机，而是采取无线定位方式来实现列车定位和占用轨道的检查功能。闭塞分区和轨旁信号机是以计算机技术虚拟设定的，仅在系统逻辑上存在有闭塞分区和信号机的概念，除了虚拟闭塞将闭塞分区和轨旁信号机均定义为虚拟的以外，其余等效于准移动闭塞。虚拟闭塞方式有条件将闭塞分区划分得很短，当短到一定程度时，其效率就接近于移动闭塞。

3. 移动闭塞

移动闭塞系统线路不划分固定的闭塞分区，采用无线通信和无线定位技术等车—地实时通信方式获取列车当前的真实位置；其列控系统也采取目标—距离控制模式，但是采用了一种前、后两列车都移动的定位方式，列车可以连续检测到先行列车位置和速度并进行列车安全间隔控制。移动闭塞的追踪目标点是前行列车的尾部（当然会留有一定的安全距离），后行列车从最高速开始制动的计算点是根据目标距离、目标速度及列车本身的性能计算决定的，是实时变化的；其空间间隔的长度是不固定的，是实时移动变化的，所以称为移动闭塞。

如图 2.15 所示，基于通信技术的 ATC 系统的列车速度控制曲线，移动闭塞实现了列车运行的闭环控制，追踪运行间隔要比准移动闭塞更小。当前基于无线通信的列车控制

(CBTC)则是实现这种闭塞制式的最主要技术手段,它可实现地—车间的双向、连续、大容量信息传输,通过车载设备和轨旁设备的实时交互通信,根据列车目标距离的变化,实时生成列车运行速度控制曲线,做到实时的目标—距离连续速度曲线控制,从而实现列车的高密度、高效率、高可靠性运行。

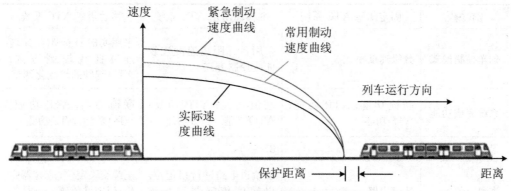

图 2.15 移动闭塞连续曲线控制示意图

三、城市轨道交通控制各类闭塞方式比较

城市轨道交通控制的各种闭塞制式都有自己的技术特点,并存在各自的优势和不足,其技术特点和经济效益对比如下。

1. 系统技术特点

(1) 固定闭塞 ATC 系统技术结构和功能简单,构建容易,但系统升级比较困难。列车运行时间间隔长,系统基本为硬件设备,而且大部分为室外设备,因此系统维护工作量大。

(2) 准移动闭塞 ATC 系统,相对于固定闭塞增加了车载和地面设备,实现了地—车的单向数据传输。与固定闭塞相比,列车运行间隔缩短,其系统结构较复杂,软硬件设备相应增加,所以对维护人员技术要求要高,但是系统升级到移动闭塞制式比较容易。

(3) 移动闭塞 ATC 系统集成度高,功能增强。系统硬件设备减少,主要为软件设备功能,且安装简单,使用灵活,可扩展性强。由于列车运行间隔较小,线路得到充分利用,列车运行平稳、舒适,但是系统对维护人员技术要求较高。

2. 经济效益

(1) 固定闭塞 ATC 系统在我国城轨交通早期建设中得到应用,技术成熟,建设成本较低,但后期维护费用大。

(2) 准移动闭塞 ATC 系统目前在我国城轨交通中大量采用,通过技术引进、吸收和自主创新实现了较高的国产化率,技术成熟,具有运营经验,但建设成本较高。

(3) 移动闭塞 ATC 系统,其中 CBTC 系统是我国今后列车控制技术的发展方向,应用前景看好,但是系统结构比较复杂。在 CBTC 系统设计中均考虑运营的冗余备用模式(准移动闭塞、固定闭塞),所以建设费用高,但就 CBTC 系统本身而言,后期维护费用低。

3. 综合性比较

如表 2.4 所示，通过对列车定位方式、追踪间隔、传输信息量等重要参数进行综合比较，可系统了解、对照各种闭塞制式的特点。

表 2.4　城轨闭塞控制方式比较一览表

比较内容	固定闭塞 ATC 系统	准移动闭塞 ATC 系统	移动闭塞 ATC 系统
列车控制模式	分级速度模式	采用目标距离速度连续曲线控制方式	采用实时目标距离速度连续曲线控制方式；ATO 驾驶的最优化调整
系统完成功能	联锁功能；ATP 功能；ATS 功能	联锁功能；ATP 功能；ATO 功能；ATS 功能	联锁功能；ATP 功能；ATO 功能；ATS 功能
最小追踪间隔	100~120s	85~95s	80~85s
主要定位方式	轨道电路	以轨道电路进行粗定位，以速度传感器进行细定位	电缆交叉定位；应答器定位；以速度传感器进行细定位
信息传输方式	轨道电路单向传递地—车信息	轨道电路、应答器	无线通信等方式实现大信息量地—车双向传输
传输信息量	14~18bit	40bit 以上	128bit 以上
系统构成及可靠性	系统硬件简单，可靠性低	系统软硬件较为复杂，可靠性较高	系统软硬件较为复杂，可靠性高
先进性	传统	20 世纪 90 年代时为世界先进水平	技术发展趋势
后期维护成本	较低	较高	低
国内应用	北京地铁 1、13 号线；上海地铁 1 号线等	广州地铁 1、2 号线；南京地铁 1 号线；上海地铁 2、3 号线等	上海地铁 8 号线；北京地铁 10 号线；广州地铁 4、5 号线等

第五节　速度控制模式

列车运行自动控制系统 ATC 是保证列车按照空间间隔制运行的技术方法，它是靠控制列车运行速度的方式来实现的。列车超速防护系统 ATP（Automatic Train Protection）是 ATC 的核心组成部分，列车的速度防护与行车安全、运营效率、闭塞方式、运输组织模式、列车驾驶有着密不可分的关系。列车运行自动控制分为分级速度控制模式、目标—距离连续式控制模式。

一、分级速度控制

分级速度控制是指以一个闭塞分区为单位，根据列车运行的速度分级对列车运行进行速度控制。分级速度控制系统的列车追踪间隔主要与闭塞分区的划分、列车性能和速度有关，而闭塞分区的长度是以最坏性能的列车为依据并结合线路参数来确定的。分级速度控制又分为阶梯式和分段曲线式。

1. 阶梯式分级速度控制

一个闭塞分区的进入速度称为入口速度，驶离速度称为出口速度。阶梯式分级速度控制只是对每一个闭塞分区的入口速度或出口速度进行控制，对列车速度的控制不是连续的，车—地传输的信息量较少，设备相应简单些。阶梯式分级速度控制又分为超前式和滞后式：

（1）超前速度控制方式。超前速度控制方式又称为出口速度控制方式，给出列车的出口速度值，控制列车不超过出口速度。超前式速度控制方式采用设备控制优先的方法。如图2.16上图所示，阶梯式实线为超前式速度控制线，粗虚线为列车实际减速运行线，从最高速至零速的列车实际减速运行线为分段曲线组成的一条不连贯曲线组合。因为列车驶出每一个闭塞分区前必须把速度降至超前式速度控制线以下，否则设备将自动引发紧急制动，所以超前对出口速度进行了控制，不会冒出闭塞分区。

（2）滞后速度控制方式。滞后速度控制方式又称为入口速度控制方式，给出列车的入口速度值，监控列车在本闭塞分区不超过给定的入口速度值，采取人控优先的方法，控制列车不超过下一闭塞分区入口速度值。在每一个闭塞分区列车速度只要不超过给定的入口速度值，就不会碰滞后式速度控制线。考虑万一列车失控，在本闭塞分区的出口即下一闭塞分区的入口处的速度超过了给定的入口速度值，碰撞了滞后式速度控制线，即所谓撞墙，此时触发设备自动引发紧急制动，列车必然会越过第一红灯进入下一闭塞分区，如此必须要增加一个闭塞分区作为安全防护区段，俗称双红灯防护。

如图2.16下图所示，粗虚线为列车实际减速运行线，从最高速至零速的列车实际减速运行线为分段曲线组成的一条不连贯曲线组合；细虚线为撞墙后的紧急制动曲线。

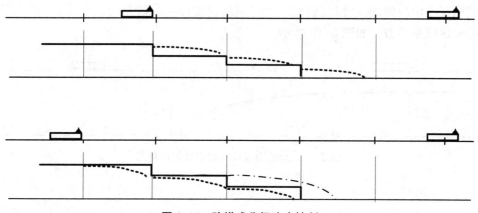

图2.16 阶梯式分级速度控制

2. 曲线式分级速度控制

曲线式分级速度控制根据轨道区段制动性能最差列车安全制动距离要求,以一定的速度等级将其划分成若干固定的闭塞分区。每一个闭塞分区给出一段速度控制曲线,对列车运行进行速度控制。如图 2.17 所示,粗实线为曲线式分级速度控制线从最高速至零速的列车控制减速线为分段曲线组成的一条不连贯曲线组合,列车实际减速运行线只要在控制线以下就可以了,万一超速碰撞了速度控制线,设备自动引发紧急制动,因为速度控制是连续的,所以不会超速太多,紧急制动的停车点不会冒出闭塞分区,无需增加一个闭塞分区作为安全防护区段,当然设计时要考虑留有适当的安全距离。

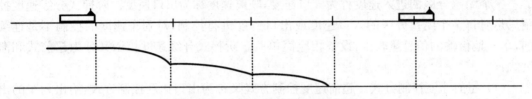

图 2.17 分段曲线式分级速度控制

分段曲线式分级速度制动速度控制曲线可以是不连贯和不光滑的,如图 2.18 所示,也可以利用计算机技术做成连贯和光滑的,如图 2.18 中粗虚线所示。但粗虚线所示的制动速度控制曲线实际上是各闭塞分区入口速度控制值的连接线,该制动速度控制曲线是不随列车性能和线路参数的变化而变动的,具有唯一性,与目标—距离连续式一次速度控制模式曲线不同,所以其本质上还归属分级速度控制范围。

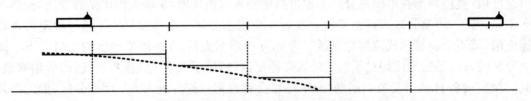

图 2.18 连续曲线式分级速度控制

列控设备给出的分段的制动速度控制曲线是根据每一个闭塞分区的线路参数和列车自身的性能计算而定,闭塞分区的线路参数可以通过地对车信息实时传输,也可以事先在车载信号设备中存储,通过核对取得。因为制动速度控制曲线是分段给出的,每次只需一个闭塞分区线路参数。如图 2.19 所示。

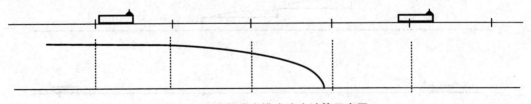

图 2.19 分段速度模式速度计算示意图

二、目标一距离速度控制

目标一距离速度控制采取的制动模式为连续式一次制动速度控制,不设定每个闭塞分区速度等级。准移动闭塞以前方列车占用的闭塞分区入口为追踪目标点,如图 2.20 所示。粗实线为目标距离速度控制线,从最高速至零速的列车控制减速线为一条连贯和光滑的曲线,万一超速碰撞了速度控制线,设备自动引发紧急制动;因为速度控制是连续的,所以不会超速太多,紧急制动的停车点不会冒出闭塞分区,无需增加一个闭塞分区作为安全防护区段。

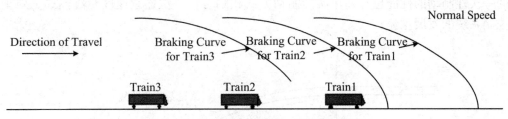

图 2.20　准移动闭塞目标—距离速度控制

连续式一次速度控制模式速度控制若以前方列车的尾部为追踪目标点,则为移动闭塞。列车位置的分辨率一般为 10 米范围内,该间隔是按后续列车在当前速度下的所需制动距离加上安全余量计算和控制的,确保不追尾,制动的起始和终点是动态的。列车的控制一般采用一次抛物线的速度—距离曲线控制方式,如图 2.21 所示。

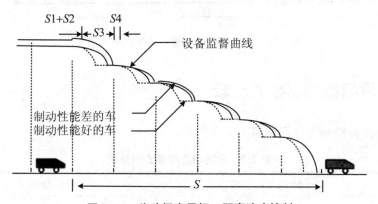

图 2.21　移动闭塞目标—距离速度控制

列控设备给出的一次连续的制动速度控制曲线是根据目标距离、线路参数和列车自身的性能计算而定。线路参数可以通过地对车信息实时传输,也可以事先在车载信号设备中存储通过核对取得。因为给出的制动速度控制曲线是一次连续的,需要一个制动距离内所有的线路参数,地对车信息传输的信息量相当大,可以通过无线通信、数字轨道电路、应答器等地对车信息传输系统传输。目标—距离速度控制的列车制动的起始点是随线路参数和列车本身性能不同而变化的,空间间隔的长度是不固定的,比较适用于各种不同性能和速度列车的混合运行,其追踪运行间隔要比分级速度控制小,减速比较平稳,旅客的舒适度也要好些。图 2.22 是连续速度模式曲线控制模式示意图。一次连续速度控制模式列车最大安全制动距离为：
$$S = S1 + S2 + S3 + S4$$
式中，S 为列车最大安全制动距离；$S1$ 为车载设备接收地面列控信号反应时间距离；$S2$ 为列车制动响应时间距离；$S3$ 为列车制动距离；$S4$ 为过走防护距离。

在计算一次连续速度模式最大安全制动中，由于为一次制动，因此在制动过程中它们只考虑一次。而在分段模式中由于在整个制动过程中要多次制动、缓解，这三个参数要考虑多次。另外，连续速度控制模式列车最大安全制动距离 $S3$ 采用的是每一列车的实际最大安全制动距离，列车制动性能好的列车 $S3$ 的数值小，性能差则 $S3$ 的数值就大。因此，在连续速度控制模式中，列车的运行间隔距离，各尽其能，有助于提高运行效率。同时其所具有的一次性制动的性能也与列车实际制动方式相吻合。一次连续速度距离模式是列车运行控制系统的发展主流。

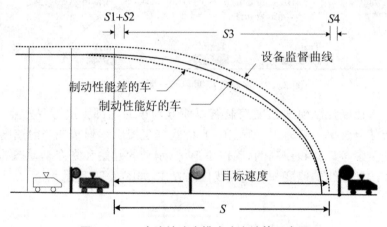

图 2.22　一次连续速度模式速度计算示意图

三、常用闭塞控制模式比较

列控系统各种控制模式归纳如表 2.5 所示。

表 2.5　常用闭塞控模式一览表

控制模式	分级速度（速差式）		目标距离		
制动模式	台阶式	分段曲线式	一次连续式		
闭塞制式	固定制式		准移动闭塞		移动闭塞
				虚拟闭塞	
车—地信息传输	多信息轨道电路＋点式设备	数字轨道电路；或多信息轨道电路＋点式设备	无线通信；或数字轨道电路；或轨道电缆；或多信息轨道电路＋点式设备	无线通信	无线通信

续表

控制模式	分级速度（速差式）		目标距离		
轨道占用检查	轨道电路	轨道电路	轨道电路或设计轴设备	无线定位应答器	无线定位应答器
制动模式图示	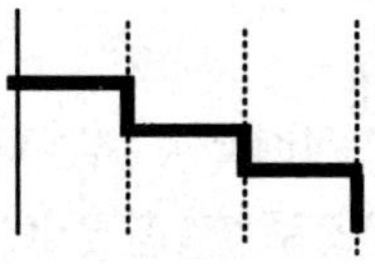	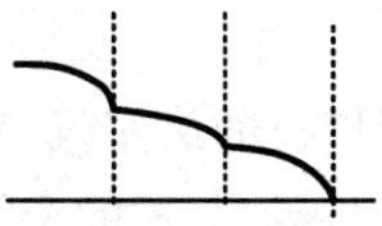	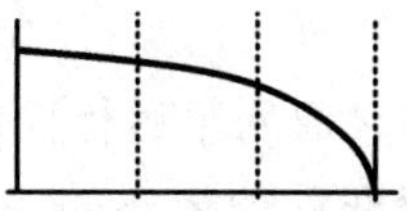		
列车运行间隔	双红灯防护	设为对照值	一次连续制动始点可变	一次连续制动始点可变	移动闭塞间隔最小

第三章 城市轨道交通 ATC 控制系统

城市轨道交通列车运行控制系统随着科技的进步发展变化较快,本章按照不同的闭塞模式主要介绍准移动闭塞的 ATC 系统、Check 方式的 ATC 系统、基于 CBTC 的 ATC 系统结构。城轨中固定闭塞的 ATC 应用已逐步淘汰,因此不作介绍。

第一节 基于轨道电路的 ATC 系统

基于轨道电路的 ATC 系统,包括基于模拟轨道电路和数字编码轨道电路的 ATC 系统,在城市轨道交通中得到大量使用,尤其是后者;本节主要以西门子基于 FTGS 数字音频轨道电路的 ATC 系统作为我们介绍准移动闭塞的 ATC 系统的典型代表。

一、系统结构与功能

基于 FTGS 数字音频轨道电路的 ATC 系统是从德国西门子公司引进的 LZB700M 设备,该设备由车载设备和轨旁设备组成。轨旁设备由 ATP 轨旁单元、FTGS 数字音频轨道电路、同步定位单元和 PTI 轨旁单元组成。车载设备有 ATP 车载单元、ATO/PTI 车载单元和司机人机接口 MMI。如图 3.1 所示。

ATP 子系统的主要任务是:速度监测、列车安全间隔、紧急制动、来往车辆方向监测、静止状态的监测、车门的释放、强制性限速、确保列车运行安全。

ATO 子系统的主要任务是:自动驾驶模式、列车速度控制、列车目标制动、车门的开启与闭合、根据时间表(滑行或巡行)产生节能的速度曲线、确保所要求的车载操作。

ATS 子系统的主要任务是:负责运行监督、控制及管理。ATS 把现行的时间表告诉 ATO,监视运行的过程并对时间偏离作出反应,并控制旅客信息系统。

RTU(远程终端单元)的主要任务是:连接控制中心(OCC)及车站外设子系统的 CBI、ATP/ATO、PTI、DTI 等,用于设置进路、计算停站时间及实现降级模式。

二、FTGS 数字轨道电路

FTGS 音频绝缘轨道电路用电气绝缘技术把轨道线路分割为多个区段,检查和监督这些轨道区段是否空闲,将空闲/占用信息传给联锁系统,并且传送 ATP 产生的报文信息到列车上。它广泛应用于世界各地的正线铁路和城市轨道。

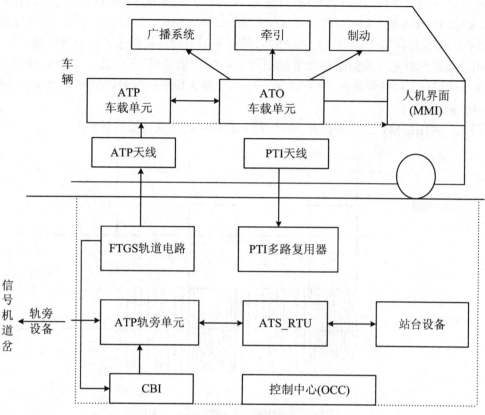

图 3.1　ATC 系统结构图

为了防止相邻区段之间串频,FTGS 数字轨道电路使用了不同中心频率和不同位模式进行区分。对于某一轨道区段来说,只有收到与本区段相同的频率与位模式的信息才被响应。中心频率是位模式的载波,位模式是调制信号。FTGS-917 型轨道电路的空闲检测过程可分为三步:

(1) 幅值计算:检测接收回来的电压;

(2) 调制检验:检测接收回来的电压的中心频率是否正确;

(3) 编码检验:检测接收回来的电压所带的位模式是否正确。

首先,接收器对幅值进行计算,当接收器计算到接收到的轨道电压幅值足够高,并且调制器鉴别到发送的编码调制是正确的时,接收器发送一个"轨道空闲"信号,这时轨道继电器吸起表示"轨道区段空闲";其次,当车辆进入某区段时,由于车辆轮对的分路作用,造成该区段短路,使接收端的接收电压减小,轨道继电器达不到相应的响应值而落下,进而发出一个"轨道占用"信号,迎着列车运行的方向发送 ATP 报文。

1. 信号调制

FTGS-917 型轨道电路使用 8 种频率(9.5kHz、10.5kHz、11.5kHz、12.5kHz、13.5kHz、14.5kHz、15.5kHz、16.5kHz)作为某区段固有的中心频率。只要使用对应的窄带滤波器就能滤出该区段的电压波形,这样可以防止相邻区段轨道电路信息和杂波的干扰。

FTGS-917 型轨道电路采用 15 种不同的位模式(2.2、2.3、2.4、2.5、2.6;3.2、3.3、3.4、3.5;4.2、4.3、4.4;5.2、5.3;6.2),相邻区段使用不同的位模式。位模式是用 X,Y 表示,把

一小段时间分成 8 等份,在一个周期内,先是 X 份时间的高电平,然后是 Y 份时间的低电平,且要求 $X+Y \leqslant 8$。这样可以有 1.1…1.7、2.1…2.6…6.1、6.2、7.1 共 28 种位模式,FTGS-917 型只使用其中的 15 种。这些高、低电平不断循环就构成了位模式脉冲。

由位模式脉冲把区段的中心频率调制成移频键控信号(FSK),其中上边频频率为:中心频率$+64$Hz;下边频频率为:中心频率-64Hz。调制后的信号可以抵抗钢轨牵引回流中谐波电流的干扰。

图 3.2 为用位模式 2.3 调制 9.5kHz 频率而得到的移频键控信号波形。

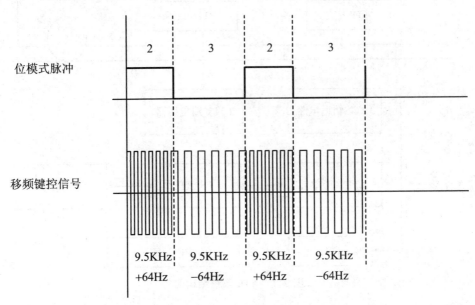

图 3.2　位模式 2.3 调制 9.5kHz 频率所得的 FSK 波形示意图

2. FTGS 标准型轨道电路结构框图

轨道电路区段划分采用电气绝缘划分,主要有以下几种电气绝缘:S 棒、终端棒(机械绝缘和电气绝缘混合型)、短路棒、M 棒。当列车占用轨道区段时,报文转换板完成 FTGS 的位模式和 ATP 报文之间的转换,发送 ATP 报文,并使发送方向迎着列车方向。如图 3.3 所示。

由于 LZB 系统要利用 FTGS 轨道电路发送 ATP 报文给列车,在有列车占用轨道区段时,FTGS 的位模式无效,同时,ATP 报文被激活;发送板执行一个报文转换信号进行开关切换,再通过一个光耦合器,ATP 报文就从报文转换板传送到发送板。

元件故障—安全措施:① 接收设备采用双信道结构;② 轨道继电器相同的开关状态:通过双通道的两个轨道继电器不同的开关状态进行故障检测。采用四芯星形电缆,一组芯线发送,另一组接收。电缆最大控制距离 6.5km(轨旁盒—联锁),最大有效长度 1.5km。LZB 电码传输率最大为 200bit/s。

三、列车自动防护子系统(ATP 子系统)

LZB700M 是信号系统中用于列车自动防护(ATP)和列车自动运行(ATO)的一个功

能强大的子系统。LZB700M 中的两个子系统结合在一起，用于增加铁路系统的安全性、有效性和成本效率。考虑到 ATP 和 ATO 子系统之间的密切关系，下面将概述两个子系统中的应用情况。

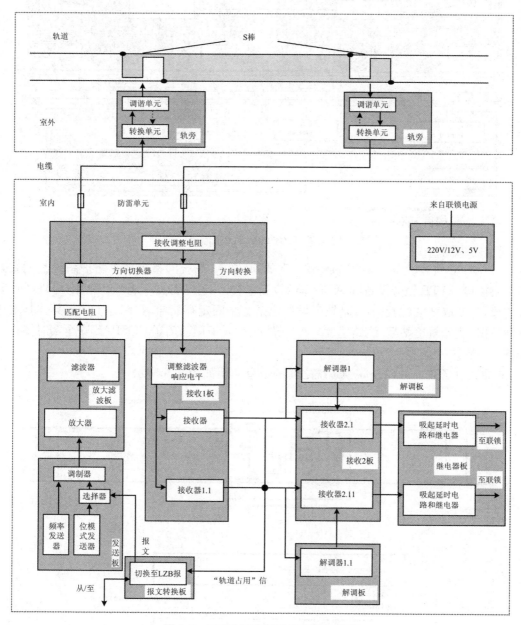

图 3.3　FTGS 标准型轨道电路结构框

1. ATP 子系统组成

西门子 LZB700M 设备由车载设备和轨旁设备组成。轨旁设备由 ATP 轨旁单元、FTGS 数字音频轨道电路、同步定位单元和 PTI 轨旁单元组成。车载设备有 ATP 车载单元、ATO/PTI 车载单元和司机人机接口 MMI。如图 3.4 所示，ATP 车载设备、ATP 轨旁设备都是故障—安全计算机系统。

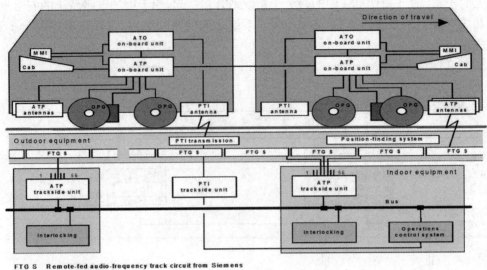

图 3.4　LZB700M 系统配置图

(1) ATP 轨旁设备。ATP 轨旁单元是 LZB700M 系统同整个列车防护系统其他要素的主要接口。ATP 轨旁设备和 ATP 车载设备一样，由基于故障—安全 SIMIS 原理的计算机构成，为 3 取 2 的配置。ATP 轨旁设备包括一个固定存储器，它储存了项目具体基本设施的数据（例如轨道站型、线路速度），ATP 轨旁单元采用西门子 COSPAS 安全实时操作系统。

FTGS、LZB700M 以及联锁系统之间的信息交换如图 3.5 所示。

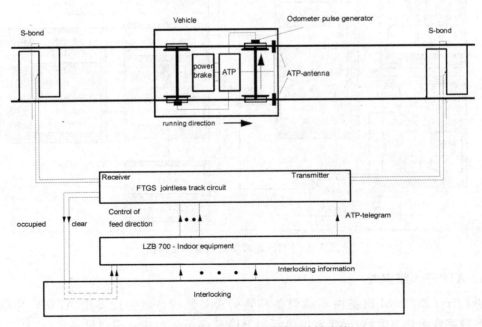

图 3.5　FTGS 与 LZB 和联锁系统的连接

(2) ATP 车载设备。LZB 的 ATP 轨旁设备通过钢轨连续不断地向 ATP 车载设备传送列车运行指令。ATP 车载设备由下列部分组成,由 ATP 和 ATO 车载单元共享。

① ATP 车载单元：使列车遵照列车移动许可运行,以保证行车安全。违反移动许可可引起 ATP 车载单元执行紧急制动,并使列车停稳。这些操作是同安全密切相关的,同时 ATP 车载单元必须要求故障导向安全,为二取二配置,它和 ATO 车载单元一起安装在机柜内。ATP 功能应用软件采用 PASCAL 语言编写,并在西门子 COSPAS 实时操作系统下运行。

② ATP 天线(每个驾驶舱两个)：安装在列车下部、行车轨道上方,每组天线位于第一轮对的前方,它们能感应到轨道里音频轨道电路电流的信号和 SYN 环线的电流。列车的两端驾驶室各装备有一对天线,只有司机驾驶室在使用时 ATP 天线才会被选用。

③ 测速电机(OPG,每辆列车安装两个)：为 ATP 功能提供输入,ATP 完成同列车安全运行相关的速度、距离和方向信息的计算。两种 P16 型测速电机固定安装在列车两侧两个不同的车轴的轴承上,它能降低共模故障的风险性。

每个测速电机包含一个齿轮,它被固定安装在车轴上,并与车轮一同旋转。车轮上的 16 个齿移动经过两个传感器;每个传感器含有一个振荡器,它的频率由谐振电路确定。振荡器产生 45.5kHz 和 60.5kHz 载频,但是齿轮同传感器的接近会引起谐振电路的失调以及振荡器的调制。列车车轮的旋转引起两个载波周期地调制,然后传送至 ATP 车载单元进行评估。根据齿轮旋转方向,一个载波调制出现比其他稍微早些或稍微晚些,这样就可以判定转动的方向。

④ 服务/自诊断接口：在 ATP 车载设备的运行阶段,服务/诊断接口提供了信息处理记录设备;它还允许安全数据输入至 ATP 车载单元(例如：车轮轮径和制动曲线)。数据可通过诊断接口传送至诊断 PC 机里,或从诊断 PC 机输入。诊断接口由安装在 ATP 车载设备的信号分配器的连接器组成,为双向 RS232 串行接口。

2. ATP 子系统功能

ATP 功能按照 ATS 功能建立的要求,在联锁建立的限制范围内负责进行列车移动。

(1) ATP 轨旁功能。ATP 轨旁功能负责完成对列车安全移动授权许可的发布和报文的准备,这些报文包括安全、非安全和信号信息等。ATP 轨旁功能包括列车安全间隔(TS)功能和报文产生(TG)功能。

列车安全间隔(TS)功能负责保持列车之间的安全距离,还负责发出移动许可。只有在进路设定后,联锁功能中才准许发出列车运行许可。应该注意在前方列车仍在进路的情况下,可为后继列车重新排列进路。

报文产生(TG)功能从各种其他 ATP 轨旁功能里接收到请求,然后生成列车报文,并负责把报文传送给各轨道区段。另外,如果需要 TG 功能负责生成信号,用以控制在相应音频轨道电路中的传输方向。报文由变量和包含在各变量中的数据结合而成,报文的长度和内容会随环境状态的不同而变化,每个变量由下列三个来源编辑而成：

① 编入 ATP 轨旁单元的固定数据,包括速度限制；

② 可依据进路排列和轨道区段占用等状态,从有限的预设选项中选择可转换数据；

③ ATS 功能的可变数据,如果没有该可变数据,可使用编入到 ATP 轨旁单元的默认值。

(2) 列车检测功能。列车检测功能由音频轨道电路完成,它根据各轨道区段的"空闲"或"占用"情况来提供有关列车位置的信息。这个决定是由各音频轨道电路设备完成的,它基于本区段内音频轨道电路信号电气测量的结果。区段的状态称为:"物理空闲"或"物理占用",此过程不考虑相邻轨道电路的状态。

(3) ATP 传输功能。ATP 传输功能能负责发送 ATP 车载功能要求的感应信号。这些信号含两类信息:报文数据和本地同步所需的定位信息。当音频轨道电路显示轨道区段(物理)占用,二进制编码顺序为 ATP 报文产生功能生成相应的报文。对于每个占用的音频轨道电路产生单独的报文,及因此构成的不同感应信号。

就地对车传输而言,音频轨道电路电流必须由轨道区段末端的铁轨,迎着列车运行的方向注入。对双向运行的线路,送电点及传输方向必须根据列车的运行方向转换。转换传输方向所需的信号由 ATP 轨旁功能中的报文发生功能发出。

(4) ATP 车载功能。LZB700M 车载功能由下列子功能组成。

ATP 监督功能:负责保证列车运行的安全;

ATP 服务功能:负责完成 ATP 监督功能;

ATP 状态功能:负责根据主要情况选定正确的状态和模式;

ATO 功能:自动驾驶列车运行于车站间,并自动打开车门;

司机人机接口(司机 MMI)功能:提供信号系统与司机的接口。

ATP 车载功能因每一辆特定列车的信号模式的不同,其设备也有所不同。列车可以有四种信号模式,但是任何时候只有单独一个信号模式能够作用。

速度监督功能:由 7 个速度监督子功能组成,每个子功能选定一个专用的以速度为基准的安全标准。各标准即为一个速度限制,这个限制速度可以是恒定的,也可以根据列车的位置连续或阶梯式改变。如果实际列车速度超过允许速度加上一个速度偏差值时,列车实施紧急制动。该偏差值可以根据安全标准的特点进行修改,并在系统设计时确定。各种速度偏差值会在选定后被编写在 ATP 车载单元中,与安全相关的标准由以下七个速度监督子系统规定。

RM 速度监督模式:这项速度监督子功能以限制列车速度达到低速值为目的,这个低速值适用于 RM 模式(例如:25 千米/小时)。该速度监督子功能总是在 RM 模式中有效,但是它不用于任何其他模式。限制速度是恒定的(例如:不考虑列车的位置),并在系统设计时确定。这个确定值会被编程在 ATP 车载单元中。

最大列车允许速度的监督:这项速度监督子功能以限制列车运行速度到最大允许值(就车辆允许而言)为目的。它在 SM、ATO 和 AR 模式中有效。速度限制是恒定的,它定义在 ATP 车载单元储存的数据中。

停车点的监督:这项速度监督子功能以保证列车停在停车点(例如:不超过停车点)为目的。在 SM、ATO 和 AR 模式中,每当前方列车占用的轨道区段内有安全或危险停车点,该速度监督子功能都有效。在 RM 模式中,该速度监督子系统不再有效。

限制式速度起始点的监督:这项速度监督子功能保证列车在起始点就按照速度限制运行。在 SM/ATO 和 AR 信号模式中,当前方列车现行占用区段内的速度限制始点存在时有效,在 RM 模式中,它不再有效。从限速始点开始,限制速度随着距列车的距离而不断地变化,并通过一个最终为非零的制动曲线描述。ATP 车载单元计算制动曲线,这同停车点监督采用的计算方式基本相同。

进入速度监督：这项速度监督子功能是以保证列车同进入速度监督一致为目的；这确保了列车同下一轨道区段及以后的目标速度一致，甚至 ATP 车载设备对这些目标的详细情况不是清楚地了解。这个速度监督子功能在 SM、ATO 和 AR 模式中有效。在 RM 模式中，它不再有效。

线路允许速度的监督：这项速度监督子功能是以保证列车运行同其所在位置的线路允许速度监督一致为目的，并在 SM、ATO 和 AR 模式中有效。在 RM 模式中，它不再有效。

允许速度由下列约束决定：列车前方当前占用轨道区段的线路允许速度；列车其他部分仍在占用的其他轨道区段的线路允许速度；任何列车占用部分的任何速度限制。

这样，允许速度根据列车的位置间断地改变。ATP 车载单元通过报文里的线路速度数据，所测量旅行距离以及列车的长度来确定允许速度。

四、列车自动运行子系统(ATO)

1. ATO 功能

列车自动运行子系统在列车驾驶过程中的功能有：列车自动启动、列车速度调整、列车目标制动及车门打开(车门控制)。

ATO 功能包括三个控制功能，这三个控制功能相互之间独立运行。各控制功能管理列车自动运行的一方面，只有在 ATO 模式中才有效。控制子功能有：自动驾驶（站间）、自动折返（无人）、车门打开。

(1) 自动驾驶功能(站间)：当 ATC 车载设备在 SM 模式中时，以及当列车出站所需的条件已经满足，且列车牵引和制动控制已放置零位时，司机可以实施自动驾驶功能。一旦激活，ATP 车载单元转换至 ATO 模式，ATO 功能将计算出列车至下一站非安全停车点距离速度轨迹。一般地，速度距离轨迹将对有效节能进行优化。

(2) 自动折返(无人)功能：这是一种特殊情况下的驾驶，在这种驾驶情况下无司机，而且列车上的全部驾驶控制台将被关闭，用于列车无人驾驶折返的运行。

当从 ATC 轨旁功能接收到无人驾驶折返运行许可时，就会自动进入 AR 模式。经由司机 MMI 功能显示给驾驶室的司机，确认接收到显示后，授权司机关闭驾驶控制台。只有按下站台的 AR 杆以后，才会实施无人驾驶列车折返运行。一旦按下 AR 杆，ATC 轨旁功能提供所需的数据以驾驶列车从到达站台至折返轨处，只要在折返轨，折返就有效，且列车将自动回到新的出站台。列车一到出站台，ATC 车载设备就会退出 AR 模式。

(3) 车门打开：接收从 ATP 功能发出的数据，该数据显示列车运行的方向和车门打开的一侧。在由 ATP 准许释放以后，ATO 功能选定合适的车门打开。然而，车门的关闭只能由司机完成。

上述 ATO 控制功能需要由下列服务功能支持：列车位置、允许速度、惰行/巡航、PTI 支持功能。

(1) 列车位置：从 ATP 功能中接收到当前列车的位置和速度方面的详细信息。计算出列车的位置后需要调整列车实际位置，以考虑列车计算时运行的距离。此调整考虑到了

ATP 功能计算列车位置的时间，ATP 功能将列车位置信息发给 ATO 功能的时间，传输和 ATO 接收信息之间延迟的时间。

另外，ATO 功能同测速单元的接口为控制提供更高的测量精确性。列车位置功能也接收到地面同步的详细信息，由此确定列车的实际位置和计算列车位置的误差。测速的误差信息准许列车位置功能校正距离测量，距离测量用于停车点监督，以便列车达到必要的停车窗的精度。由测速误差完成的列车位置调整可在所有点出现，直至接近实际停车点 10 到 15 米的位置。ATO 控制下的停车精度一般控制在预定位置 0.25 米左右。

（2）允许速度功能：提供 ATO 速度控制器，这个速度控制器对轨道上列车的位置有一个相应的速度。这个速度没有被优化，只是低于当前速度限制和制动曲线给的限制。

（3）巡航/惰行功能：ATC 功能其中一个主要的任务是按照时刻表控制站间列车的运行，同时保证了最大能量效率。这就是 ATO 巡航/惰行功能的作用，协同 ATS 功能中的 ATR 功能，并通过确定列车运行时间和能源优化轨迹功能实现巡航/惰行功能。

（4）PTI 支持功能：实际列车识别功能（PTI）由车载和轨旁设备负责完成执行。PTI 功能负责向 ATS 功能报告列车识别信息（例如：车次号、目的地号、乘务员号）和确定的列车位置数据（例如：当前轨道电路识别和测速电机读入）。

车载 ATO 自动控制牵引装置和制动单元。因此，ATO 需要 ATP 的数据有：从 ATP 轨旁单元接收到的全部 ATP 运行命令，测速电机（以确定当前列车位置和实际速度），位置识别（轨道电路的更换）、定位系统的信息，列车长度。

三个基本的驾驶阶段为加速（包括启动）、巡航/惰行和制动。自动驾驶由闭环控制来完成。图 3.6 为自动驾驶的闭环控制图。测速电机通过 ATP 向 ATO 发送列车的实际位置信息。反馈环路的基准输入是从 ATP 数据和运营控制数据中得出的。ATO 向牵引和制动控制提供确定数值的数据输出。

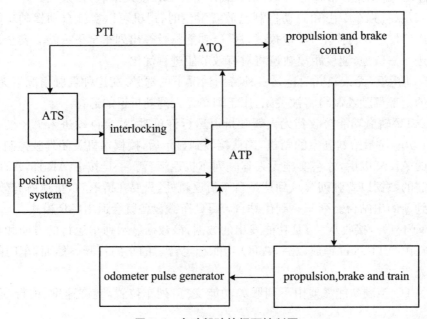

图 3.6　自动驾驶的闭环控制图

2. ATO 操作

ATC 显示单元通过 DIN 总线接收从 ATP 或 ATO 车载单元的输入,或接收司机通过数据输入模块人工输入的数据。操作屏幕如图 3.7 所示。

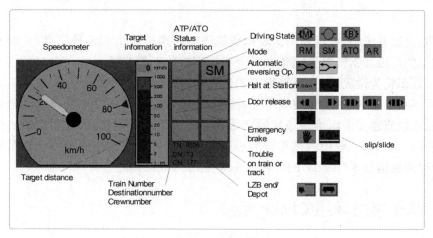

图 3.7 操作显示屏幕

(1) ATO 自动驾驶——ATO 模式。在这个模式下列车在车站间的驾驶是自动的。首先司机给出列车关门指令并等待车门关闭。然后司机通过按压启动按钮给出出发指令。如果车门依然打开,ATP 将不允许列车出发。列车启动后站间运行的速度调整、至下站的目标制动及列车的开门都由 ATO 自动操作。ATP 确保列车各阶段自动运行的安全。车站至车站的运行将根据行车控制中心 ATS 的优化时刻表指令执行。

(2) ATP 监督人工驾驶——SM 模式。司机根据驾驶室的指令手动驾驶列车。ATP 连续监督人工驾驶的列车运行,如果列车超过允许速度将产生紧急制动。

(3) ATP 限制允许速度的人工驾驶——RM 模式。这是一个"注意前进"的限制式人工驾驶。列车是由司机根据轨旁信号驾驶的。司机承担列车运营安全的责任,ATP 监督允许的最大限速值。

(4) 非限制速式人工驾驶无 ATP 监督——关断模式。关断模式用于车载 ATP 完全关断时的列车驾驶。列车是由司机根据轨旁信号和调度员的口头指令驾驶的。司机承担了列车运营安全的全部责任。紧急制动是由车辆自动产生的,速度限制由车辆供货商提供的车载设备执行。

(5) 自动折返驾驶——AR 模式。ATP 车载设备的 AR 模式是由轨旁报文要求传输后自动生成的,并通过驾驶室显示设备指示给司机。司机必须按压"AR"按钮确认折返作业。无论运用折返轨折返的操作,采用无人折返或有司机折返取决于司机采取的折返模式。折返请求传输是由 ATS 中央控制指令或由设计固定的 ATP 区域轨旁单元发出的,折返作业必须在该区域无条件进行。

第二节　Check 方式 ATC 系统

在城轨交通系统中,可以利用钢轨构成轨道电路来传输机车信号信息,并以此来检测列车所占用的区段和钢轨是否完整。对于不设钢轨的新型交通系统,例如独轨交通、新交通系统等,其车轮为橡胶轮,又是编组方式运行,其行车密度高而编组短,输送能力虽低于地铁,但远远高于公共汽车,爬坡能力强,速度高,噪音也小。在日本已建成多条独轨交通线路,重庆市也修建了中国第一条独轨交通线路。由于不设钢轨,因此不能用轨道电路作为检测手段,其 ATP 系统中的列车检测必须采用独特的方法。下面分别介绍基于感应环线和基于射频通信技术(RFID)的两种 Check 方式 ATC 系统。

一、基于感应环线 Check 系统

1. 概述

我们知道,利用钢轨"检测列车"与"发送 ATC 信息"是轨道电路的重要功能;而对于没有钢轨,不能设置轨道电路的城市轨道交通,只能采用特殊的列车检测方式。其列车检测的方式,各国都不相同,这里我们介绍一种在运行线路上敷设环线的 Check 方式。

在其所有运行线路的中央设置平行布置的感应环线,每段环线的长度相当于一个闭塞分区的长度,它根据运行间隔、列车速度、线路情况而计算设定,各个闭塞分区的环线交叉,不仅可以防止干扰,也是列车进行重新定位的手段。环线不仅作为向列车传输机车信号信息(数据)的通道,也是地面检测列车和接收列车信息的载体。

在地面设备中,除设有向列车发送 ATC 信息的发送设备外,还专门设置了用于接收列车检测信号的设备。在车载设备中,列车头部设有"Check in"信号发送器,在列车尾部设有"Check out"发送器。根据运行方向,头、尾 Check 信号可以切换,而且头、尾 Check 信号必须相互校核,Check in 和 Check out 缺一不可,否则列车将停止运行。在 Check 方式列车运行控制系统中,连续式 Check 方式列车控制系统示意图,如图 3.8 所示。

2. 检测原理

列车检测系统的地上装置由照查信号发送部、接收部、闭塞逻辑等单元组成。照查信号是载频频率为 14.92kHz、低频频率为 19Hz 的调频波。平时它通过分配器从环线的一端发送器发送,由环线另一端的接收器接收,当环线接收器接收到上述照查信号时,使该环线(3T)的检测继电器(3TJ)处于励磁状态,这相当于该区段空闲。与 3T 相邻的区段其环线照查信号的载频频率是不同的,相当于轨道电路区段,相邻轨道区段的传输频率是不相同的。

当列车头部输入 3T 环线区段,地面环线接收器接收到由列车头部送出的 Check in 信号,它的频率是 15kHz,使 3T 环线区段的 1N 继电器(INJ)励磁。INJ 励磁,证实列车已经驶入 3T 环线区段,所以使该环线的检测继电器(3TJ)失磁,这时 3T 环线的发送端迎着列车运行方向开始发送 ATC 信号给列车。

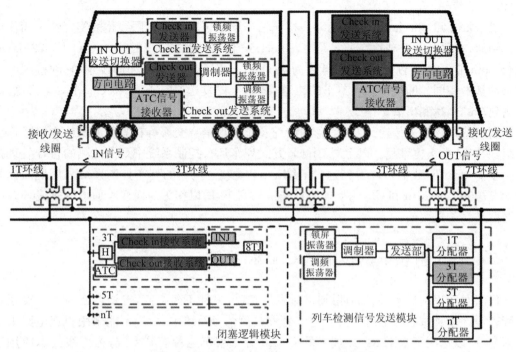

图 3.8　基于感应环线 Check 方式列车检测

当列车尾部驶入 3T 环线区段,环线接收器接收到由列车尾部发送的 Check out 信号,它是载频频率为 11.8kHz、低频频率为 35Hz 的调幅波,从而使 3T 环线区段的 OUT 继电器(OUTJ)励磁,这时 3T 环线的检测继电器(3TJ)仍处在落下状态。环线发送端继续发送 ATC 信号。

当列车头部进入下一个环线区段(1T),1T 环线区段接收器接收到 Check in 信号,1T 的 IN 继电器励磁。而 1T 检测继电器(1TJ)失磁落下,1T 环线区段发送端开始发送 ATC 信号,3T 环线区段接收器因收不到 Check in 信号使 3T 的 INJ 失磁,3T 环线区段可以停发 ATC 信号,但 3T 环线区段接收器还在接收 Check out 信号,所以 3T 环线区段的检测继电器(3TJ)仍在失磁状态。

当列车完全进入 1T 环线区段,则 3T 环线区段接收器因收不到列车发来的 OUT 信号而使 OUTJ 失磁落下。而 3T 环线区段的接收器接收到列车检测信息,使检测继电器(3TJ)恢复励磁。

这样可以保证列车在线路运行的各个环线区段都能连续地接收到 ATC 信号,而利用环线检测继电器(TJ)的状态可以判断列车所在位置,从而构成"闭塞逻辑"关系。

3. 车载 Check 信号发送装置

在列车头、尾两端的车辆,都设有 Check in 和 Check out 信号发送单元,以及发送/接收线圈。Check in 信号是没有经过调制的频率:15kHz,Check out 信号是载频频率为 11.8kHz、低频为 35Hz 的调幅波,为此在车上设置了相应的载频振荡器和低频振荡器。

列车头部和尾部的 Check in 信号和 Check out 信号必须相互照查,以保证这两个信号的不间断发送,只要检测到某一个 Check 信号丢失,列车会自动报警,并使列车自动停车。根据列车运行方向,由 Check in、Check out 发送切换单元,来控制其发送 in 信号,还是 out

信号。

Check in 和 Check out 信号及环线检测信号频率可以根据不同线路的实际情况而作调整。例如,在另外一条独轨交通线路中,Check in 信号的载频为 13.5kHz、低频为 72Hz,而 Check out 信号的载频为 15kHz、低频为 72Hz 等。但不论其频率如何设定,它的检测的工作原理基本相同。即使只有一节车的轨道交通,也得发送 Check in 和 Check out 信息,以检测列车的到达和出清。

利用感应环线来传送 ATC 信息的原理及车—地信息交换等在其他的章节中已经作了介绍,所以这里不再重复。以上对 Check 方式列车运行控制系统中列车检测的特殊处理措施作了简单介绍,我们可以得到这样的结论:不设轨道电路的列车控制系统利用地面接收列车发送的 Check in 和 Check out 信号来检测列车,所以作为地面接收通道的感应环线的完整性是至关重要的。

二、基于射频识别技术的 Check 系统

目前射频识别技术(RFID)得到迅速发展,其可靠性不断提高,已被广泛应用于交通运输管理等许多领域。在上海轨道交通 3 号线过渡信号系统中,由于不能采用轨道电路来检测列车,所以选用了基于 RFID 技术的 Check 方式列车运行控制系统,为无线技术应用于城轨交通的运行控制系统开拓了新的研究和开发领域。

1. 系统组成

Check 方式列车运行控制系统的结构框图如图 3.9 所示。

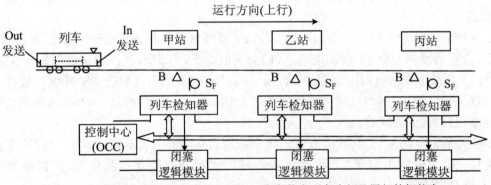

注:B 为列车检知器;S_F 为信号;in、out 为安装在列车头部及尾部的智能卡

图 3.9 Check 方式列车运行控制系统结构框图

Check 方式列车运行控制系统包含下面四个子系统:
(1) Check 方式列车检测子系统,实现列车识别和实时跟踪;
(2) Check 方式的区间闭塞子系统,实现站间闭塞逻辑功能;
(3) Check 方式的车站联锁子系统,实现有岔站及终端折返站的联锁功能;
(4) Check 方式的调度监督子系统,实现全线列车运行信息的实时监督显示及记录。

2. Check 方式列车检测子系统

如图 3.9 所示,在列车的头部和尾部各设一个智能卡(又称标签),该卡可读、可写,其

卡内存设有专用的 ID 号码,相当于列车的"身份证",车站上、下行出站信号机外方 10 米处分别设置列车检测用的射频通信器,构成 Check 方式的列车检测子系统。由于每列车的智能卡都对应一个唯一的"身份证"号码,因此可以实现列车的自动识别。

安装在车上的智能卡与安装在地面的射频通信器以非接触方式工作在 2.45GHz 的微波段。当列车头部经过射频通信器时,列车向地面送出一个 Check in 信号,证实列车已到站;当列车尾部经过射频通信器时,送出一个 Check out 信号,表示列车离开车站。用 Check in 和 Check out 信号完成对列车的自动检测。

射频通信器是具有环形信息场的读写工作站,它工作在 2.45GHz,专门用于读解设于列车上的智能卡,阅读距离可达 4 米。通信器具有 100 个可选频道,以防止相邻通信器之间的干扰。通信器具有内置的数据库,可容纳 15000 个智能卡信息。通信器由处理器、微波天线、I/O 模块以及其他数/模电路等构成。天线系统为圆形极性,通过面板发射。

通信器提供的输入/输出接口有:两个串行口、一个用于键盘的 DTMF 接口、发光管、继电器、并行输入/输出口、电源接口等。图 3.10 为通信器控制及接口示意图。为便于维修和设定参数,通信器控制面板上装有七段显示器、两个控制按钮、一个复位按钮及发光二极管和蜂鸣器等。

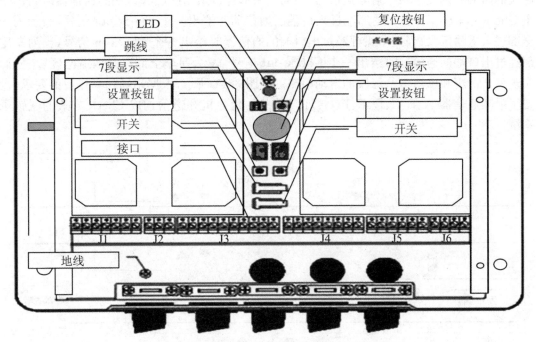

图 3.10　通信器控制面板及接口示意图

智能卡由微波天线、数据存储器、状态寄存器及锂电池组成,利用微波与射频通信器进行通信。它能够存储 606 位信息。每一个卡拥有一个唯一的 8 位十进制编制的识别号及单独的 32 位校验,并固化在芯片中,不可以更改,从而可以唯一地标识该卡,能够排除替代错误发生的可能性。智能卡的工作方式可通过通信器微波对其进行格式化,即根据对其内存模式、响应时间、响应模式/间隔及数据速率等的要求设定卡的工作方式。

3. Check 方式区间闭塞子系统

Check 方式区间闭塞子系统是确保列车站间运行安全的重要设备。鉴于城轨交通站间距离短、行车密度小，所以在运行初期采用列车间隔两个区间运行。例如：甲站要开放出站信号机 SF，必须具备以下三个条件：

（1）乙站闭塞逻辑模块收到先行列车已出清丙站的信息（证实已有两个区间空闲）；

（2）乙站向甲站送出解除甲、乙两站闭塞的复原信息；

（3）甲站射频通信器检测到后续列车已到达本站，并输出 Check in 信息至闭塞逻辑模块。

只有在满足了上述三个条件的前提下，甲站的出站信号机 SF 才能开放，并构成甲、乙两站间的区间闭塞。待甲站通信器 B 检测到列车出发，输出 Check out 信息给闭塞逻辑模块，自动关闭甲站的出站信号机 SF，并将此信息送至控制中心。只有当该次列车离开丙站，丙站收到该次列车的 Check out 信息，才能解除甲、乙两站间的闭塞。

4. Check 方式车站联锁子系统

为了实现列车在车站的运行安全，需要设置 Check 方式车站联锁子系统。在每个道岔区段的两端分别设置两个射频通信器，当列车头部经过道岔区段入口端的通信器时给出一个 Check in 信号，当列车尾部经过入口端的通信器时给出一个 Check out 信号，表示列车全部进入道岔区段；当列车头部经过出口端的通信器时给出一个 Check in 信号，当列车尾部经过出口端的通信器时给出一个 Check out 信号，表示列车全部离开该道岔区段，从而实现列车占用和出清道岔区段的自动检测。如图 3.11 所示，根据站场列车作业的要求，设置了射频通信器 A、B、C、D、E、F、G、H 与有关的信号机和道岔构成 Check 方式的联锁子系统。

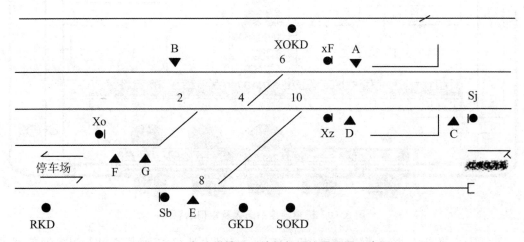

图 3.11　车站联锁子系统射频通信器设置示意图

此时开放信号的条件，除了要满足双区间闭塞的条件外，还应检查道岔位置是否处在进路规定的位置。如列车从停车场出库时，必须检查 8/10 号道岔是否锁在反位；进路空闲才能开放 Sb 信号，当列车全部进入 Sb 信号机的内方，Sb 信号自动关闭。当列车依次占用和出清通信器 E、D 以后，才允许上述进路解锁。又如要开放下行方向去停车场的调车信号机 xF，则必须检查 2 号、4/6 号道岔是否锁在反位，若开放去邻站的下行出站信号机 xF，则必须保证 4/6 号道岔锁在定位状态。

5. Check 方式调度监督子系统

Check 方式调度监督子系统主要实现对信号机状态、道岔及列车位置等信息的实时监督,以及列车车次号的实时跟踪,并记录相关信息,生成列车运行报告。调度监督采用现场总线技术,用 CAN 总线来完成控制中心与各车站射频通信器之间的信息传输。其结构框图如图 3.12 所示。

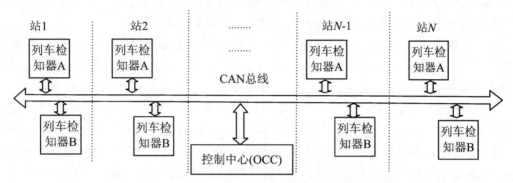

图 3.12 总线型 Check 方式调度监督子系统结构示意图

Check 方式调度监督子系统通信系统利用串行通信、总线连接的方式,提供一个具有数据帧识别、能传送多字节信息的通信接口和协议,以提高设备连接的标准化水平、降低传输部分的成本和简化维护程序。

根据面向对象技术及可视化、模块化编程技术的特点,结合调度监督子系统需要完成的功能,在设计调度监督子系统应用程序时,将其分为前、后台应用程序两大部分。前台主要是进行表示信息处理,实时显示全线的信号设备的状态及站场拓扑结构,提供人、机对话的窗口,产生和输出列车运行情况的报表及故障情况下的报警显示;后台主要负责全线的射频通信器与控制中心之间信息交换、动态数据库管理以及进行故障诊断处理。

第三节 基于 CBTC 的 ATC 系统

一、CBTC 系统特点

1999 年 9 月,IEEE 将 CBTC 定义为:利用高精度的列车定位(不依赖于轨道电路),双向连续、大容量的车—地数据通信及车载—地面的安全功能处理器实现的一种连续自动列车控制系统。借助先进的列车定位技术、安全处理器技术和无线通信技术,使得 CBTC 与传统基于轨道电路的列车控制系统相比,具有如下优点:

(1) 系统安全性高:利用无线信道进行车—地数据的双向传输,列车可将其位置和速度等信息传给车站,同时车站可不间断地跟踪、监控列车运行,实现对列车的闭环控制,使列车运行的安全性大大提高。

（2）调度指挥自动化：各级调度都可以随时了解区段内任意运行列车的位置、速度、机车工况及其他各种参数，利用上述信息，各级调度可以规范、协调地直接指挥行车，实现调度自动化，同时也便于旅客了解有关信息，提高轨道交通的服务质量。

（3）通过能力大：车站控制中心依据列车状态及前车状态，结合智能技术调整列车运行，获得最佳的区间通过能力，减少列车在区段内运行时不必要的加速、制动，节省燃料，增加旅客乘坐舒适度。

（4）轨旁设备少：CBTC系统减少了轨道沿线设备，设备主要集中于车站和机车上，减轻了设备维护和管理的劳动强度，维修程序简单，使用周期成本低。

（5）工程建设周期短：由于CBTC采用了较少的硬件设备，与轨道电路系统相比，CBTC安装工作量小，而且调试工作不受天气影响，克服了轨道电路受天气影响引起调试参数不稳定的弱点，可达到比数字轨道电路更短的工程建设周期。

（6）系统灵活性和兼容性强：CBTC系统可以适应对不同速度、不同长度、不同性能的列车控制，灵活性很强，信号系统升级时只需在原有信号系统的基础上叠加CBTC控制功能，便可极大地提高路网效率。列车服务继续由现有系统提供，同时安装通信系统的接入点，一旦通信网络和沿线设备投入使用，车载设备就会逐渐取代现有的ATP设备，允许列车在新的运行规则下运行。

（7）可以实现移动闭塞：移动闭塞使两列车追踪间隔大大缩短，提高了列车在区间追踪运行的密度，从而大大提高运输效率。同时，高密度地运行及短编组列车可以缩短站台长度和折返线（轨道上列车折返的区段），这将大幅降低投资成本。

（8）易于互联互通：已经建成一定规模或准备建设相当规模城市轨道交通网络的城市都在考虑互联互通。无线CBTC具有开放的接口，是实现不同厂家之间信号系统互联互通的最佳手段。

CBTC是新一代的ATC系统，因此它同样具有ATS、ATP、ATO等功能，但是CBTC系统可以允许不同的配置：只具备ATP功能，而无ATO、ATS功能；提供ATP功能，根据具体需要具有部分ATO和ATS功能；作为列车控制系统的唯一系统，或与其他轨旁辅助系统一起使用等。

二、CBTC系统的功能

如图3.13所示，CBTC系统包括ATS子系统、地面子系统、车载子系统及数据通信子系统，这些子系统构成CBTC系统的核心。功能框图中还单独列出了"联锁"功能模块，该功能模块与CBTC地面设备连接。考虑到不同的线路长度可能需要多套的CBTC地面设备，所以在图3.13中还绘出了"相邻的CBTC地面设备"模块。CBTC系统的功能与系统配置有关，实际的系统可能由于不同的设备提供商、不同的工程需要而有所差异；但是，所有CBTC系统均采用数据通信网络连接CBTC地面和车载设备，实现ATP功能，控制列车安全运行。

（1）构成闭塞功能：在CBTC系统中各种水平的应用均依靠闭塞保证行车，必须同样具有构成闭塞区段的功能。在CBTC半自动闭塞系统中，采用进/出站口的标志器、查询应答器或其他类似设置来表明站间闭塞的分界口，并且要达到在出站标志之后一定使用某个专用频率来区分,用这个频率来构成机车信号以供给司机(指最低应用水平),或将此信号提供给车载设备上 ATP 系统(指较高一级应用水平)。CBTC 中的闭塞功能可以是固定的,也可以是移动的。目前在 CBTC 半自动闭塞系统中的闭塞区段长度相当于站间长度,而在 CBTC-MAS 系统中则最短,其长度为本列车常用制动所需的距离附加安全距离,所以闭塞功能也是保证安全的功能。

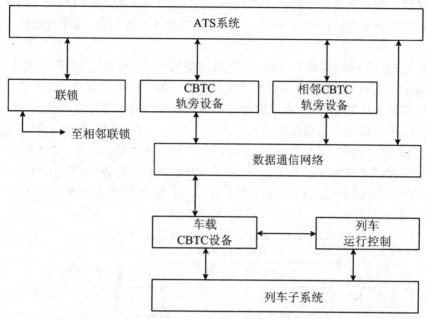

图 3.13 典型 CBTC 系统的基本功能框图

(2) 定位功能:在 CBTC 系统中定位精度愈高,则系统可使行车效率愈高。

(3) 计算功能:CBTC 系统要有能力计算出在给定最大允许列车速度条件下本列车目前最大可能达到的车速。因为在任意一个移动闭塞区间,列车只能依据各种动态和静态参数及其定位值和实际速度来计算出应有速度,从而保证行车安全。

(4) 提供线路参数和运行状态功能:CBTC 系统必须向地面设备和车载设备及时地、动态地给出相应的参数和列车运行状态,以备司机人为或车载设备自动地做出应有的操作。

(5) 车—地双向通信功能:CBTC 系统为管辖范围内列车及地面设备提供良好的双向通信功能,它不仅提供运行列车的参数,而且也应提供非信号范围内的各种有关参数,满足信息服务所需的数据要求。

(6) 记录功能:CBTC 系统应具有良好的记录功能,不仅在车载设备上,而且还应在地面设备上有记录,这种记录应起到双重作用:一方面为改善列车运行性能和提高运行质量分析用的记录;另一方面为发生任何事故后,从记录设备中寻找出发生事故的原因,进行有效的分析,它类似于航空系统的黑匣子功能。

(7) 远程诊断和监测功能:用于改善 CBTC 系统的可靠性、可用性及安全性,因此,CBTC 的车载设备、地面设备均应设计有远程诊断的接口,允许系统在运行过程中发生故障时立即发出相应信号给地面综合诊断台,以便及时采取相应措施。这项功能比较复杂,CBTC 系统从开始设计时就应当留有余地。

以上提到的大部分是基本功能,在应用技术较高等级 CBTC 系统中还应具有 ATP、

ATS 和 ATO 系统的全部功能。

图 3.14 是 CBTC 系统的具体结构示意图,该系统以列车为中心,主要子系统包括:区域控制器,车载控制器,列车自动监控 ATS(中央控制),数据通信系统和司机显示等。

区域控制器(Zone Controller,ZC)即区域的本地计算机,与联锁区一一对应,通过数据通信系统保持与控制区域内所有列车的安全信息通信。ZC 根据来自列车的位置报告跟踪列车并对区域内列车发布移动授权,实施联锁。区域控制器通常采用三取二的冗余检验配置。冗余结构的列车自动监控可与所有列车运行控制子系统通信,用于传输命令及监督子系统状况。

车载控制器(VOBC)与列车(指一个完整的编组)一一对应,实现列车自动防护 ATP 和列车自动运行 ATO 的功能。车载控制器也采用三取二的冗余配置。车载查询器和天线与地面的应答器进行列车定位,测速发电机用于测速和对列车定位进行校正。

司机显示提供司机与车载控制器及列车自动监控 ATS 的接口,显示的信息包括最大允许速度、当前测得速度、到站距离、列车运行模式及系统出错信息等。数据通信系统实现所有列车运行控制子系统间的通信,该系统采用开放的国际标准,即以 IEEE802.3 以太网作为列车控制子系统间的接口标准,以 IEEE802.11 作为无线通信接口标准,这两个标准均支持互联网协议(IP)。

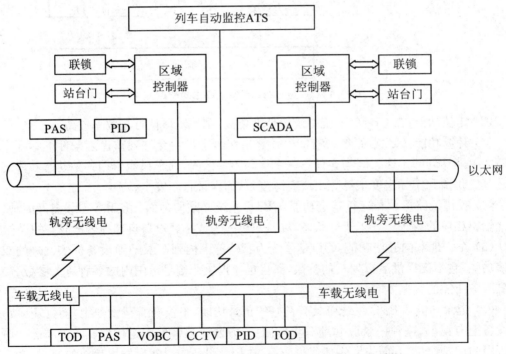

CCTV:闭路电视;PAS:乘客广播系统;PID:乘客向导系统;
SCADA:电力监控系统;TOD:司机显示;VOBC:车载控制器

图 3.14 典型无线 CBTC 系统结构

三、CBTC 系统的车—地信息传输

在 CBTC 系统中，列车与地面之间的信息传输是其关键技术之一。CBTC 利用连续、大容量的车—地双向数字通信实现列车控制信息和列车状态信息的传输。根据列车与地面之间信息传输的具体实现方式，可以将目前存在的 CBTC 系统分为基于无线自由波传输的 CBTC 系统、基于轨间电缆环线的 CBTC 系统、基于漏泄波导管传输的 CBTC 系统等几种。

1. 基于无线自由波传输的 CBTC 系统

在 CBTC 系统中，完全采用无线传输的方式有两种：一种是采用移动通信作为车—地信息传输的媒介；另一种是采用基于 IEEE802.11 系列标准的 WLAN 无线网络作为车—地信息传输的媒介。基于无线通信的 CBTC 系统采用无线自由波作为传输系统，为地面无线控制中心和车载控制设备之间的数据传输提供安全的无线传输通道，基于 GSM-R 的 CBTC 系统解决方案主要应用于高速铁路的列车控制系统中。

无线局域网（WLAN）是无线网络领域的一种重要的分支。基于 WLAN 的 CBTC 系统解决方案已经开始成为城市轨道交通列车控制系统中的首选方案。开放空间无线 CBTC 车—地通信系统是由轨旁有线、车载通信单元和无线三部分组成的数据通信系统，如图 3.15 所示。

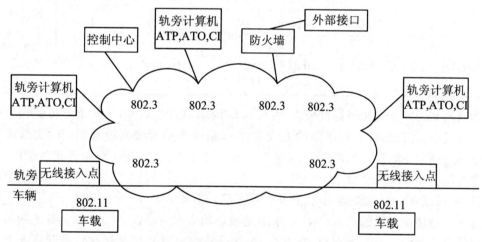

图 3.15　无线开发空间 CBTC 车—地通信系统组成

（1）有线网络。有线部分应用 IEEE802.3 以太网标准，由接入网和骨干网两部分组成。轨旁无线接入点 AP 和列车进行双向通信，并通过多模光纤与接入交换机相连，组成接入网，每个 AP 包括到电源、以太网和 4 个天线的接口，轨旁 AP 包括一个或两个完全冗余的无线单元，并协同工作。无线单元可以应用标准的商用无线局域网产品，确保日后的售后服务和维修支持工作。无线单元固件要求提供快速漫游能力，因为在列车以 80km/h 或 120km/h 的速度高速运行时需要该功能。

骨干网是冗余的高速光纤以太网，采用了双向自愈的环形拓扑结构，自愈协议在某个交换机失效后的很短时间内将重新配置网络，不会导致 ATC 的服务中断。骨干网可采用

通信专业提供的传输通道,也可由通信专业提供光纤,信号专业单独组网。

骨干交换机位于设备集中站,所有 ATC 轨旁设备都通过一对冗余端口接入到骨干交换机。为满足系统要求的安全性和可靠性,有线网络应用两条环网结构的有线路径(光纤),采用冗余的电子设备、冗余的入网路径、冗余的环网结构。

(2) 车载通信单元。每列车上的无线系统包括两个完全冗余的车载通信单元,它们是轨旁 AP 的通信客户端,分别安装在靠近车头和车尾的车载设备机架内。

车载通信单元包括两个冗余的无线单元,它们之间协同工作。每个无线单元都与两个一组的车载天线相连,安装在车体的上部,每个无线单元都接两个天线,进一步提高了通信稳定性。前后端驾驶室列车通信单元的 CPU 通过点对点通信,每个列车通信单元的 CPU 与车载控制单元通过电气机架内的 TCP/IP 以太网线连接。

(3) 无线网络。无线网络主要由标准的无线局域网商业部件组成,应用 WLAN 技术,遵循 IEEE802.11X 系列国际电气和电子工程师协会制定的通用无线局域网标准;其 IEEE802.11a、IEEE802.11b、IEEE802.11g 三个标准参数如表 3.1 所示。

表 3.1 IEEE802.11 标准参数对比表

标准	工作频段	最高信号传输速率	调制技术	分配宽带	传输距离	可用非重复信道数	兼容性
802.11b	2.4~2.4835GHz	11Mbps	DSSS FHSS	83.5MHz	较长	0	基线标准
802.11a	5.75~5.875GHz	54Mbps	OFDM	100MHz	短	4	无
802.11g	2.4~2.4835GHz	54Mbps	OFDM DSSS FHSS	83.5MHz	较长	0	与 802.11b 产品后向兼容

为满足系统安全性和可靠性要求,在实际应用中,利用 AP 的无线重叠覆盖和冗余的车载无线设备,可以形成 4 条单独的无线路径,4 条单独的无线通道必须同时失效或者阻塞才会导致通信中断。无线网络采用重叠覆盖方式,形成实时双向双通道冗余结构,以弥补无线通信的非故障安全缺陷。如图 3.16 所示,轨旁无线通道可以按照 100% 的重叠率进行设计,可保证在一个无线接入点故障时,列车信号不会丢失。

每个车载通信单元都有自己固定的 IP 地址。轨旁和中心设备与车载设备之间由通信系统提供动态漫游。每个列车单元就像一个普通的路由器直接连接在轨旁网络上。上层软件提供了无缝的分区交换,以及智能的自适应的漫游,因此具有极高的系统可用性。整个系统分布在城市轨道交通线路的多个车辆和各种轨旁设备上。各个设备通过唯一的 IP 地址(源/目的地标识)解析来接收和发送信息。冗余的设备也是一样,都具有自己独特的 IP 地址。车载无线设备基于对信号强度的计算,确定与哪一个轨旁的无线接入点进行通信。如果本无线接入点提供信道区域内的无线信号强度低于某一门限值,车载无线设备会自动转接到下一个有可接收信号强度的轨旁无线接入点提供的信道。车载无线设备与接入点之间切换过程的平均时间低于 100ms。

(4) 无线 CBTC 系统。无线 CBTC 采用空间无线通信系统,通过数据通信网络实现列车与轨旁设备实时双向通信,采用基于 IP 标准的列车运行控制结构,无线 CBTC 的基本原理如图 3.17 所示。

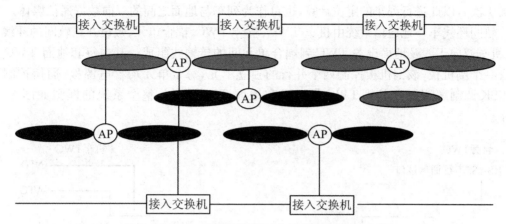

图 3.16　实时双通道冗余无线网络结构

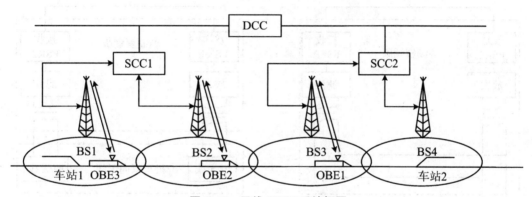

图 3.17　无线 CBTC 系统框图

调度控制中心 DCC(Dispatch Control center)控制多个车站控制中心 SCC(Station Control Center),实现相邻 SCC 之间的控制交接。SCC 通过管辖范围内的多个基站 BS (Base Station)与覆盖范围内的车载设备 OBE(On Board Equipment)实时双向通信。列车在区段内运行时,通过全球定位系统 GPS(Global Positioning System)、查询—应答器或里程计装置等方式实现列车位置和速度的测定,OBE 利用无线通过基站 BS 将列车位置、速度信息发送回给 SCC。SCC 通过 BS 周期地将目标位置、速度及线路参数等信息发送给后行列车。OBE 收到信息后,根据前车运行状态(位置、速度、工况)、线路参数(弯道、坡度等)、本车运行状态、列车参数(列车长度、牵引重量、制动性能等),采用车上计算、地面(SCC)计算或是车上、地面同时计算,并根据信号故障—安全原则比较、选择方式,预期列车在一个信息周期末的状态能否满足列车追踪间隔的要求,从而确定合理的驾驶策略,实现列车在区段内高速、平稳地以最优间隔追踪运行。

2. 基于环线传输的 CBTC 系统

感应环线通信是基于数据的电磁传输原理,环线电缆由扭绞铜制线芯、绝缘和防护外层组成,它通常敷设于两钢轨之间,作为发送和接收天线使用,与相应的车载天线一起,实现车载设备和轨旁设备间的双向通信和数据交换。

一个环线区段的最小长度是 40m,最大长度是 350m,环线之间是相互分离的,仅在区域边界处相互邻接。电缆大约每隔 25~100m 进行交叉(通常的做法是每隔 25m 或 50m 交叉 1 次),以此进行列车的定位计算,也可作为列车与地面之间的双向数据通信媒体。

轨间环线车—地通信系统由机车 TWC、轨旁 TWC、耦合单元、敷设在钢轨间的环线电缆、机车双向天线及地面设备 TWC 到耦合单元间的传输线组成。其中每套地面 TWC 设备含一个倒机板,该倒机板控制两个并行的独立单元,每个单元均含电源板、通信控制板和 FSK 调制解调板。车载 TWC 的组成和地面 TWC 类似,整个系统的框图如图 3.18 所示。

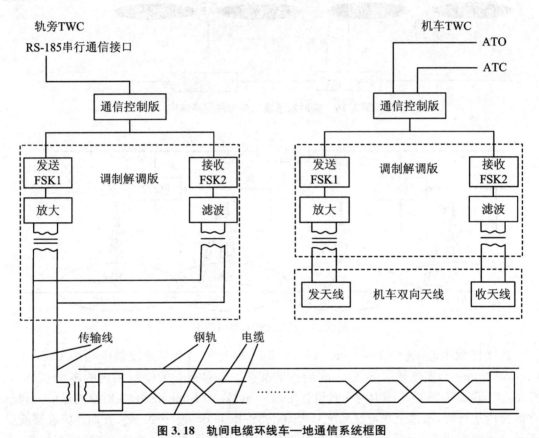

图 3.18 轨间电缆环线车—地通信系统框图

(1) 系统描述。轨间环线车—地通信(Train Wayside Communication,TWC)利用设置在两根轨道之间的感应环线在控制中心和列车之间建立一个双向的数据通信链路,使控制中心能及时与所辖列车进行信息交互,以确保列车的车载设备控制列车安全行驶、精确停车。TWC 系统主要包括两个部分:机车 TWC 和轨旁 TWC。实现这个数据链路的其他设备还有:耦合单元、轨道间的环线电缆、机车双向天线及控制中心(Operation Control Center,OCC)到耦合单元间的传输线。TWC 系统按方向不同形成两个信息通道:

上行通信:OCC 信息→轨旁 TWC→机车 TWC→车载控制设备;

下行通信:机车信息→机车 TWC→轨旁 TWC→OCC。

典型的上行通信系统是一个一点多址的网络,包括一个 OCC 和多个轨旁 TWC 的通信,每个轨旁 TWC 分配唯一的地址。在数据链路中 OCC 是主站,而对于某个轨旁 TWC,只有当其被呼叫到,才在 OCC 和该轨旁 TWC 之间建立联系。

控制中心将根据地址发布信息，并要求相应的地址节点的轨旁 TWC 必须作出响应，否则输入的信息就被忽略。轨旁 TWC 响应后将向控制中心反馈 TWC 地址，同时进行 TWC 载波检测。

下行通信是点对点通信，其中机车 TWC 是主站，由机车 TWC 来激发轨旁 TWC 并建立两者之间的联系。机车 TWC 以一定的轮巡周期发送信息，然后在再次发送信息前等待一个时间周期，以接收轨旁 TWC 设备的应答。而轨旁 TWC 只有在接收到车载 TWC 的有效信息后才发送信息，接收的无效信息/响应均被忽略。当列车进入 TWC 环线区域内，机车确认收到应答信号后，开始进行双向信息交换。

（2）系统工作。每个列车都有一个车载 TWC 系统，一定距离的每个地面点都可设置一个轨旁 TWC 系统。地面 TWC 系统被连接到控制中心 OCC 的地面处理单元，车载 TWC 系统与车载自动驾驶系统 ATO 和列车控制监督系统 ATS 连接，从而使整个系统通过车载 TWC 系统和地面 TWC 系统与地面控制中心 OCC 形成数据通道。系统以 FSK 移频键控数据流的形式发送 TWC 信息，信息中含状态信息，如列车号、列车长度等；也可包含控制列车运行的信息，如本车位置、速度命令、线路限速信息等。控制中心周期性轮巡各轨旁 TWC，查询是否有列车进入该轨旁设备相对应的环线区域，一旦有车，即可建立控制中心和列车的双向通信。系统在建立双向通信的基础上实现列车追踪和列车自动控制。

列车追踪功能可从控制中心向出发列车发送运营车次号和目的地数据，并将数据储存在列车数据储存器中。列车进站时，列车向控制中心报告自己的车次。结合轨道电路占用数据，控制中心从起始站开始追踪列车的运行。在通信过程中，车载 TWC 要保证将车次的控制和显示信息反馈到控制中心验证。

TWC 还可传送一定量的运行控制信息，如速度命令、限速命令等，车载设备综合各种信息实时计算安全距离，同时车载设备要反馈执行记录、内部故障是否需要重新初始化等。TWC 参与列车控制，结合轨道电路等其他设备确保列车正常运行不追尾，系统运营准点有序。在 TWC 发生故障时，系统可仅通过查询轨道电路的占用情况实现列车追踪，列车仅根据来自轨道电路的信息控制列车运行。

3. 基于漏泄波导管传输的 CBTC 系统

漏泄波导管为中空的铝质矩形管，顶部天线方向等间隔开有窄缝，使得无线载频信息沿波导管裂缝向外均匀辐射；在波导管附近适当位置设置的无线接收器，可以接收波导管裂缝辐射的信号，并通过处理得到有用的数据。

漏泄波导管可靠性很高。当地面控制中心发射出的电磁波沿波导管传输时，在波导管内传输的电磁波从波导管槽孔辐射到周围空间，在其外部产生漏泄电场，列车从中获取信息能量，从而实现与地面的通信。同样，列车发出的电磁波在波导管外部产生漏泄电场，也会耦合到波导管中，实现与控制中心通信。基于波导管传输的 CBTC 系统如图 3.19 所示。

波导信息网基站由车站计算机、无线扩频电台、数据采集卡、无源滤波器、窄缝检测发射器、耦合器等组成。波导信息网移动站由车载计算机、车载无线电台、数据采集卡、窄缝探测接收器等组成。信号传输是通过 ATS 中心控制室、车站计算机、车载计算机、车载电台和列车上的定向天线发射和接收信号，轨旁单元通过同轴电缆与裂缝波导连接，以裂缝波导为载体双向传输列车实时信息。

波导信息网基站和轨旁 ATP/ATO 是有线连接，轨旁 ATP/ATO 之间通过光纤、光纤配线架、光端机等形成区间链路。波导信息网基站和波导信息网移动站之间的无线网络执行 IEEE802.11 和 IEEE802.3 标准。

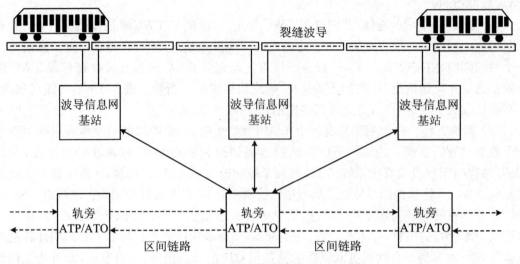

图 3.19　基于波导管传输的 CBTC 系统

波导信息网使用无线扩频电台进行网络通信。跳频时间与时分复用周期建立同步关系。各控制区间的通讯网有一定的重叠覆盖区,保证列车运行至控制区分界处时可以平滑过渡。在车站主控计算机上安装网络操作系统,系统根据每个列车的车载计算机的标识不同及其无线网卡配置的不同来识别每列列车。使用大型数据库软件(如 Oracle,Sybase 等)通过数据采集卡的数据采集软件获取车载计算机发出的列车运行数据,并对数据进行分析、计算、查询、统计、更新、存储等。车载、车站的控制软件对其所需数据通过波导信息网进行发送、下载和更新。

波导信息网基站还负责接收处理车载计算机的数据、发送主控计算机的数据、接收列车定位数据、处理数据采集卡采集的列车运行数据、提供 HMI(Human Machine Interface,人机界面)、接收 HMI 发送的列车控制信息并通过报文模块发送、提供 TCP/IP 通信接口、提供串口通信接口等。

系统中的通信单元由裂缝波导(用于辐射电磁波载波)、波导同轴变换器(用于向裂缝波导馈入射频载波信号)、同轴电缆、终端负载(用于消除反射弧)、波导信息网基站、轨旁 ATP/ATO、区间链路与沿线设备共同组成的一个无线和有线相结合的通信网络,图 3.20 为通信单元的基本组成图。

通信单元是组成波导信息网络的基础,负责每个车站的信息管理、列车控制等,信息通过区间链路等通信网络和控制中心进行交换,以便控制中心对每列列车进行调度管理。每个通信单元和本地 ATS、轨旁 ATP/ATO、计算机联锁、轨道电路组成一个信号控制基站。站台信号设备如信号机、屏蔽门、紧急停车按钮由信号控制站的联锁设备控制。信号控制站主要负责初始化网络配置、无线网络管理、数据记录、数据处理、追踪列车、速度计算、提供操作员接口、列车控制系统接口、车载计算机信息交换等。

波导信息网基站一般位于离波导不远处,也可以安装在信号设备室,主要是由下列设备构成:无源滤波器、无线调制解调器、裂缝波导检测载波发生器、多路复用器、耦合器、电源等。波导信息网基站是组成波导信息网络单元的最基本的部分,是和车载移动站进行车—地通信的工作站。

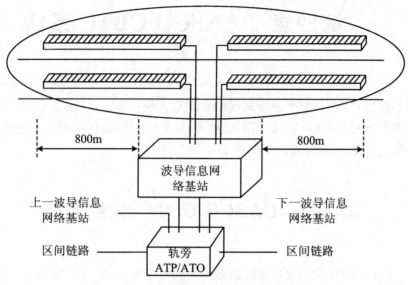

图 3.20　通信单元的基本组成图

列车两端的驾驶室各有一台波导信息网移动站,包括车载无线电台、车载 ATP/ATO 设备、接口电路、信标接收天线和解码器。车载计算机安装专用的数据采集卡,作为移动工作站,安装操作系统、数据库、专用数据采集软件等,主要负责数据初始化、无线网络连接、获得位置信息、速度计算、控制区交接通信、与车站计算机交换信息、数据记录、数据处理、列车控制系统(窄缝检测接收器)接口等。

采用微波裂缝波导系统作为车—地双向数据传输的媒介,微波裂缝波导系统是波导信息网络的关键部分,它具有较宽的带宽,可以同时传输数据、语音及视频信号的传输系统,用于车—地双向连续数据传输及列车定位。

第四章 CASCO CBTC 系统

本章主要介绍 CASCO 基于感应环线的 CBTC 系统。CASCO 基于 CBTC 的列车自动控制系统是基于经过长期运营实践所验证的移动闭塞系统,是保证列车安全运行,实现行车指挥和运行现代化,提高运输效率的核心设备。

第一节 CASCO CBTC 系统概述

CASCO 基于 CBTC 的列车自动控制系统与其他系统一样,由于保证了列车前后的安全距离,两个相邻的移动闭塞分区就能以很小的间隔同时前进,这使列车能以较高的速度和较小的间隔运行,从而提高了运营效率。在 CATS 控制级别下列车停车状态最小间隔可以达到 40 米左右。

一、与系统相关主要缩写

与 ATC 系统相关的缩写如表 4.1 所示。

表 4.1 与 ATC 系统相关的缩写

英文缩写	中文含义	英文缩写	中文含义
AP	自动防护	LATS	本地 ATS(车站 ATS)
ATC	自动列车控制	LC	线路控制器
ATP	自动列车防护	LEU	线路编码单元(欧式编码器)
ATPM	列车自动防护模式	LRU	线路可替换单元
ATO	自动列车驾驶	MSS	维护支持系统
ATS	自动列车监控	MTBF	平均故障间隔时间
ATR	自动列车调整	MTTR	平均维修时间
ARS	自动进路办理	MTTRS	平均故障修理时间
CATS	中心 ATS	OCC	调度控制中心
CBI	基于计算机的联锁	MSS	维护支持系统
CC	车载控制器	MIB	维护信息库
DCS	数据通信系统	PSD	站台屏蔽门

续表

英文缩写	中文含义	英文缩写	中文含义
DMI	司机显示单元	RM	限制模式
DSU	数据存储单元	RS	车辆
EOA	授权终点	SGD	静态轨旁数据
ESA	紧急停车区域	TCMS	列车控制管理系统
ESP	紧急停车按钮	TSR	临时限速
FEP	通信前置机	WAN	广域网
FSFB2	二代故障安全现场总线	ZC	区域控制器
LAN	局域网	ZLC	区域逻辑控制器（联锁子系统）

二、系统组成

CASCO CBTC 系统主要由 ATS、ATP/ATO、CBI、MSS、DCS 等子系统组成。ATP/ATO 子系统包括轨旁 ZC 和车载 CC。CC 由 CVM01 机架、编码里程计、信标天线、交换机、中继器、DMI 等组成。系统结构图如图 4.1 所示。

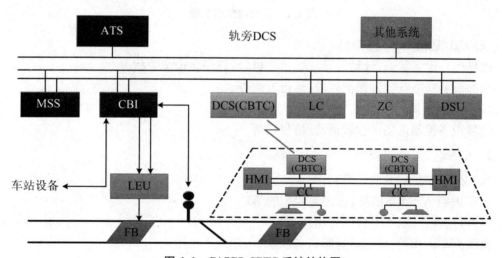

图 4.1 CASCO CBTC 系统结构图

三、系统信息交换

各主要子系统之间的主要的信息交换如图 4.2 所示。

1. ATS 与 CBI 信息交换

中央 ATS 和车站 ATS 都具有控制功能，中央 ATS 也是通过车站 ATS 与联锁系统连接。

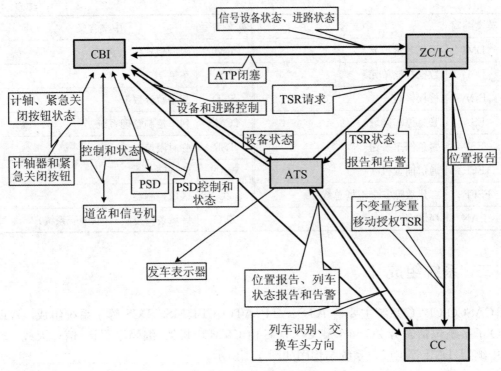

图 4.2 信息流向示意图

(1) CBI 送向 ATS 的信息：

现场信号设备状态：计轴器、道岔、信号机、紧急停车按钮等状态；

内部设备状态：进路、保护区段、运行方向等。

(2) ATS 送向 CBI 的信息：

信号设备控制信息：进路、道岔、信号机等。

2. ATS 与 ZC 信息交换

(1) ZC 送向 ATS 的信息：

列车识别 AP 状态信息：描述每列车的 AP；

ZC 可用性：三取二平台的可用性；

次级列车占用检测状态：计轴设备状态（可用或不可用）。

(2) ATS 无专门信息送向 ZC。

3. ATS 与 LC 信息交换

(1) LC 送向 ATS 的信息：

TSR 状态报告：描述线路上 TSR 的数量和每个 TSR 的状态。

(2) ATS 送向 LC 的信息：

TSR 修改请求：CATS 值班员可设置对特定区段一个或几个 TSR 进行修改。

4. ATS 与 CC 信息交换

(1) ATS 送向 CC 的信息：

PTI（主动列车识别）设置：值班员对列车指定列车识别号；

设置调整方式：值班员可给出某站的发车时间和到达时间；
扣车：值班员可在某个车站扣车；
跳停：值班员可要求列车跳停指定车站；
列车在车站停车：值班员可请求列车在下一个车站停车（如果列车原计划下一站跳停）。
(2) CC 送向 ATS 的信息：
列车状态报告：发送所有列车相关状态信息（识别号、驾驶模式、默认状态、车门开/关状态、屏蔽门开/关状态、跳停状态、下一个发车时间、下一个停站时间、下一个到达时间、CC 可用性等）。

5. CBI 与 ZC 信息交换

(1) CBI 送向 ZC 的信息：
设备状态：道岔位置、信号机显示、轨道占用、紧急停车按钮、屏蔽门、防淹门等；
设备内部状态：进路、子进路、运行方向等。
(2) ZC 送向 CBI 的信息：
ATP 区段状态、计轴可用信息、取消信号等。

6. ZC 与 CC 信息交换

(1) CC 送向 ZC 的信息：
定位报告：发送所有列车移动相关信息（列车识别号、列车尾部位置、列车头部位置、列车速度等）。
(2) ZC 送向 CC 的信息：
授权终点 EOA 信息：发送移动授权限制（CC 考虑速度计算的目标点）；
变量信息：前方轨道区段动态描述。

7. CBI 与 CC 信息交换

(1) CBI 送向 CC 的信息：PSD 状态信息。
(2) CC 送向 CBI 的信息：PSD 打开和关闭命令。

第二节　CASCO ATS 子系统

一、ATS 子系统概述

ATS 子系统是一个分布式的计算机监控系统，与计算机联锁、轨旁 ATC 设备、车载 ATC 设备、发车表示器等其他信号系统一起工作，实现信号设备的集中监控，并控制列车按照预先制定的运营计划在正线自动运行，对停车场/车辆基地只监视不控制。ATS 子系统主要分布于控制中心、正线设备集中站、正线非设备集中站、车辆段/停车场和培训/模拟演示室，系统采用热备冗余的方式，保证系统有高度的可用性。

同时，ATS 子系统作为一个综合信息监控系统的实现平台，与时钟、专用无线、广播、乘客信息、综合监控等接口，获取外部系统采集的数据，与信号系统的数据相综合，为控制中心和车站的行车调度/值班人员提供一个丰富的现场状况显示，供其制定调度决策。ATS通过接口向外部系统提供信号和列车运行的相关数据，供这些系统完成自身的工作。ATS子系统特点如下：

（1）系统关键单元的1+1防护，即故障情况下无需人工干预的双机热备切换；

（2）分散自律的功能配置，即在中央计算机故障时仍可完成大部分自动控制功能；

（3）集中分布式的广域网结构设计，可方便系统扩容；

（4）模块化的软件设计，灵活满足用户的需求；

（5）符合人机工程原理的标准化图形用户界面；

（6）完善的故障诊断功能，减少系统维护时间；

（7）与各种计算机联锁、ATP/ATO系统和车—地通信系统实现无缝集成；

（8）基于UNIX、关系型数据库和面向对象技术的高可靠性设计，保证系统运行的稳定、可靠；

（9）与通信时钟系统接口，使全系统的时钟同步；

（10）传输系统采用数字传输通道，并提供标准的接口。

二、ATS子系统组成

ATS子系统主要包括：行车调度中心的中央ATS系统、主设备站的本地ATS系统、车库的列车计划管理系统。ATS系统配置为多层体系结构，控制中心（OCC）的中央ATS处于结构的高层，而车站的本地ATS则处于结构的低层，与处于本地的前置机、联锁机及ATP/ATO地面设备进行通信。当中央ATS故障时，本地ATS能够接管中央ATS的部分工作，并能实现联锁系统上位机（MMI）的全部功能。

1. 中央ATS体系结构

OCC由不同的操作员工作站（行车调度工作站、应急中心调度工作站、时刻表工作站及维护工作站）、中央冗余ATS通信服务器、CATS数据库服务器、CATS应用服务器、培训设备及必需的通信设备等组成。如图4.3所示。

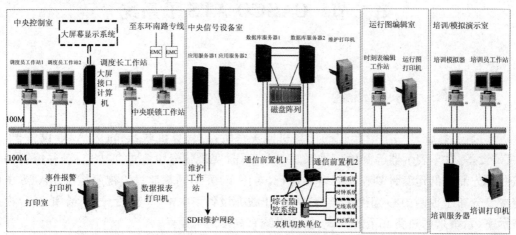

图4.3 控制中心ATS子系统结构示意图

中央 ATS 与车站 ATS 的前置机进行通信，获取所有信号设备的状态数据信息并把调度命令发送给车站信号设备。另外，中央 ATS 执行主要功能时，均要通过车站 ATS 发送命令到信号系统。

2. 正线集中车站 ATS

车站 ATS 执行车站调度员发出的本地命令，同时把车站的信号设备状态传输到控制中心 ATS。车站 ATS 服务器通过冗余的高速串行通信链路连接到车站计算机联锁（VPI）和车站 ATP/ATO 地面设备。车站所有的计算机通过 2 个 100M 的以太网交换机连接，并由串口切换器自动管理通道的切换。每个正线设备集中站 ATS 子系统（图 4.4）主要包括以下设备：

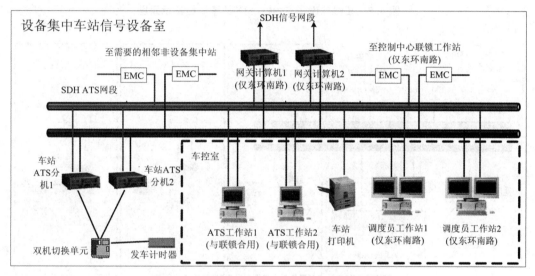

图 4.4　正线设备集中站 ATS 子系统结构示意图

（1）1 套主/备车站 ATS 分机（LATS）；
（2）1 套主/备车站 ATS 工作站（与联锁中现地工作站为同一设备）；
（3）1 个设备机柜；
（4）两台网络交换机；
（5）若干站台发车计时器（DTI）；
（6）若干光纤转换器（EMC）；
（7）现地工作站打印机。

3. 正线非设备集中 ATS

正线非设备集中站 ATS 子系统主要包括以下设备：ATS 工作站、打印机、发车计时器（DTI）、光纤转换器，如图 4.5 所示。

4. 车辆段 ATS 的体系结构

车辆段内的 ATS 车站服务器连接到车辆段的计算机联锁系统，将车辆段内的信号设备状态传送到控制中心。车辆段信号楼操作室内的 ATS 工作站实时显示列车进出车辆段的计划，操作员也可以在此工作站上浏览列车运行情况和司机工作状况等报表。车辆段 ATS 结构如图 4.6 所示。

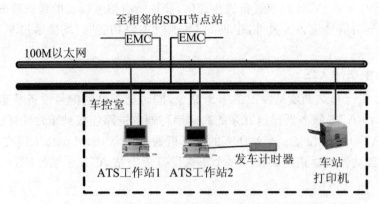

图 4.5　正线非设备集中站 ATS 子系统结构示意图

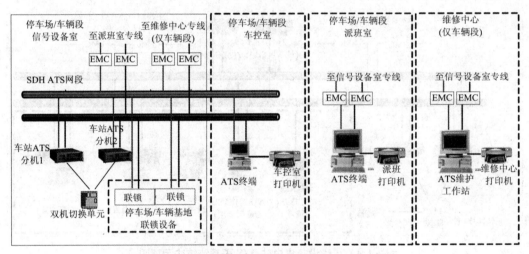

图 4.6　车辆基地/停车场 ATS 子系统结构示意图

车辆基地/停车场 ATS 子系统主要包括以下设备：

(1) 1 套冗余的车站 ATS 服务器；
(2) 1 个设备机柜；
(3) 2 台 ATS 终端打印机；
(4) 2 台 ATS 终端；
(5) 若干光电转换器；
(6) 1 台维护工作站(仅车辆基地)；
(7) 1 台维护工作站打印机(仅车辆基地)。

三、ATS 子系统功能

ATS 系统主要功能为：信号监控、列车追踪、管理与控制、计划管理、线路运行管理、模拟培训、维护功能、系统管理、冗余热备及实现必要的与外部系统接口。

1. 中央 ATS 主要功能

(1) 全线信号设备(进路、道岔、轨道电路、信号机)状态信息的动态实时显示功能。

（2）列车描述信息的实时动态跟踪、传递和显示功能。每列列车带有 1 个识别号，称为标号，此标号显示在操作员工作站屏幕上的列车表示窗内和图像模拟屏上。标号是列车在运行图中的标识。在上海地铁中，标号包括列车车次号（3 位）及目的地号（2 位），共用 5 位数代表。

列车标号在每次旅行后根据运行图都自动在 OCC 上更新。为使司机能够在司机室内看到正确的显示，需在每个折返点和正线的入口处把标号传送到车上。

与列车相关的另一信息是 A 车号（指正在使用的特定司机室）。ATS 维持标号和 A 车号两个信息之间的连接。该信息主要用作车辆的统计和维护。该 A 车号在每一站通过车—地通信信息（TWC）发送。列车的移动是根据轨道电路的状态、道岔位置和特殊情况下的进路状态来计算的。列车描述功能不仅是为正方向设计的，它也能处理如列车反向运行这种不常见的移动。除了轨道电路的跟踪原理，装在站台上的 TWC 信标可以获取停在该站台上的列车识别号，并且接着确认其后相邻的轨道电路，或者在降级模式的情况下初始化列车识别号。

在正常情况下，该系统能检测以下基本的移动类型：① 行进，列车的行进可通过位于列车前方的轨道电路占用或列车后方轨道电路的出清检测到；② 反向行驶，列车的反向行驶可通过列车后方的轨道电路占用或列车头部轨道电路占用的出清检测到；③ 出现，列车的出现可由边界轨道电路的占用检测到或由一个轨道电路占用，接着相邻的轨道电路也占用检测到；④ 消失，如果下一个轨道电路空闲，列车的消失可由边界轨道电路的出清检测到，此时列车标号被清除。

（3）各种人工控制功能。包括对进路的控制和对列车的站台控制功能，站台控制功能有站台扣车、终止停站、跳停等。

（4）运行图的比较及运行调整功能。自动列车调整是基于运行图中运行线路的时间特性。按图调整只应用于运行图中有列车识别号的列车。对没被确认的列车或列车识别号不存在于运行图中的列车，都不进行调整。同样，一列列车虽然有运行图中的列车识别号，但它的旅程和运行图不符，对这样的列车也不进行调整，直到它回到正常的线路。

调整原则应用于某一既定的列车，按照此列车的运行图进行调整，和其他列车可能的延迟无关。ATS 是通过对列车停站时间和站间运行时间的调整实现调整功能的。ATS 决定站间运行的类型：快行用以恢复延迟，常速运行用于正常运行（包括 4 种运行时间和 1 种惰行运行时间）。

停站时间和站间运行时间的优先级定义如下：列车到达时，若列车有延迟，ATS 通过减少停站时间来弥补延迟时间，直至延时到最小值。剩余的延迟时间将在下一个站间运行时间弥补。若列车提前了，则停站时间延长一段提前量发车时，ATS 通过减少站间运行时间弥补延迟。剩下的延迟时间将通过下一站的停站时间弥补。

（5）运行图编制和管理功能。包括在线和离线两种方式。

（6）列车运行及信号设备的监视和报警功能。

（7）各种事件的记录、输出、管理和回放功能。

（8）联锁控制功能。进路的控制有人工、自动两种控制模式。自动进路只适用于正向列车运行，包括通过进路、自动触发进路（包括接近触发和目的地接近触发两种方式）和循环进路。

(9) 数据库管理。ATS 管理所有车辆信息及晚点统计：车辆在正线运行时间及公里数、准点统计、交通状况、故障情况等。

(10) 通过马赛克表示盘或背投屏幕提供全线的宏观显示。

(11) 交互式培训。

(12) 其他专业系统接口信息的获取和提供。

2. 设备集中站本地 ATS 主要功能

在正常的中央控制模式下，本地 ATS 服务器作为通信平台，为 OCC 与车站计算机联锁设备及与车站 ATP/ATO 地面设备间的信息交换提供通信通道，也向本地的车站操作员工作站提供各种表示信息，显示给本地的监控人员。

当处于本地控制模式下，下列功能用于监控本地 ATS 所管辖的区域：自动进路设置、各种人工控制功能、线路监督及报警管理、旅客向导信息的实时发布、发车表示器的控制。

3. 车库 ATS 终端的功能

列车的编组信息和修乘管理；管理列车编组、司机和时刻表之间的关系；提供出入库计划信息；对车库内信号设备状态信息的动态实时显示；对车库内的列车描述信息进行实时动态追踪和显示。

4. 其他功能

基于 ATS 系统强大的可扩展性能，可实现与 SCADA、FAS 等系统的接口，甚至实现 SCADA、FAS 系统的集成，实现这些系统所具有的功能。

ATS 系统不只是单纯的行车调度监控系统，它除了具有对运行列车的监督、控制功能外，还具有车辆、电务维修信息管理及运营信息统计等功能。

四、ATS 子系统接口

1. 内部接口

(1) ATS 子系统与正线车站/车辆段/停车场联锁设备接口。ATS 通过串口或以太网接口连接到正线/车辆段/停车场计算机联锁系统，联锁将站场表示信息传送至 ATS 子系统，表示信息包括：道岔表示、信号显示、进路状态、扣车状态等；ATS 子系统将信号设备的控制命令传送到联锁子系统执行，如进路控制命令等。接口采用双通道冗余配置连接。

(2) ATS 子系统与 ATP/ATO 系统的接口。ATS 通过冗余的 100M 以太网接口连接到 ATP/ATO 系统，向 ATP/ATO 系统传送列车识别号设定、列车运行调整信息、扣车、跳停等信息；从 ATP/ATO 系统接收列车位置信息、列车状态报告等信息。

(3) 数据交互：

① 与车载 ATP/ATO 数据交互。车载 ATP/ATO 子系统周期性地向 ATS 报告列车的当前运行信息，ATS 通信服务器收到车载 ATP/ATO 报告的列车运行信息后，转换成 ATS 系统可识别的列车运行信息，然后发送到 ATS 子系统内部。ATS 如果连续未接收到车载 ATP/ATO 的列车更新的运行信息，则认为 ATS 与车载 ATP/ATO 通信中断。

车载 ATP/ATO 子系统周期性向 ATS 报告当前列车的告警信息，如果中间发生告警状态改变，则立即发送告警信息，通知 ATS 相应的告警；ATS 如果连续 15 秒接收不到车载 ATP/ATO 的告警信息，则认为告警无效，清除 ATS 端的告警信息。表 4.2 为 ATO 与 ATS 系统的交互信息。

表 4.2　ATO 与 ATS 系统的交互信息表格

ATS 子系统向车载 ATP/ATO 子系统发送的信息	车载 ATP/ATO 子系统向 ATS 子系统发送的信息
车次号	车组号
目标站台	司机号起始站
起始站	运行模式
终点站	运行级别
停站时间	运行方向
扣车	起始站
跳停	目标站
运行级别	停稳信息
	车门状态

② 与地面 ATP/ATO 数据交互。地面 ATP(ZC)子系统周期性地向 ATS 通信服务器报告列车的相关信息，ATS 通信服务器收到信息后，转换成 ATS 系统可识别的位置信息，然后发送到 ATS 子系统内部。表 4.3 为地面 ATP/ATO 与 ATS 系统的交互信息。

表 4.3　地面 ATP/ATO 与 ATS 系统的交互信息

地面 ATP/ATO 子系统向 ATS 子系统发送的信息	ATS 子系统向地面 ATP/ATO 子系统发送的信息
列车位置(ZC→ATS)	时钟同步信息(ATS→ZC)
逻辑区段占用状态(ZC→ATS)	临时限速设置信息(ATS→DSU)
临时限速确认信息(DSU→ATS)	临时限速描述信息(ATS→DSU)
	取消全线临时限速等(ATS→DSU)

③ ATS 子系统与维修诊断系统的接口。ATS 通过以太网接口连接到维修诊断系统，向维修诊断系统报告 ATS 的设备状态、ATS 与其他子系统通信状态，并转发车载 ATP/ATO 设备告警信息。

2. 外部接口

ATS 子系统与综合监控、PIS、广播、无线、传输、时钟、大表示屏、应急控制中心等子系统的接口协议必须符合相关规定。

(1) ATS 子系统与综合监控系统的接口。ATS 子系统在控制中心通过外部接口服务器与综合监控专业接口，传输计划列车运行信息、实际列车运行信息、车站旅客导向信息，提供区间隧道列车停车超时报警、列车位置信息及其他信息等。

综合监控系统向信号系统输出牵引供电各供电分段的相关状态信息。

接口分界点在信号 OCC 设备室接口设备接入端口，接口类型为 10/100M 以太网，双方通过基于通用、开放的 TCP/IP 协议的 SOCKET 编程的方式建立连接。

ATS 向综合监控系统提供的信息包括：

① 计划的列车时刻表；

② 实时的运行计划；

③ 下次列车到达时间；

④ 实时的列车描述信息（包括列车位置、列车识别号等）；

⑤ 列车接近车站信息；

⑥ 列车到站信息；

⑦ 列车出站信息；

⑧ 列车终点站信息；

⑨ 列车本站通过信息；

⑩ 区间内列车停车超时信息；

⑪ 主要设备故障报警信息等。

ATS 系统能够根据实时列车运行状态（停站、触发、早晚点等）、运行计划、计划走行时间等因素综合给出下次列车到达时间的准确预报信息。ATS 系统能够根据列车实时位置、列车运行速度、预报接近距离（暂按距站台端头 200m）等信息综合得出给出的列车接近车站触发信息。在中远期运营时，触发位置可以调整。

（2）ATS 子系统与大屏幕显示系统的接口。ATS 子系统在控制中心设置大屏幕接口工作站与大屏幕接口。在大屏幕上显示的行车模拟画面具有缩放功能，以满足可能变化的显示屏分配数量（或分辨率）及显示画面在屏上重新排列的需要。

ATS 子系统与大屏幕显示系统接口方式为 100/1000M 以太网或 HDMI。双方的接口分界点在调度控制厅大屏幕显示系统显示控制器视频或以太网输入口。

（3）ATS 子系统与 PIS 系统的接口。ATS 子系统通过控制中心的接口服务器与 PIS 系统接口。ATS 通过此接口可以向 PIS 系统提供列车运行计划和站台旅客向导信息。ATS 子系统与 PIS 系统硬件接口方式可以采用 100M 以太网或串口方式。

（4）ATS 子系统与广播系统的接口。ATS 子系统可以通过中心接口机或车站接口机与广播系统接口。ATS 通过此接口可以向广播系统提供列车到站信息。ATS 子系统与广播系统硬件接口方式可以采用 100M 以太网或者串口方式。

（5）ATS 子系统与时钟系统的接口。ATS 子系统通过串行通信口或以太网连接到时钟同步系统，从时钟同步系统得到时钟基准信息。时钟系统为 ATS 子系统提供实时的标准时间信息。ATS 子系统接收时间信号，并据此校准信号系统时钟，在信号系统内部以标准的 NTP 时钟同步协议同步系统内部各个设备的时钟。ATS 子系统具备屏蔽错误时间信号的功能。ATS 子系统与通信时钟系统接口界面在控制中心通信设备室时钟设备输出端口。

（6）ATS 子系统与无线通信的接口。ATS 子系通过外部接口服务器为无线通信系统提供接口，向无线通信传送实时变化的目的地号、服务号、车组号、乘务组号、序列号信息；列车的出、入场信息；列车所处的车站和线路的位置信息；列车进出联络线信息；列车折返信息和运行方向等信息,以便调度员呼叫列车。

ATS子系统与无线通信系统的接口界面在控制中心的信号设备室ATS外部接口服务器接口端子。该接口应为双通道、冗余方式。

(7) 与应急控制中心系统接口。在控制中心,信号ATS子系统与线网指挥中心系统接口,实现应急控制中心对全线网的运营监督、调度、协调、应急指挥等功能。

信号ATS子系统向应急控制中心系统提供的信息包括：

① 计划的列车时刻表；

② 实时的运行计划；

③ 实时的列车描述信息(包括列车位置、列车识别号、早晚点等)；

④ 实时进路信息和设备状态；

⑤ 车辆段内列车运行和设备状态；

⑥ 主要设备故障报警信息等。

信号ATS子系统与应急控制中心系统的接口方式为100M或1000M以太网。

第三节 基于CBTC的ATP子系统

一、ATP子系统组成

ATP子系统包括轨旁ATP设备和车载ATP设备。轨旁ATP设备包括室内设备和室外设备。

轨旁ATP室内设备包括区域控制器(ZC)、线路控制器(LC)、数据存储单元(DSU)、通信设备,安装在设备集中站的地面电子单元(LEU)。

轨旁ATP室外设备为安装在轨道上的信标。

车载ATP设备包括安装在列车上的车载机柜(CC)、司机显示单元(HMI)、编码里程计、信标天线。

1. 轨旁ATP设备

轨旁ATP设备接入冗余的信号网络,区域控制器ZC和线路控制器LC均采用"三取二"或"二乘二取二"配置,如图4.7所示。

(1) 区域控制器ZC。ZC是地面基于通信的CBTC系统的ATP子系统核心控制设备,是车—地信息处理的枢纽,ZC子系统采用"二乘二取二"冗余结构的安全计算机平台,主要负责根据CBTC列车所汇报的位置信息以及联锁所排列的进路和轨道占用/空闲信息,为其控制范围内的CBTC列车计算生成移动授权(MA),确保在其控制区域内CBTC列车的安全运行。

ZC子系统主要由ZC主机处理单元、通信控制器、FTSM、ZC维护机等部分组成。

(2) 线路控制器LC。LC设备管理整个线路的临时限速,负责存储、更新ATS发送的TSR请求。其基本的任务是控制ZC和CC的应用软件和配置数据版本以及进行必要的修正（如需要）。同时，在 LC 与 ZC 和 CC 的通信过程中，LC 也向 ZC 和 CC 提供时钟同步。

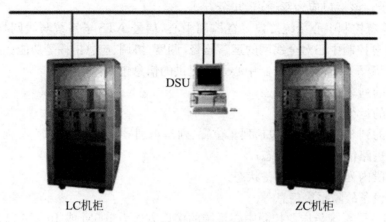

图 4.7 轨旁 ATP 设备结构示意图

（3）数据存储单元。数据存储单元 DSU 用于向 CC 设备上传新版本的应用软件和静态线路描述（SGD），同时也可对这些文件的升级进行管理和控制。DSU 由一个台式计算机组成，是 CBTC 系统中的地面重要控制设备，主要提供全线临时限速存贮和下载功能以及数据存储和数据库版本管理等功能。

DSU 子系统使用与 ZC 子系统相同的基于"二乘二取二"结构设计的硬件平台，主要由 DSU 主机处理单元、通信控制器、FTSM、DSU 维护系统等部分组成。

（4）轨旁设备。感应环线通信设备位于设备室和轨旁。感应环线数据通信系统是 OCC 和 CC 之间交换信息的媒介。

感应环线通信系统由馈电设备（FID）、入口馈电设备（EFID）、远端环线盒（远程终端盒和远程馈电盒）、感应环线电缆等设备组成。图 4.8 所示为正线感应环线通信系统的方框图。

感应环线电缆由纽绞铜制线芯和绝缘及防护外层组成。电缆在感应环线通信系统中作为发送和接收天线使用。电缆敷设于轨道之间，大约每 25m 交叉一次。车载控制器 VOBC 在经过每个交叉时检测到信号相位的变化，并以此来进行定位计算。

环线电缆可以根据轨道的分布特点，采取非对称或对称形式进行安装。不对称环用于相对较短的轨道区段（大约 1 千米或更短）。如图 4.9、图 4.10 所示，这种感应环线只有一条支路，所以安装于轨旁的硬件较少。

对称方式用于感应环所涵盖的轨道相对较长（大于 1 千米）。在这种配置中感应环有两条支路，如图 4.10 所示。

（5）轨旁电子单元（LEU）。这是与有源应答器直接连接的设备，是在 CBTC 降级备用 BLOC 模式下使用的 ATP 地面设备。LEU 向有源应答器和环线应答器传输点式级别下的 MA 信息，满足应答器上行链路数据传输的需要。

在点式级别下，LEU 接收 CBI 发送的控制命令，选择相应的点式 MA 信息，并将该点式 MA 信息发送到有源应答器和环线应答器。车载 ATP 接收到 MA 信息后，对列车进行 BLOC 模式下的安全控制。

同时，LEU 能够将工作状态信息上传给 CBI 子系统，通过 CBI 子系统转发给 MSS 子系统。

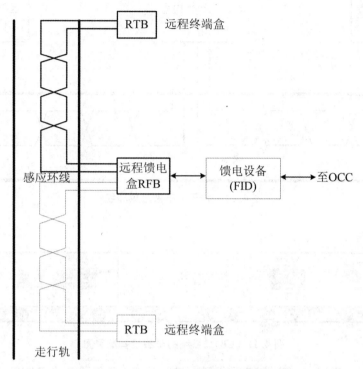

图 4.8 正线感应环线通信系统的方框图

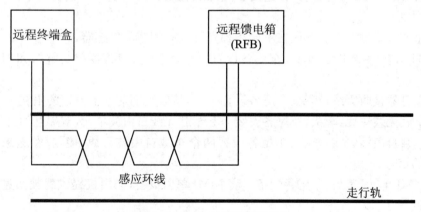

图 4.9 小于 1 千米感应环线

2. 车载 ATP 设备

基于通信的 CBTC 系统的车载 ATP 设备车头、车尾各一套,头尾两端通过通信线缆相连,用以实现头尾两端设备之间的通信以及车—地无线通信的双路冗余。车载 ATP 子系统采用"三取二"的安全冗余技术,确保了车载子系统的安全性、可靠性及可用性,车载子系统组成如图 4.11 所示。

车载子系统的组成主要包括:

(1) ATP 安全冗余单元("三取二"):车头、车尾各安装一套 ATP 车载设备;

(2) 雷达传感器:车头、车尾分别安装一个雷达传感器,与速度传感器完成冗余的列车

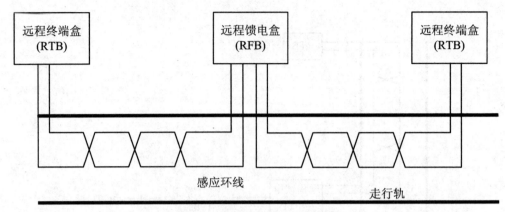

图 4.10　大于 1 千米感应环线

图 4.11　CBTC 系统的车载设备配置图

速度和走行测算与验证。可对在线运营列车进行连续、安全可靠的定位检测,其定位精度满足列车控制和追踪间隔要求,测速设备满足工程现有的环境和工程现场条件,并符合故障—安全原则;

(3) 速度传感器:车头、车尾在不同车轴安装独立的速度传感器;

(4) BTM 应答器单元:车头、车尾各设置一个,实现对应答器报文解析和列车位置矫正等;

(5) 应答器接收天线:车头、车尾各设置一个,接收地面应答器发送的报文;

(6) 车载无线单元:车头、车尾各安装一套车载无线自由波单元,双端互为冗余;

(7) 车载自由波天线:车头、车尾各设置两个车载自由波天线,接收/发送来自沿线无线自由波的信号;

(8) MMI 单元:车头、车尾各配备一套 MMI 单元设备,向司机提供驾驶信息的显示与操作控制;

(9) 两端车载设备贯通线:车头、车尾设置贯通线,用于两端车载设备信息的交互。

二、ATP 子系统原理

CASCO 信号系统应用了如下的"移动闭塞"原理来实现列车分隔:由于有了高精度的列车位置报告(6.25m),并基于该段线路的最大允许速度,追踪列车可以安全地向前方列车接近,直到距离前车尾部最后一次证实的安全位置。图 4.12 显示了移动闭塞安全列车分隔的基本原理。

1. 安全列车分隔与控制

对安全列车分隔的安全性监督是通过向车载子系统提供最大允许速度信息及当前停车点信息来实现的。通信将循环更新，以保证对列车信息的持续更新。列车在最大速度、确认的停车点、制动曲线、轨道坡度等因素确定的包络曲线下安全运行。

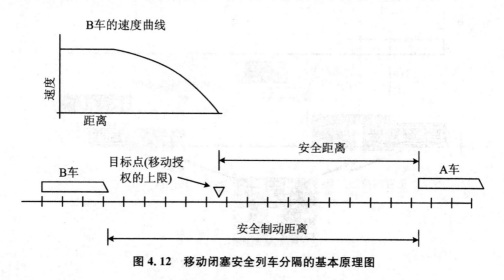

图 4.12　移动闭塞安全列车分隔的基本原理图

2. 感应环线的列车控制及数据流

列车定位是从感应环、感应环交叉和测速发电机来获得列车控制数据流的。图 4.13 显示了它们之间的相互关系。

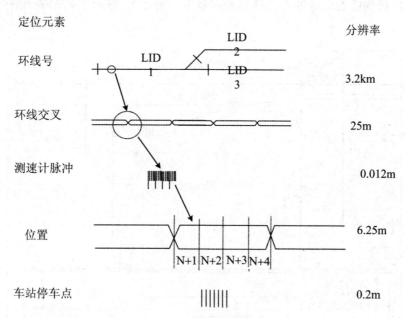

图 4.13　列车控制的数据流

3. 移动授权——目标点

ATC 系统的主要任务是根据列车目的地的属性：目的地、进路号和方向来安全地移动列车。目的地是指期望的列车位置。当列车到达目的地并停车时,列车将不能进一步前进,直到目的地再次改变。目的地可以是轨道区段和车站。进路号指定了进路沿线每个道岔的位置及运行方向。对于列车进路所需的每个列车道岔,如果位置不对,将通过命令使其转到需要的位置。列车以指令的运行方向移动到目的地。如图4.14所示。

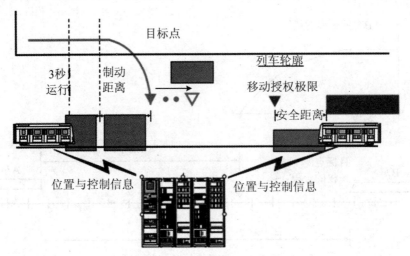

图4.14　移动授权目标点设置图

ATC系统以数据通讯的方式同每列运行于ATC区域中的通信列车保持联系。CC监督每一通信列车的位置,并通过给每一ATO/ATP模式下的列车发送一个作为交换信息一部分的目标点,来实现以较短的增量表示授予移动授权。目标点是指经校核其他车辆/进路设置和障碍物后而决定的安全移动授权极限。图4.15显示了列车的"指令停车点"或目标点。

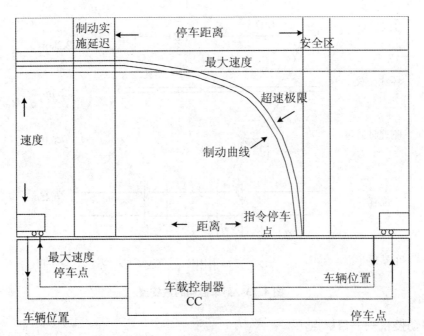

图4.15　列车的"指令停车点"

4. 目标点的设定

ATO 列车的目标点通过一个称为"线路指挥扫描"的处理流程被不断地重新计算。线路指挥扫描按照分立的步骤完成,并且可延伸至列车前方的一个扫描界限,该界限包含在 VCC 数据库中。当线路指挥扫描流程遇到一个障碍物(如另一列车或封锁的轨道)时,目标点将建立在障碍物前,两者相距一段安全距离。如果障碍物始终存在,则列车将停在目标点处。

对线路扫描的结果决定了是否向自动列车发送移动授权。指挥扫描通过对位于车前和车下的永久性和临时性元素的处理,并根据列车属性、永久性元素、临时性元素、基于列车最大可能速度和最长制动距离的上限等因素决定最大限度的目标点设置。

在指挥扫描过程中,ATC 系统还确定限速的位置(永久性或临时性)和禁区的位置。在指挥扫描结束时,CC 决定是否应对目标点进行限制,以避免将列车停在禁区。

然后由 CC 判定根据限速得出的最大限制目标点是否比从指令扫描和禁区测定的目标点更具限制性。如果确实如此,它会进一步限制该目标点。

当限制解除时(道岔置于正确位置、其他列车移动、目的地被更改等),目标点根据连续的指挥扫描结果向前推进,以允许列车前进。

永久性线路元素相关的目标点包括:道岔区、车站、自动线路终点、冲突防护区、临时线路元素的目标点、被占用或预留的线路。

四、ATP 子系统接口

1. CC 接口

CC 子系统通过 DCS 网络同 ATS、MSS、ZC、LC、DSU 接口。此外,为实现列车运行以及司机和乘客信息交互的目的,CC 子系统还需同其他车载子系统(如 TCMS)和车辆接口,如图 4.16 所示。

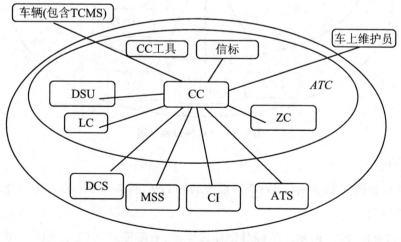

图 4.16 CC 接口连接图

2. ZC 接口

ZC 接口如图 4.17 所示。ZC 子系统通过 DCS 网络和 ATS、CBI、MSS、DCS、CC、LC、DSU 接口。

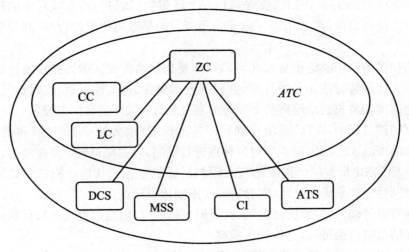

图 4.17 ZC 接口连接图

3. LC 接口

LC 接口如图 4.18 所示,LC 通过 DCS 子系统与 ATS、MSS、DCS、CC、ZC、DSU 接口。

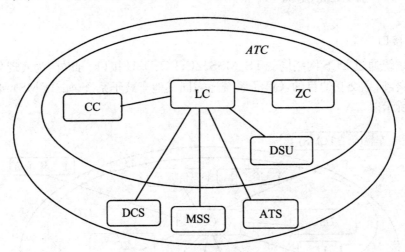

图 4.18 LC 接口连接图

4. DSU 接口

DSU 接口如图 4.19 所示。DSU 子系统通过 DSC 网络与 CC、ZC、LC、MSS 接口。

5. 信标接口

信标接口如图 4.20 所示。信标分别通过无线、有限模式与 CC、LEU 连接。

6. LEU 接口

LEU 接口如图 4.21 所示。

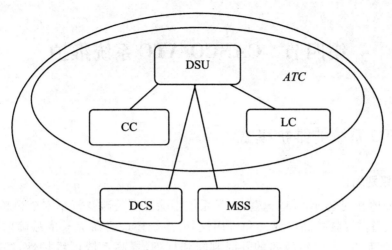

图 4.19　DSU 接口连接图

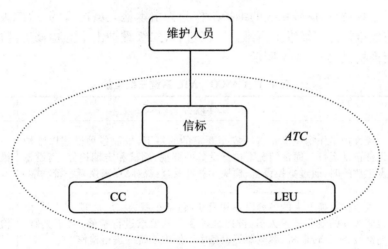

图 4.20　信标接口连接图

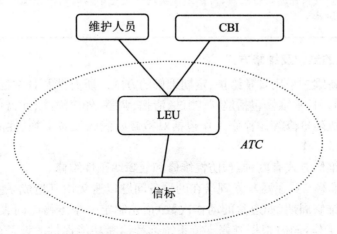

图 4.21　LEU 接口连接图

第四节　CASCO ATC 系统维护

一、ATC 系统的维护模式

1. 维修级别划分

为了保证地铁安全、连续地运营,信号系统中除了有关涉及行车安全和影响系统正常运作的重要设备需要具备高可靠性和可用性外,系统还应具备完整的故障监测体系和全面、高效的维修制度,确保对故障的及时判断和处理,提高系统可维护性,缩短故障修复时间。

针对信号系统特点,信号系统的维护工作分为由本地人员进行的一、二级维护以及需外部支持的三级维护。一级维护由维修工区进行,二级维护由中心检修工区进行,三级维护由设备供货商提供,如表 4.4 所示。

表 4.4　CASCO　ATC 系统三级维护

级别	工作内容	单位
一级维修	一级维护工作指在满足各项安全要求的前提下,采取各种措施以维护设备正常运行。通常情况下执行设备的巡视、测试和定期检修,当设备发生故障时,通过更换设备、模块元器件及查找故障点来恢复系统功能	维修工区
二级维修	一级维修更换下来的各种设备和模块(包括车载、移动、联锁、ATS),由检修车间的专业技术人员,按照维护手册的要求进行检修;对于大修、轮修设备,如转辙机、继电器等设备由维修中心统一进行检修	检修工区
三级维修	对专业性较强的设备维修、检修工作实现社会化维修或由设备供应商提供维修	供货商、原制造商或社会化维修

2. 信号系统的维护及维修方式

信号系统设备维护采用日常维护、定期维修的方式。所有涉及日常运行的信号设备都应实行预防性维修,日常维修包括巡视、测试、清扫、调整、外表涂漆、元器件更换、消除设备隐患和病害以及故障抢修等。检修工作包括对检修期满的设备更换、性能测试,元器件更换及检修后的测试工作。

信号系统的维修方式有两种:预防性维修和故障纠正性维修。

(1) 预防性维修。为了尽早发现潜在的设备问题以避免由其造成系统故障,根据设备的可靠性确定的维修周期(如道岔的动作次数)预先制定一个维修时间表和维修标准来开展周期性的维护工作,同时根据维修支持系统远程诊断功能提供的设备运用状态数据,提前发现故障隐患,开展不定期的维修工作。

预防性维修是提高系统运作的可靠性和可用性的重要手段。预防性维修的定期检查和维护不能影响列车在正线的运营,对于中心和地面设备的维护应在非运营时段内进行。

由于信号系统主要由电子元器件组成,预防性维修工作一般比较简单,主要的维护内容是:

① 依据 CBTC 系统远程诊断功能提供的设备状态参数及维修标准进行信号电平的测试、检查;

② 检查设备、器件的碰撞、安装或处理不当的痕迹;

③ 检查所有机械安装的牢固性;

④ 检查电源和信号电缆配线和端子的牢固性、连接针或线的松懈痕迹、损伤痕迹等,以及需要修理和替换的部件;

⑤ 清扫设备上的尘土等不相干的物质,进行上油或上漆。

为了防止运营时发生紧急停车,必须每天在运营前进行如下操作:

① 每天早上,维护人员确保 CC 已经断电(自上一次运营);

② 如果没有断电,维护人员必须重启 CC。否则,在运营期间 CC 有可能会自动重启,导致紧急制动。

(2) 故障纠正性维修。纠正性维修包括所有故障的纠正及系统恢复到正常状态的操作,其最重要的要求是尽快恢复系统的正常运行。ATS 系统的集中管理功能和微机远程诊断系统能够有效地提高纠正性维修的故障判断准确性,缩短故障修复时间,提高维修效率。

纠正性维修分为两类:现场维修和检修中心修。

① 现场维修。现场维修分为三级:

A 级,影响系统正常运行的严重故障,维护人员须在故障地点立即进行维修;

B 级,造成系统降级使用的故障,维修人员应及时进行维修;

C 级,系统运行没有受到真正影响的和不必立即修理的故障,维修人员将在非运营时段内进行维修。

② 检修中心修。从现场替换下来的设备或器件被送到维修中心检修车间进行诊断确认和测试检修,需要送至生产厂家的设备、器件及时送至生产厂家进行检修。根据车载设备故障的严重程度,纠正性维修可采取下列方式:

车载 ATO 设备故障时,列车采取降级运行方式,待列车下线后维护人员才进行维修;

车载 ATP 设备故障时,列车应清人,尽快退出运营,回段后维护人员应立即进行维修。

3. 维修管理模式

信号设备工作状态可通过 MSS 系统进行远程监视,发生故障时,通过设置在维修管理中心和工区的监视终端判断故障部位,根据故障程度进行现场故障维修或由检修车间组织故障抢修。一条地铁可设置信号车间(中心)、信号维修工区(含车辆段维修工区)、ATS 维修工区、车载维修工区和综合检修工区。

(1) 各部门职能分工如下:

① 信号车间:负责现场施工组织、管理;组织故障抢修,对疑难故障进行分析,提出解决方案;

② 信号维修工区:负责综合控制中心设备、设备集中车站范围各站及车辆段所有信号设备巡视、测试、检查、清扫、维护、一般故障处理及配合其他专业共同解决接口部分故障;

③ ATS维修工区：负责ATS设备巡视、测试、检查、清扫、维护、一般故障处理及配合其他专业共同解决接口部分故障；

④ 车载维修工区：负责全线所有车上设备（包括车载电台）测试、检查、清扫、维修和一般故障处理；

⑤ 检修工区：负责全线所有信号设备可维修模块的检修（包括车载、移动、联锁、ATS），对超出本地维修人员能力范围的工作，返回设备厂家维修；

对于大修设备如转辙机、继电器、电源等由维修中心统一进行检修。

(2) 维护制度如下：

① 日常维护：日常维护包括巡视、测试、日检、月检、故障抢修等。日检包括测试每天投入运行列车的车载ATP/ATO设备、地面轨道电路参数，由维修工区人员巡视设备工作状况，发现问题及时处理。

② 定期维护：根据设备的使用周期定期对全线信号设备进行维护及检测。定期维护工作由维修工区在运营结束后进行。对定期维护更换的、需进行大修及检测的设备如转辙机、继电器、电源等由运营公司检修车间检修。

③ 临时维修：根据维修管理系统对全线故障情况的统计，并在对疑难故障进行分析的基础上，由技术设备综合管理部门向维修工区下达临时维修计划，必要时由专业技术人员与技术工人共同完成。

④ 故障检修：系统在运营期间信号设备发生故障或报警，值班人员根据故障类型通知信号维修人员进行设备检修。

(3) 安全保证措施如下：

① 严格执行地铁系统颁布的各项关于安全行车、安全维护的规章制度；

② 加强对安全生产的控制，建立安全管理网络，明确安全责任到人制度；

③ 认真坚持分级负责的施工、维护报批制度，建立必要的监督机制；

④ 严格执行基本安全生产作业纪律；

⑤ 强化作业控制，建立防止各类大事故发生的制度，落实好要点作业登记、消记制度，电动转辙机的手摇把管理制度，继电器室管理制度，双人维修作业制度和现场作业专人防护制度；

⑥ 制定合理的维修计划，确保设备工作状态良好，严禁设备带病工作；

⑦ 实行设备包保责任制度，责任落实到人；

⑧ 加强培训，提高维护管理水平。

二、ATS子系统维护

1. 应用服务器正常开关机步骤

(1) 输入系统ATS管理员用户名"administrator"和密码，点击"确认"按钮；

(2) 启动到Windows 2003桌面，点击桌面上"CATS"图标；

(3) 等待服务器程序完成启动，出现服务器主界面；

(4) 登录成功后，点击ATS主机程序界面上的菜单"系统"→"退出"。并在随后弹出的对话框中选择"确定"按钮；

(5) 点击开始菜单,点击"关机",选择硬件维护,点击"确定",而后服务器进入关机程序。

以上关机步骤均适用于 2 台 ATS 应用服务器和 1 台培训服务器。

2. ATS 用户管理

ATS 系统的用户管理包括添加、删除用户,修改用户名,修改密码,配置用户类别、权限等功能,都必须由 ATS 超级用户在服务器的操作界面上完成。具体操作步骤如下:

(1) 登录服务器。选择"系统\登录"菜单项,在"登录"对话框中输入 ATS 超级用户的用户名和密码,然后按"确定"按钮。如果用户名和密码正确,登录就会成功。系统初始安装好时,ATS 超级用户的用户名是 root,密码是 root。可以使用该用户名登录服务器,然后在添加其他用户以及修改用户信息。

(2) 添加用户。选择"系统\用户管理"菜单项,弹出"用户管理"对话框。在对话框中点击"添加"按钮,弹出"添加用户"对话框。在"添加用户"对话框中输入用户的用户名、密码,选择用户类别(单选),选择允许登录的地点(多选)。然后按"确定"按钮,即可添加一个新用户。

注意:出于保证系统安全的考虑,只有超级用户才可以指定其允许登录的地点包括"主机",其他类别的用户不应指定其在主机登录的权限。

(3) 修改用户。在"用户管理"对话框中选中要修改的用户,按"修改"按钮,弹出与"添加用户"相似的"修改用户"对话框。在"修改用户"对话框中可以修改用户的密码,改变用户类别和允许登录的地点。然后按"确定"按钮,即可修改指定用户的信息。

(4) 删除用户。在"用户管理"对话框中用鼠标点选要删除的用户(该行变为高亮),然后按"删除"按钮,在随后弹出的询问对话框中选择"确定"后就删除该用户。

(5) 从服务器登出。为了防止未被授权的人员修改用户信息,进行完用户管理以后要选择菜单"系统/登出"退出登录。

ATS 系统自动完成用户信息在服务器主备机之间的用户信息同步。在一台服务器上进行的用户信息修改将被立即同步到另外一台服务器上。

3. 故障诊断

(1) 网络通信故障。两台服务器通过交换机网络口连接,传递双机热备状态信息。正常情况下,其中一台服务器以主机身份运行,另一台服务器以备机身份运行。若发现两台服务器同时以主机身份或者同时以备机身份运行时,可初步判断为两台服务器间的网络口连接发生故障。

此时,先退出 ATS 应用程序,关闭两台服务器,然后检查网络缆的故障。注意不可带电操作,以免损坏服务器设备。维护人员应确保网络电缆无损坏,接口应连接紧密。检查完毕后重新启动两台服务器计算机,运行服务器程序并查看运行状态。若此时还有问题,还需检查服务器的网络接口。

(2) 网络连接故障。每台服务器安装有两块网卡,用以实现双网连接,提供更高的可靠性。当其中一块网络接口卡发生故障时,系统仍然可以正常运行,但此时已不是双网连接了,降低了系统的可靠性。维护人员要定期检查服务器的网卡的工作状态,确保每台服务器的两块网络接口卡都能正常工作,发现故障要及时排除。

检查网络连接终端指示灯的显示状态:

① 网络交换机或 HUB：
绿色：网络端口与其相连的网卡之间的链路连通；
黄色：网络端口与计算机设备正在连接过程中；
灭灯：网络端口和与其相连的网卡之间的链路断开。
② 网卡：
黄色：网卡和与其相连的交换机网络端口之间的链路连通，速度为 100Mbps；
绿色：网卡和与其相连的交换机网络端口之间的链路连通，速度为 10Mbps；
灭灯：网卡与和其相连的交换机网络端口之间的链路断开。
③ Ping IP 地址。检查网络状态最有效的方法是使用"Ping"命令直接在维护员工作站 Ping 服务器的两个 IP 地址（1 个 IP 地址对应 1 块网卡），若不能 Ping 通，则说明网络连接不通或对应网卡损坏。如：Ping 192.100.88.5//ping server ip address。

4. 日常维护

包括网络连接状态检查，主/备机状态检查，定期进行主/备机倒机（一个月左右）等。

第五章 西门子 CBTC 系统

本章主要介绍基于 Radio 的西门子 CBTC 移动闭塞列车自动控制系统。相比 LZB700M 准移动闭塞列车控制系统,西门子 CBTC 控制系统在行车间隔和运营效率方面更进了一步。西门子 CBTC 系统采用轨旁基站的无线通信系统,按照 100% 的无线信号冗余率进行基站布置,以消除在某个基站故障时可能出现的信号盲区。

第一节 西门子 CBTC 系统概述

从系统组成的角度,西门子 CBTC 信号系统主要包括 ATS 子系统(OC501 和 OC101)、SICAS 联锁系统、列车自动防护 Trainguard MT 系统、基于计轴系统的列车检测设备、车—地通信设备等。本书主要介绍 ATS 子系统、Trainguard MT(ATP 和 ATO)子系统。

ATS 子系统主要实现以下功能:列车监督和追踪(TMT)功能,进路自动排列(ARS)功能,列车自动调整(ATR)功能,时刻表功能,控制中心人机界面(HMI)功能,车站操作员人机界面(HMI)功能,报告、报警与归档功能。

按照 ATS 子系统建立的需求,在联锁建立的约束下,Trainguard MT ATP 功能负责保障安全列车运行。ATO 系统在 ATP 系统建立的约束下实现列车自动运行。

Trainguard MT(TGMT)基于移动闭塞分隔列车原理,即通过车—地间周期传递列车位置信息和地—车间传递移动授权来实现。轨旁子系统根据联锁状态和列车位置计算移动授权。车载子系统基于列车定位信息、轨旁子系统和应用线路数据库(TDB)存储轨道地形信息,在指定的移动授权极限内监督和控制列车运行。

用于南京地铁 2 号线工程 Trainguard 城市轨道交通 ATC 系统主要包括三个子系统,分别是 SICASECC 联锁子系统、由中央和本地控制设备组成的 ATS 子系统、Trainguard MT 连续式移动闭塞列车控制子系统。系统结构如图 5.1 所示。

这三个子系统(SICAS 联锁系统/ Trainguard MT ATP 和 ATO / ATS 系统)被概括定义为四层,以分级实现为南京地铁 2 号线设置的功能。

中央控制层:列车自动监督(ATS)层包括操作控制中心和本地操作员工作站(LOW)。Vicos OC501 完成集中的线路控制,车站级的线路控制也可由操作员工作站完成。

轨旁层:SICAS 联锁和 Trainguard MT 系统与信号基础设备计轴器和应答器一起完成了联锁和轨旁 ATP 功能。

通信层:提供轨旁与车载之间的点式或连续式通信。Airlink 无线系统提供用于移动闭塞的连续通信(CTC级)。可变数据应答器和填充数据应答器提供点式通信用于固定闭塞ATP防护,作为后备模式(ITC级)。

车载层:车载信号设备包括车载 Trainguard MT ATP 和 ATO,还有驾驶员人机界面(HMI)、ATP、ATO 和 HMI 提供了自动列车运行模式(AM)功能。ATP 和 HMI 提供了列车运行监督模式(SM)功能。

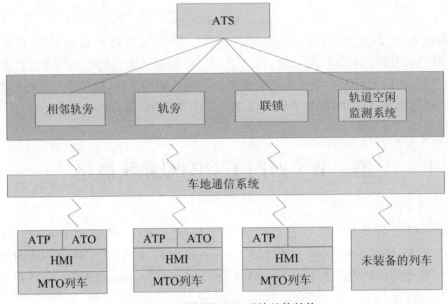

图 5.1　西门子 ATC 系统总体结构

第二节　西门子 ATS 子系统

一、ATS 子系统组成

ATS 子系统的组成如图 5.2 所示。

1. ADM

ADM 服务器采用热备冗余,含有运行时所需的所有设备数据和操作手册。所有其他服务器在系统运行时或接到命令或需要更改某些数据时,由此服务器装载。ADM 的主要功能是:保留数据(静态数据),数据库更改系统(编程),存档/统计。

2. COM

COM 服务器采用热备冗余,能动态地加工、处理整台设备最新的实时数据,具有操作的优先权,并且系统能自动完成对正线控制区段内的列车识别号的跟踪,能根据列车目的地号和对应的时刻表自动排列列车进路,能根据列车时刻表自动对列车进行早晚点的调整。

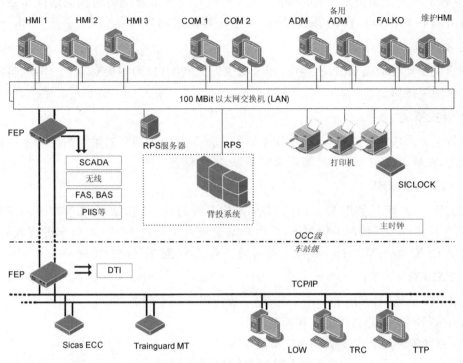

图 5.2 ATS 组成示意图

3. HMI 服务器——操作员工作站

HMI 服务器是介于操作员和外部设备间的接口，向 OCC 操作员提供联锁状态及列车运行的监视和控制。操作员在必要时可干预实际列车的运营。它采用分开的硬件冗余结构，每个操作位置都有各自的工作范围，即使其中一台 HMI 不能工作，也能利用其他 HMI 照常对设备进行监控。同时它具有操作和显示功能，通过从 ADM 服务器处获取静态数据，从 COM 处获取动态数据。在 HMI 上执行监控和操作功能之间的对话，实时、准确地显示列车占用轨道区段和列车信号的开放或关闭状态、列车车次、早晚点，准确地显示站场设备模拟图形、列车运行及信号设备的监视和报警。

为区域工作站进行操作对话，记录故障处理和表处理，对于操作权和责任范围的操作优先权进行管理；自动和手动遥控办理正线控制区段内（表示区段除外）所有车站的列车进路、开放信号、关闭信号、锁闭信号；设置扣车、跳停、取消扣车；取消运营停车点；办理站控、收回站控；设置信号机功能；锁定、单操道岔；输入、更改、步进、删除车次号；具备自检、诊断、报警功能；具有记忆、打印功能，能记忆各种检测、告警的数据信息；开关列车自动调整功能；旧的计划运行图及实际运行图的显示以及打印功能；对设备的状况进行录放。

4. FEP

FEP 前端处理器将每一个联锁连接至 ATS 局域网网络，传递联锁的信息至 ATS，将 ATS 的命令发送至联锁。

5. SICLOCK

为了使 ATS 系统部件相互同步，一个实时时间传送器 SILOCK 被连接到无线电时钟和本地网络上，实时时间传送器从无线时钟接收信号并通过网络传输时间。同步的精确度在 50 毫秒范围内。如果无线电时钟出故障,实时时间传送器能暂时独立地同步系统。当它本身故障不能工作时,ATS 系统以 ADM 服务器的时间为基准。

6. 交换机

交换机安装在中央 OCC 机柜中,用于提供以太网端口,为中央 OCC 工作站、打印机等设备提供网络接口。

7. 背投系统

背投系统采用背投式投影仪,功能主要是用来显示全线列车的运行情况和主要设备的运行状态,在屏上以较大的尺寸显示文字信息、图像信息。

8. CLOW&LOW

CLOW&LOW 是使用 Windows 2000 操作系统的 PC 工作站,分布在中央和车站。在 ATS 后备模式或车站控制的情况下,可由车站值班人员通过 LOW 对列车进行现场监控。在中央 ATS 发生故障时,行车调度人员可通过 CLOW 对车站进行监视。

9. FALKO

FALKO 是 ATS 系统的一个工具,用于执行以下两个任务:
(1) 运行时刻表的离线创建和验证;
(2) 系统实际运行时刻表的在线调度。

在离线系统中,以图形方式利用时刻表构建组件,在很短时间内产生一个完整的时刻表,并且会考虑相关的运行因素。在在线环境下,FALKO 系统可用于修改当前运行时刻表。

FALKO-在线为 VICOS 系统管理时刻表,采用 Windows 操作系统。它是 FALKO-离线和 VICOS-系统之间的接口。时刻表通过使用 FALKO-离线系统创建并进行验证。时刻表被 FALKO-离线系统输出后,被自动地拷贝到 FALKO-在线系统。

FALKO-离线通过将相应的命令插入到一个命令文件来告诉 FALKO-在线关于已经执行的操作。FALKO-在线读出这些命令并相应地将其时刻表信息升级。FALKO-在线和 VICOS 系统由一个网络进行连接,时刻表的新版本通过它传送给 VICOS,并且也通过它对 VICOS 系统中实际运行时刻表进行管理。

10. R&P

R&P 录放机,用于记录行车的图形化信息,并将信息保存。

11. 打印机

共有三台打印机,用于打印报表和行车运行图等。

12. S&D

诊断系统 S&D 是一种用于联锁或远控系统的基于用户控制、工作环境改造学的诊断系统,它通过程序数据接口交换数据。该系统包括安装在服务计算机和诊断计算机上的软件组件。

13. TTP

本地时刻表处理器 TTP 负责本地时刻表有关的操作,一般情况下无需查看和管理。TTP 通过以太网,采用 NET 组件与 TRC、LOW 进行通信,通过西门子提供的 NCU 组件与中央 ATS 的 FALKO(FALKO-在线)连接，使用 FTP 传输协议进行文件的传输。

TTP 与 TRC、LOW、FALKO 的连接状态会在 TTP 界面上显示出来，且在日志中进行保存，只有在 TTP 与所有 LOW 连接中断(双网均断)的情况下，TTP 界面上与 LOW 的连接线显示红色，表示 TTP 与 LOW 连接中断。

TTP 采用了 Windows XP 操作系统，应用软件"MOCS-LOW"使用了 Windows 窗口技术，主要利用鼠标进行操作。TTP 上的每个事件会立即通知，即在时刻表概览界面的事件栏中添加一条记录，同时会记录到当天的日志文件中，在运营结束时会将当天的日志文件归档，存储在硬盘上。

同时，在运营结束时，TTP 还会向 TRC 请求实际时刻表文件，并保存于硬盘上，实际时刻表文件可以通过 TTP 应用程序在界面上进行查看。TTP 子系统提供了以下功能：显示时刻表概览；显示计划时刻表文件的详细信息；显示实际时刻表文件的详细信息；记录 TTP 日志，并可显示日志文件的详细信息；显示与 TRC、LOW、FALKO 的连接状态；在与 FALKO 断开的情况下，提供本地时刻表加载功能。

14. TRC

TRC 主要负责 LATS 列车监视和追踪及进路自排。就像显示联锁状态的 LOW 一样，TRC 总是处于激活状态。这就意味着，TRC 列车监视和追踪将会监控列车的移动和在 LOW/C-LOW 上显示车次号。如果 LATS 没有激活，TRC 自动进路排列命令将会无效。否则，TRC 将会发送自动列车进路排列的命令到联锁，在 LOW/C-LOW 上实现后备模式下自动列车监控和追踪(TMT)，并从联锁得到列车移动的信息并分配车次号。联锁会不断地传送所有的所监视区域的状态改变信息，列车追踪功能将会分析这些信息并且更新步进需要的状态信息。

TRC 同时还提供本地自动进路排列(ARS)功能，但是该功能只有当 OCC 中央 ATS 关闭后才激活。

15. SIC

每个车站都有 SIC 机柜。SIC 内安装有可以连接车站信号设备的各种接口模块。

二、ATS 子系统功能

ATS 子系统设备应保证行车调度员能随时监督、控制全线车站的接、发车进路，并可根据需要，局部或全部下放或收回对车站的控制权。ATS 子系统设备应能实时地向行车调度员和其他有关人员提供全线车站、道岔、信号机、UPS 电源设备、ATP 轨旁设备等信号系统的设备状态、列车运行情况的表示信息。

1. 控制中心人机接口功能

控制显示功能：向行车调度员显示 ATS 功能现状和以往操作信息；

联锁控制功能：使行车调度员能够人工控制道岔和进路，与 ARS 功能相独立；

记录功能：它能维护一个计算机文件，该文件按时间顺序保存了所有需要登记的事件的记录；

时刻表管理功能：管理时刻表信息从时刻表计算机 FAKLO 向时刻表数据库的传送。

2. 列车识别与跟踪

（1）车次自动追踪范围。ATS子系统自动完成全线监控区域内的列车跟踪及车次号显示。从列车驶离车辆段占用转换轨开始跟踪，直到达终点站或返回车辆段离开转换轨跟踪结束。系统可对临时列车交路上运行的列车进行临时车次号跟踪。

（2）车次跟踪过程。列车从段内运行、出库，到始发站开始正线运行，到折返站折返，到终点站然后入库，段内运行，主要的过程有出段校核、折返校核、入段、车辆段跟踪等。

（3）出段校核。ATS子系统在列车出段转换轨处设置预告车次窗。预告车次窗内根据计划显示下一趟要出段列车的顺序号、目的码及车组号信息。

预告车次窗内的信息在调度员下达计划时会随之变更。

调度员可以对预告车次窗内的顺序号、目的码及车组号进行人工修改。

列车在转换轨出段时，会根据预告车次窗里面的内容获取相应的列车目的码和顺序号。同时，预告车次窗内容根据计划刷新为下趟列车。

如果预告车次窗为空，系统生成保留车次：顺序号[901－999]，目的码[000]，并告警提示。

对于CBTC通信列车，如果预告车次窗中的车组号与根据车载设备识别的车组号不一致时，系统进行告警提示。

（4）折返校核。当列车在折返轨完成掉头后，系统将根据折返后的计划为列车赋予新的目的码和顺序号。该功能可应用于行车交路折返站，同时适用于具备折返条件的临时折返车站。

如果在折返轨处没有成功获取到新的计划车次，那么系统会生成保留车次：行程号[901－999]，目的码[000]，并告警提示。

（5）自动推算。在列车识别号因故丢失或列车重新投入运营情况下，根据运行图、列车位置及时间自动推算并自动设置列车识别号。如相关信息不完备不足以推算列车识别号，则设置缺省列车识别号。

（6）人工修改。系统提供人工车次修改功能，在任何位置，调度员均可以对列车的目的码、车组号以及顺序号进行修改。

（7）入段。当列车从转换轨进入车辆段后，地面ATP设备将不再向ATS发送列车位置信息。ATS在一段时间接收不到对应的列车位置信息后，将会从列车队列中将对应列车删除。

对于非通信列车，则依据红光带占用跟踪原则，当列车从正线进入车辆段后，对应正线识别列车消失。

（8）车辆段跟踪。列车在车辆段运行时，ATS依据红光带连续占用原则对其车组号进行跟踪。车辆段车组号信息来源包括两点：列车从正线进入车辆段时的车组号信息和车辆段值班员人工输入的车组号信息。

车辆段值班员可以人工随时对车辆段的列车车组号进行修改。

（9）车次号的显示。对于CBTC通信列车，ATS在站场线路上按照列车头尾所在位置按照比例以黄色光带进行精确位置显示。同时，在线路边按照虚拟分区位置布置相应固定车次窗，以显示列车目的码、顺序号、车组号、方向、早晚点等相关信息。

对于非通信车，列车位置表示同传统固定闭塞表示方式一样，ATS以线路区段红光带占用来表示列车位置,车次号的显示则同 CBTC 通信车一致。

另外,系统提供对所有在线列车的列表显示及查询功能。

(10) 自动采点。ATS 依据跟踪列车状态实现自动采点功能。

对于 CBTC 列车,ATS 依据 CBTC 列车上传给 ATS 运行状态,包括位置、速度、停稳状态,综合结合这些信息,自动完成列车到达、出发及通过点判断。

对于非通信列车,ATS 依据列车占用站台股道来进行判断,判断依据如下:

到达点:列车全部进入股道+15 秒;

出发点:列车压上发车进路内方第一区段-15 秒;

通过点:(出发点-到达点)/2+到达点。

列车完全进入股道并停稳的时刻为该列车的到达点;列车从停稳到停站时分终了起车的那一时刻为该列车的出发点;通过点为列车头部通过值班员室的时刻。到达点延时 15 秒,估计了列车全部进入股道到停稳所走行的时分;出发点延时 15 秒,估计了列车从停稳到压发车进路内方第一区段时所走行的时分。

依据站场具体形状和实际运营要求,以上参数可以适当调整。

3. 列车进路控制

(1) 控制模式。ATS 子系统控制方式有控制中心自动控制、控制中心人工控制、车站人工控制和车站自动控制四种方式。

① 控制中心自动控制是指控制中心按实施运行图自动生成进路等命令,在适当的时机下达到车站,自动控制信联闭设备动作。

② 控制中心人工控制是指调度员人工采用始终端按钮方式办理进路,系统经检查合法后,在适当的时机下达到车站,控制信联闭设备动作,相当于车站本地单元控制台功能的延伸。

③ 车站人工控制是指由于作业需要而控制中心无法办理的情况下,由车站值班员申请,调度员同意并授权后转为车站人工控制;当车站作业完毕后,由车站值班员申请,调度员同意并授权后,转为控制中心人工控制。

在紧急情况下,车站值班员可以强行取得控制权。在车站值班员完成控制作业后可将控制权移交给控制中心。在控制权转换过程中,信号元素的状态不受控制权交接的影响。所有控制权的转换系统均有记录。

④ 车站自动控制为控制中心自动控制的降级模式,是指当前系统工作在控制中心自动控制模式下时,由于控制中心设备故障或者控制中心与车站通信网络故障,造成控制中心 ATS 子系统无法正常工作时,系统自动降级为车站本地自动工作模式,此时 ATS 本地系统根据本地存储的时刻表信息继续进行进路自动办理。

控制中心自动控制模式是系统常规运行模式,而其他三种模式则是在特殊情况下对其进行补充的模式。

系统控制的优先级原则是:本地优先于中心,人工优先于自动。

(2) 列车进路自动生成。ATS 子系统将实时下达的计划运行图按站翻译成带有时间戳和顺序号的列车进路始终端或者编号代码命令,其功能是基于当前车站和列车运行情况自动产生联锁命令,以便基于列车当前的位置来排列进路,并将这些进路命令发送到联锁。

(3) 列车进路自动办理。根据列车位置信息中的列车位置和目的码验证该列车处于有效激活点范围之内,触发自动进路的办理时机。位置信息验证根据以下内容的配置决定:

激活点设置目的地码和列车运行方向,由此可确定列车是否位于有效激活点处;

每个列车位置可配置多个激活点。这意味着,即使在列车位置出现故障的情况下,仍保证了自动进路办理的可靠性;

按实施运行图中车次序列,以顺序号、目的码、停车/通过等构成唯一的进路命令。当列车运行至需办理进路的激活点,需进行激活点距离的验证、内部逻辑验证及联锁检查满足条件才可下达指令。

(4) 激活点距离验证。验证列车所在当前位置至目标进路间不存在其他列车。激活距离是指列车当前位置和将排列的进路的始发信号之间的距离。激活点距离验证将检查以下内容:

列车位置和始发信号之间的所有信号必须给出并进行显示,且不得有任何其他列车处于讨论列车前面的激活区段中;

必须检查信号机的状态和列车位置。这些检查能够确保没有为前面的列车排列进路,这是因为在激活区段部分可能有其他占用的轨道区段。

(5) 内部逻辑验证。根据扣车、跳停、计划发车时间等信息进行内部逻辑检查。

若该车站设置了自动进路禁止功能或该进路对应的信号机设置了自动进路禁止功能,在自动进路功能恢复前,将不再尝试自动排列进路。

若站台设置了扣车,则对应站台的发车进路将不再排列,直至扣车操作取消,系统自动进行排列进路功能下一步验证。

当车站存在多个同向发车现象时,系统检查计划发车时间来确定进路的开放时间。

人工排列检测:检测进路是否已经由操作员手动操作排列,若已人工排列则认为该进路已经排列成功,不再对其进行排列处理;

人工取消检测:进路成功排列后是否人为取消,若人为取消过则不再自动排列该次列车的该条进路,若需排列需人工进行操作。

(6) 联锁检查内容和顺序。ATS 在将进路指令下达给联锁前,预先进行如下条件检查:

条件1:满足构成进路的所有道岔、股道、区间、区段都为空闲,即未征用、未占用、未锁闭、未封锁和不可用;

条件2:连续检查,在指定的时间段内,该命令涉及的进路都满足条件1;

条件3:满足条件2,延时若干秒下达命令;

条件4:后一命令和前一命令之间间隔若干秒。

如果条件满足,则下达对应指令到联锁,如果条件不满足,则返回提示,提醒用户进行人工介入处理。

4. 列车运行调整

系统根据列车的运营情况提供对列车运行的自动调整策略及调度员人工调整方式,调整指令可实时发往车载 ATO 设备。

(1) 自动调整。系统对所有在线列车运行状态进行连续跟踪。当列车到达车站时,系统自动比较列车实际到达时刻与计划到达时间之间的差别,从而形成列车到站早晚点时间。ATS 子系统以此早晚点为基础,并结合列车在车站的站停时间范围及区间运行等级对此两个参数进行补偿;在列车晚点时缩小站台停站时间及区间运行时间,在列车早点时延长站台停站时间及区间运行时间,从而达到自动调整列车运行,使列车运行与运行图保持一致的目的。

系统提供晚点优先的调整策略。为保持运营秩序的与计划的一致性,当部分列车在一定的晚点时间范围内,系统以该晚点列车的正常运行作为运营指挥的优先条件,在出现较大的晚点后,会提供晚点优先或是支线优先策略供操作人员选择,并确认执行。

在具备多折返线的车站,系统提供以行车效率为目标自动选择折返线的功能。

一旦发生列车进路运行冲突,ATS 系统提出按优先级排序的冲突解决预案供调度员选择,达到辅助调度解决冲突的目的。

系统具备节能自动调整功能,在该功能下,ATS 实时跟踪列车的运行状态,并根据节能优化的策略,对车载 ATO 下达速度等级参数,从而达到节能优化的目的。系统提供对该功能的开关设置。

系统提供对自动调整功能的设置功能,调度员可以针对全线,也可以针对单个列车开启/关闭自动调整功能。在自动调整功能关闭时,系统将以默认停站时间及区间运行时间对列车进行控制,系统只对开启了自动调整功能的计划列车进行调整。对于临时列车及工程车等非计划列车,系统将按照默认停站时间及区间运行时间对列车进行控制。

(2) 人工调整。当列车运行严重晚点超过 120 秒,或者系统出现重大故障,无法由系统自动调整功能来恢复系统运行时,系统将提醒中央调度员进行人工调整,由人工调整来组织系统恢复运行。

系统提供如下人工调整方式:对有关站台实施"扣车/取消扣车"、"提前发车"或"跳停/取消跳停"等;人工设置站台停站时间;人工设置区间运行等级;对计划运行图进行在线修改,包括对单列车或多列车进行修改,甚至对所有列车进行时间平移,增加或者删除列车运行线,调整列车的运行顺序,改变列车始发和终到站,调整停站时间、始发和终到时间,调整列车出入车辆段的时间等。

5. ATS 后备模式

当中心 ATS 功能失效的情况下,ATS 系统为了保障安全设计了 ATS 后备模式功能。在 ATS 后备模式下,列车仍然可以根据时刻表进行运营,大大提高了安全性和运营效率。

ATS 后备模式只有在中心 ATS 功能失效的情况下才会起用。此时,TTP 和 TRC 服务器接管列车运行。TRC 负责根据列车目的地码为列车进行进路排列,TTP 为全线列车提供运营时刻表。TTP 中的时刻表会自动与中心 ATS 同步,在中心 ATS 功能失效的同时,TTP 被激活。控制中心可通过 CLOW 对全线行车进行干预,车站可通过 LOW 对管辖区域内的行车进行干预。

第三节　西门子 ATP 子系统

一、ATP 子系统组成

Trainguard MT 系统工作在不同的列车控制级别和列车运行模式下，具体的控制级别和运行模式取决于列车实际运行所在区域内的设备及列车自身的设备。

1. 连续式列车控制运行的 Trainguard MT 结构

Trainguard MT 系统方案基于移动闭塞列车分隔原理。移动闭塞列车分隔通过列车向轨旁子系统周期性地发送位置报告报文及轨旁子系统向列车周期性地发送移动授权报文的方式实现。轨旁子系统在联锁系统状态和列车位置报告的基础上计算移动授权；车载子系统监督列车在专门分配给其的移动授权边界内运行。

轨旁和车载子系统均使用一个轨道数据库（TDB），该数据库存储着描述轨道拓扑结构的数据，比如速度曲线和坡道曲线。车载子系统基于自身的列车定位信息、来自轨旁子系统的信息及存储在 TDB 中的数据来监督并控制列车的运行。图 5.3 为用于连续式列车控制运行的 Trainguard MT 结构。

ATP 轨旁计算单元提供 Trainguard MT 系统到其他信号系统设备的主要接口。它是一个满足故障—安全要求的"二乘二取二"SIMIS－PC 结构的系统。

ATP 轨旁计算单元的主要任务是：生成移动授权；与电子联锁的接口；与 ATP 车载单元连续的双向通信。

TTS 轨旁计算单元的主要任务是：与 ATS 的通信（如列车状态、给车载系统的指令），与诊断服务系统的接口。

ATP 车载设备包括：安装在列车上的车载计算机单元（OBCU）；在每个驾驶室提供的带有信号显示功能机车信号装置；用于测量列车位移及速度的速度传感器。速度传感器安装在列车转向架上的一个车轴上；与速度传感器一起配合工作的用于测量列车位移及速度的测速雷达单元；用于接收通过固定数据应答器和可变数据应答器发送的地对车信息的应答器天线。

OBCU 包含了一个基于"二取二"故障—安全结构体系的安全型车载处理器，它根据移动授权、位置报告及移动闭塞的原理来执行 ATP 功能。每列车配备车头车尾两套完整的 OBCU，列车车载 ATP 为头尾热备冗余配置，可做到无扰切换；车载 ATO 头尾切换时间约 1 秒，一般情况下这种切换不影响列车的运行，但是如果切换发生在列车精确停车时，则影响停车精度。如果车头 OPG 或雷达或应答器天线故障后，车头的 OBCU 就切换到车尾的 OBCU。

ATP 车载计算机单元执行必需的处理以保证列车根据它的移动授权来运行，从而确保列车的安全。在连续通信级中，移动授权由 ATP 轨旁计算单元给出并通过通信通道发送给列车。

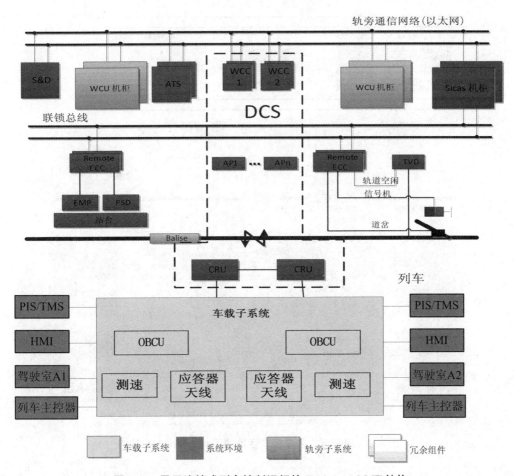

图 5.3 用于连续式列车控制运行的 Trainguard MT 结构

移动授权允许列车运行到下一个停车点或最远运行到危险点。ATP 车载计算单元根据移动授权及线路数据库计算出制动曲线。若列车速度超过制动曲线，则将导致 ATP 车载计算单元触发紧急制动直到列车停止。

2. 点式列车控制运行的 Trainguard MT 结构

点式列车控制运行基于固定闭塞列车分隔原理。列车的分隔由基于传统进路监督（当允许列车越过信号机进入区间的所有进路条件满足时，给出开放信号显示）的联锁系统来保证。

一个 LEU 连接到信号机，用以根据信号机的显示来选择可变数据应答器发送的报文信息。如果信号机为开放，则列车在通过应答器时，信号机对应的可变数据应答器向车载子系统发送一个点式移动授权。

与上述连续式列车控制运行相同，点式列车控制运行中车载子系统也使用 TDB。基于 TDB 信息、接收到的点式移动授权及自身的定位信息，车载子系统监督并控制列车运行。

图 5.4 为用于点式列车控制运行的 Trainguard MT 结构。

无论是在点式列车控制模式，还是在连续式列车控制模式，Trainguard MT 均需依赖

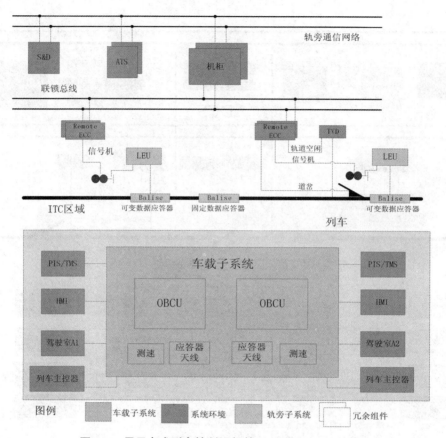

图 5.4　用于点式列车控制运行的 Trainguard MT 结构

联锁功能来实现安全进路管理（如进路锁闭、进路设置、进路解锁等），即便是所有的列车均运行在 CTC 级也不例外。而轨旁子系统会向联锁系统发出联锁强制信息来实现当 CTC 列车接近时允许给出不同的信号显示（或使信号机熄灭）等功能。

3. ITC 和 CTC 运行的结合

一列车在任一时间只能运行在一种列车控制级别上。南京地铁 2 号线同时装配 CTC 和 ITC 设备。这样，点式列车控制运行作为一种降级模式（如当 CTC 设备出现故障时）。这种混合模式的优势在于，即便在降级模式，系统也提供完全的 ATP 防护，并且提供自动驾驶功能。

4. ATP 主要部件间的关系和数据交换

图 5.5 描述了 ATP 车载子系统与 WCU 轨旁子系统的通信连接及数据交换。

（1）车载子系统和 WCU_ATP 间的数据交换：

① 安全相关的数据交换。车载子系统和 WCU_ATP 之间的数据交换基于 OPR 报文和 WMA 报文的循环交换。两个报文都是安全相关的。它们是 Trainguard MT 系统中车载子系统和轨旁子系统间信息交换中仅有的安全相关的报文。

安全相关的报文的交换受到安全相关的时间戳和更新检查机制的保护。该原则考虑到了无线通信干扰时的报文损失。

每个接收到的安全相关的报文都具有时效性（更新检查阈值）。报文无效后，其内容就

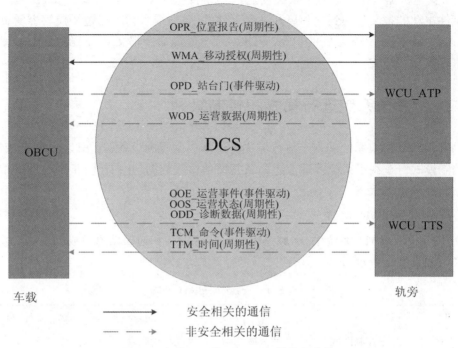

图 5.5　车载子系统—WCU 间的数据交换

不可以再使用了。更新检查的阈值是一个系统参数,需要受到通信方的监督。

如果 WMA 报文更新检查过期,而列车在以 CTC 级运行,车载子系统就会触发紧急制动。

WCU_ATP 监督更新检查。如果一个 OPR 报文更新检查过期,WCU_ATP 会认为列车失去定位,从而停止向该列车发送 WMA 报文。

车载子系统通过发送 OPR 报文给 WCU_ATP,建立与 WCU_ATP 的逻辑通信连接。反之亦然,每个 WCU_ATP 管理其控制区域的一个列车列表(LOT)。所有这些列车从 WCU_ATP 获得 WMA 报文。

如果列车没有被定位,也未读到应答器,车载子系统就不发送任何 OPR 报文给 WCU_ATP。

② 非安全相关的数据交换。车载子系统发送事件驱动的 OPD 报文给对应的 WCU_ATP 来打开和关闭站台屏蔽门。

WCU_ATP 周期性地发送 WOD 报文给 LOT 中注册的所有列车的 OBCU。WOD 报文包含一些运营信息,例如下一站将越站。

(2) 车载子系统和 WCU_TTS 之间的数据交换。车载子系统和 WCU_TTS 之间的通信基于操作状态报文 OOS 和时间报文 TTM 之间的周期性交换。两个报文都是非安全相关的。OOS 报文包括列车当前状态。TTM 报文包括一天的时间信息,用于与非安全相关车载时间的同步。

车载子系统触发 WCU_TTS 和 OBCU 之间的通信。WCU_TTS 将接收到的 OOS 报文信息转化为 ATS 的状态指示。除了 OOS 报文,车载子系统还周期性发送诊断数据 ODD 报文。ODD 报文将诊断数据提供给 WCU_TTS。

(3) 其他数据交换。车载子系统发送操作事件报文 OOE 给 WCU_TTS。举例来说，这些事件驱动的报文包括到达和离开站台事件的信息，或者指示错过了应答器等此类特殊事件。为了转发从 ATS 接到的指令，WCU_TTS 发送命令报文 TCM 给列车。TCM 报文是受事件驱动的报文。

二、ATP 子系统运行模式和控制级别

Trainguard MT 系统的列车运行取决于区域内配置的设备、列车装备、列车控制级别、列车控制模式。车载子系统管理上述关系并评估这些数据，并在任何指定时间选取一个适当的被监控的运行状态。

1. Trainguard MT 区域

在 Trainguard MT 系统中，区域是由装备轨旁设备和通信信道组成的线路一部分。不同的区域如表 5.1 所示。

表 5.1　Trainguard MT 区域

缩写	TGMT 区域	说　明
CTCT	连续列车控制区域	此种区域装备了高性能移动闭塞设备（CTC 级）
ITCT	点式列车控制区域	该种区域装配了进行固定闭塞运行（ITC 级）的设备。其用于当可以接受较低的性能要求或便于对既有的固定闭塞系统进行改造的情况
IXLT	联锁列车控制区域	这种区域未装备任何用于 CTC 或 ITC 级的 Trainguard MT 专门设备

列车必须提供特定的设备以支持在不同 Trainguard MT 区域内的运行。

ITC 和 CTC 区域的边界在 TDB 中有定义。一个 CTCT 分成几个不相互重叠的 WCU_ATP 控制区。WCU_ATP 控制区的边界在 TDB 中也有定义。

为了支持不同级别装备列车的混合运行，CTCT 和 ITCT 可以相互重叠。

2. 列车设备

在 Trainguard MT 系统中不同的列车设备如表 5.2 所示。

表 5.2　Trainguard MT 列车设备

缩写	TGMT 列车设备	说　明
CET	CTC 装备列车	可以在 CTCT、ITCT 和 IXL 区域内提供最高的可能的运行级别的装备列车
IET	ITC 装备列车	可以在 ITCT 和 IXL 区域提供最高的可能的运行级别的装备列车
UT	非装备列车	可以按照由联锁系统（IXL 区域）控制的轨旁信号机进行运行的列车

3. 列车控制级别

（1）列车控制级别综述。不同的列车控制级别体现了 Trainguard MT 系统轨旁和车载之间可能的工作关系。在 Trainguard MT 中，有三种列车控制级别（见表 5.3）。

表 5.3 列车控制等级

缩写	列车控制级别	主要特点
CTC	连续式列车控制	列车监督一个来自连续通信系统的 MA
ITC	点式列车控制	列车监控一个来自固定和可变数据应答器的 MA
IXLC	联锁列车控制	列车不监督来自轨旁的移动授权，司机必须按照轨旁信号机驾驶

列车控制级别的定义与所使用的轨旁设备及地—车间通信原则有关。这样，最高可以达到的列车控制级别取决于以 Trainguard MT 区域定义的轨旁设备和车载设备，如表 5.4 所示。

表 5.4 列车控制区域对车载及轨旁设备的依赖关系

列车控制级	区域和车载设备
CTC	CET 运行在 CTCT 上
ITC	运行在 ITCT 上的 CET 或 IET
IXLC	UT/CET/IET 运行在 IXLT 上，或故障 CET/IET 列车运行在 IXLT/ITCT/CTCT 上

车载子系统能检测到 IXLT、ITCT、CTCT 和与其对应的列车控制级别，并在考虑列车设备的因素基础上，在 IXLC 列控级、ITC 或者 CTC 级别运行列车。即使列车在一个 Trainguard MT 区域相互叠加的区域运行，车载子系统也只能在其中的一种控制级别上运行。

三、ATP 子系统诊断和维修

WCU_ATP 和 WCU_TTS 提供带时间戳的诊断数据、监控信息和健康状态以用于诊断和维修。还可以通过诊断信息的内容得知组件有无缺陷。WCU_TTS 处理自身的数据及来自车载子系统的数据，并答复请求以通过中央维修和诊断设备发送诊断信息。

车载设备提供带时间戳的诊断数据、监控信息和健康状态以用于诊断和维修。来自每一个主从 OBCU 的诊断数据周期性发送到 WCU_TTS。通过诊断信息的内容可知组件有无缺陷。车载设备处理自身的数据及来自外部车载部件的数据。

WCU_ATP、WCU_TTS、OBCU、SICAS 自身存贮 48 小时的维护诊断信息，并可以下载到维护笔记本中，这些相关信息都会传给轨旁 S&D，并保存至少 1 个月。

1. 无线故障

车载设备和轨旁设备之间的无线连接完全丢失。对通信丢失的检测可以通过对更新阈值的监督实现，无线故障后，列车降级到点式运行模式。

2. 轨旁

(1) WCU_ATP 的激活。在 WCU_ATP 死机后又被激活的情况下,在其对应的 WCU_ATP 控制区内的临时速度限制和封锁区间状态会丢失。在这种情况下,要重新加载同安全相关的信息,如 TSR 和初始化其他的参数。

在与安全相关的轨旁设备启动的情况下,ATS 操作员必须检查所显示的单元状态,之后,他应加载所丢失的操作。该程序的结果通过 RCAS 指示(启动之后释放命令)。

在接受 RCAS 命令之前,WCU_ATP 处于抑制状态。在接受 RCAS 命令之后,WCU_ATP 开始正常运行。

(2) WCU 故障。WCU_ATP 按照 SIL 4 设计成故障导向安全的系统。任何安全相关的 WCU_ATP 硬件故障将导致系统关断,而导向安全侧。对于第一个硬件故障,导致系统的冗余失效。这可被诊断系统检测和显示出来。

(3) 与 IXL 通讯的故障。在与 IXL 通讯失效的情况下,WCU_ATP 设置所有的联锁状态为缺省值,并直接发送一个限制的 CTC_MA 给所有该范围的 AT。

如果连接重新建立,WCU_ATP 请求新的联锁数据,并在列车追踪和列车间隔功能中应用实际数据。

如果同 IXL 的连接重新建立,IXL 更新所有来自 WCU_ATP 的相关信息,称为重新加载,这种加载是自动的。

(4) 与 ATS 通信的故障。在与 ATS 通信失效的情况下,IXL 将保有所有元件的最新状态。如果连接重新建立,ATS 组件将更新所有的相关信息。

(5) 车载子系统的故障。WCU_ATP 不能区分是无线故障还是车载子系统的故障,所以 WCU_ATP 的反应同所有通信失效时一样。WCU_TTS 监督同所有列车队列中的列车的通信,WCU_TTS 显示每一列车的通信状态给 ATS。

(6) 轨旁 S&D 的故障。轨旁 S&D 的失效对列车运行没有影响。

3. 车载

(1) 车载子系统的激活。车载子系统通过车辆方的主电源开关输入电源而激活。车载子系统启动期间,与安全相关的 OBCU 输出处于限制状态。启动之后,车载子系统激活 RM 模式并初始化相应的输出。

(2) 紧急制动。车载子系统通过与车辆的列车控制系统的接口对列车施加紧急制动。车载子系统施加紧急制动的状态被显示在 HMI 上。由于下列原因,车载子系统可触发紧急制动:侵犯速度监督、侵犯退行监督、侵犯门监督、应答器监督。

在 CTC 中,车载子系统通过 WCU_TTS 给 ATS 提供紧急制动激活状态和紧急制动原因。紧急制动的缓解取决于紧急制动的触发原因。表 5.5 给出了不同的紧急制动的缓解。

表 5.5 EB 缓解配置

紧急制动的触发原因	紧急制动的缓解
侵犯超速监督	车停稳后,紧急制动自动缓解
侵犯退行监督	车停稳后,紧急制动自动缓解
侵犯门监督	车停稳后,紧急制动自动缓解

续表

紧急制动的触发原因	紧急制动的缓解
应答器检测出错（导致失去定位）	车停稳后，司机确认 RM，紧急制动自动缓解
CTC 中的无线传输失效	车停稳后，司机确认 RM，紧急制动自动缓解
ITC 或 CTC 失去定位	车停稳后，司机确认 RM，信号系统紧急制动自动缓解
测速设备失效	对于该紧急制动原因，即使转换到 RM 紧急制动也不缓解，必须采用"非限制人工驾驶"
车载安全输出的失效	必须采用"非限制人工驾驶"

通常车载子系统遵守下列方案：如果造成紧急制动的原因不再存在，且列车速度为零时，紧急制动自动被车载系统缓解，并且保证驾驶模式和控制级别不变；如果紧急制动已由车载子系统实施，并且紧急制动的原因在车辆处于停稳状况时仍然存在，车载子系统将自动转换为 RM 模式和 IXLC 级别（需要司机进行确认）。

实施紧急制动之后，HMI 提示按 RM 确认按钮进入 RM 状态。在司机按压 RM 确认按钮之前，驾驶模式不显示。

第六章 泰雷兹 CBTC 系统

本章主要介绍基于 Radio 的泰雷兹 CBTC 列车自动控制系统。1986 年泰雷兹的 SelTrac 系统于温哥华投入运营,成为全球首个基于通信的列车控制系统 CBTC。上海自仪泰雷兹由上海自仪和泰雷兹组建,于 2005 年承接了中国首条无线 CBTC 信号系统工程项目——上海轨道交通 8 号线。伴随中国城市交通的飞速发展,泰雷兹已为上海轨道交通多个线路、北京地铁 4 号线和大兴线、广州地铁 3 号线、武汉轻轨 1 号线和合肥地铁 1 号线等提供了先进的 CBTC 信号系统。

第一节 泰雷兹 CBTC 系统组成

一、系统结构组成

泰雷兹 CBTC 系统概念结构如图 6.1 所示,其主要组成部分如下:
(1) 列车自动监控(ATS)。
(2) 数据通信系统(DCS)。数据通信系统包括:
① 基站适配器(SA);
② 轨旁天线(Wayside Antennas);
③ 轨旁光纤骨干网(Wayside Fiber Optic Backbone);
④ 轨旁无线单元(WRU)。
(3) 外围车载设备(Peripheral On-Board Equipment)。外围车载设备包括:
① 加速度计(Accelerometer);
② 速度传感器(Speed Sensor);
③ 列车司机显示屏(TOD);
④ 车载无线单元(OBRU)。
(4) 车载控制器(VOBC)。
(5) 区域控制器(ZC)。区域控制器包括:
① ZC-PMI 电子联锁;
② ZC-MAU 移动授权单元。
(6) 维护监测子系统。系统以 DCS 为核心,其安全型组成部分是车载控制器(VOBC)、轨旁区域控制器(ZC)(MAU 和联锁)。其中,VOBC 由 ATP/ATO 核心计算机

单元和其他板卡组成,为二乘二取二配置;区域控制器中的移动授权单元 ZC(MAU)是 ATP/ATO 核心单元,为三取二配置;微机联锁单元 PMI 由一套二乘二取二结构的安全型计算机组成。

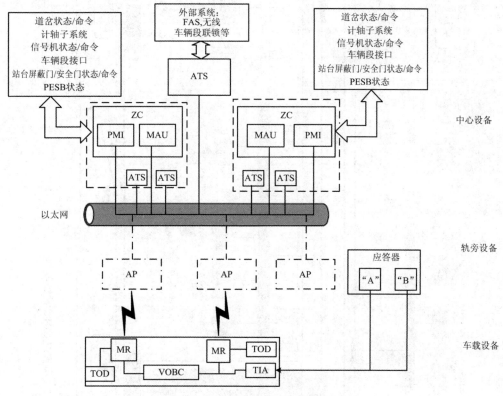

图 6.1　泰雷兹 CBTC 系统概念结构

图 6.2 显示了 ATC 设备系统设备配置,整个信号系统包括:控制中心设备、分布在轨旁和车载的设备、车辆段/停车场、试车线、培训中心、维护中心设备等。

二、ATS 设备组成

ATS 的实质就是监控,是一个非安全子系统,它为控制中心调度员提供人机接口。ATS 设备及其功能如表 6.1 所示。

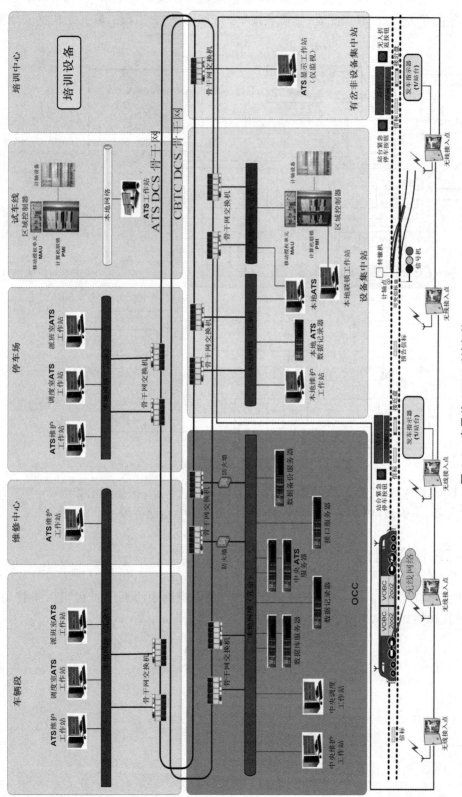

图 6.2 泰雷兹 CBTC 系统架构

表 6.1　ATS 设备及其功能表

设备	功能
服务器计算机(SRS)	服务器配置为冗余系统,如果主用计算机故障,则系统会自动切换到备用服务器;均连接到轨旁以太骨干网;在两个服务器之间用串口连接,用来监控两台计算机的健康状况
ATS 工作站计算机	控制中心调度员通过工作站与 ATC 系统交互;当系统接通时,所有的工作站将自动地加载 ATS 软件;调度员在使用任何命令之前须登录
数据日志服务器(DL)	记录所有的报警、事件和控制中心调度员的命令
网络管理计算机(NMS)	用来监控所有数据通信系统设备的状态
数据备份服务器(BKP)	每天晚上将运行期间收集的数据日志复制到备份介质上
数据记录服务器(DR)	用于收集运行期间所有网络、子系统日志、报警和消息
培训工作站	用于仿真和培训

ATS 提供了线路的总览,显示了站台、道岔、指定列车等的位置,用于显示线路总览图或者时刻表,并负责显示列车正确的进路,发出进路请求命令。

在集中站与有岔站装备了本地 ATS 工作站,本地 ATS 能在被授权的条件下控制系统。所有非集中站将配备一个本地 ATS 设备,它能显示全线状态,但没有控制功能。

三、区域控制器(ZC)机柜

ZC 机柜的结构和功能如图 6.3 所示。

计轴区段(ACB):计轴设备与联锁设备(PMI)接口,可以更智能地检测列车占用,实现故障恢复,联锁设备可以在后备模式下实现联锁功能,并与站间闭塞结合起来达到一定的通过能力。

计轴区段的作用:
(1) 线路轨道可分成"区段";
(2) 列车驶过计轴磁头就视为进入及离开一个区段;
(3) 从这些计轴磁头发出的信号被"计数",由计轴评估器来确定区段的占用;
(4) 区段占用状态就会报告给 ZC。

	ZC-MAU 移动授权单元： 1. MAU 执行以下功能： （1）命令站台屏蔽门打开和关闭 （2）施加 TSR （3）轨道关闭/开放命令 （4）建立/取消 LMA/AMT （5）发送任何相关的报警到 ATS 2. 2003 结构 MAU 包括： （1）主处理单元（MPU） （2）一个或多个外围处理单元（PPU）
	PMI 为二乘二取二，包括： 1. 一个 SCOM 机柜 （1）SCOMA PC （2）SCOMB PC （3）SAM PC （4）KVM（切换开关） 2. 两个 MCCS 机柜 （1）Master PC （2）Slave PC （3）一个至三个 MIRET 子架 3. 一个看门狗机柜
	看门狗继电器机架，一旦出现故障，或两个 MCCS 出现不一致，看门狗继电器机架就会断开以下连接： （1）有故障的 MCCS 上的所有输出 （2）有故障的 MCCS 上的电源

图 6.3　ZC 机柜的结构和功能

四、车载控制器(VOBC)

1. VOBC 的功能

车载控制器(VOBC)通过检测轨道上的应答器,并使用数据库中存储的信息确定列车的位置。当一辆列车进入区域控制器的区域时,无论是刚刚进入系统还是从一个区域控制器区域移动至另一个,都会向区域控制器发送报文,指示列车已经进入该区域控制器区域。

根据从 ATP 子系统接收到的 LMA,车载 ATO 子系统将控制速度曲线,从而使列车停在 LMA 的一个安全距离之外。通过 ATP 子系统与 ATO 子系统之间的软件接口实现对列车运行的安全和自动控制。车载控制器通过数据通信系统与 ATS 直接通信。ATS 周期性地从各车辆收到位置和状态报告。VOBC 具有如下功能:

ATP 功能——确保列车在 LMA 内停车、超速防护、开启正确侧车门、倒溜防护、运营模式(ATO、ATPM、IATP、RM);

ATO 功能——列车自动驾驶、站台区域列车精确停车、基于不同速度曲线的列车制动与牵引、节能。

车载设备在 MAU 发出的移动授权权限(LMA)下负责列车的安全运行。车载设备以厘米精度为单位向 MAU 报告列车位置,以便 MAU 掌握其控制区域内所有列车的实际位置,包括最不利情况下的停车距离和前方障碍物位置的不确定性。

2. VOBC 的组成

VOBC 的车载设备方框图(一端)如图 6.4 所示。

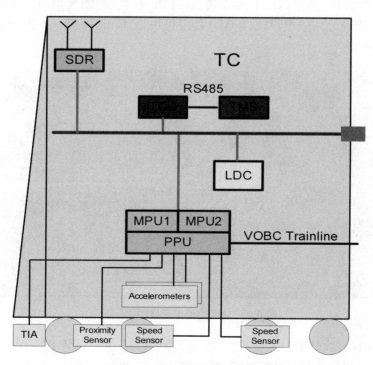

图 6.4 车载设备方框图(一端)

每列车配置两套互为热备冗余的车载控制器，分设在车辆两端，单套设备为二取二结构，头、尾列车构成热备冗余。当激活的 VOBC 故障时，另一套 VOBC 将无扰地接管列车控制。车载 ATP 与 ATO 使用相同的硬件，因此 ATP 子系统和 ATO 子系统之间没有硬件接口。车载子系统为 ATC 系统和车辆子系统间提供接口，车载子系统组成如下：

(1) 车载控制器(VOBC)；
(2) 速度传感器、加速度计、接近传感器；
(3) 应答查询器、天线、安全器件；
(4) 司机显示单元、车载数据记录仪；
(5) 车载无线单元、网络交换机。

系统使用速度传感器来测量列车的位置和速度。每个速度传感器通道会生成两个相位差为 90 度的输出信号流。车轮每转一圈，这两个信号流就产生 100 个脉冲。这个脉冲的频率是与车轮的角速度成比例的。速度传感器的输出信号输入到 VOBC 的外围处理单元(PPU)，以确定列车的速度、行驶距离和行驶方向。VOBC 使用 2 个加速度计(安装在 VOBC 机柜内的车辆地板上)，用于自动速度控制(ASC)运算法则和空转/打滑的检测和补偿。

3. VOBC 的安全模块

车载控制器(VOBC)包括实时安全控制单元(RTVCU)，主要有主处理单元(MPU)和一个外围处理单元(PPU)。主处理单元(MPU)为二取二配置，这些主处理器将从各自 PICC 接收的外围数据进行交换和比较，控制命令的决定和表决通过 CAN 总线送给 PICC。

外围处理单元(PPU)包括以下主要模块：外围通信和控制接口(PICC)、过程周期监控/电源(PCM/PS)、输入输出模块(IOM)、接口模块(IM)、切除板。外围处理单元(PPU)子架如图 6.5 所示。

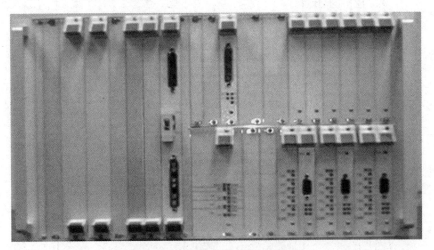

图 6.5　外围处理单元(PPU)子架

(1) 安全接口模块(VIM)包括 3 个接口卡：♯1 VIM、♯2 VIM 和 ♯3 VIM。

① ♯1 VIM 对输入信号进行过滤、隔离和转换(比如来自列车电池的电压值)，并且对信号进行核对后转给 IOM，并传送到各自的 PICC。

② ♯2 VIM 使用固态输出继电器输出,它也断开由切除板控制的继电器,例如当检测到一个故障,切除板将断开所有的输出。

③ ♯3 VIM 提供一个串行的和模拟 I/O 接口的功能。例如车载♯3 VIM 与加速度计、速度计与应答器查询器接口。

(2) 输入输出模块(IOM)。从列车线的输入获得逻辑电平,然后生成两个信号并传送到它们各自的 PICC 模块;表决形成 PICC 的控制,并选择♯2 VIM 的输出继电器来实现所需要的列车控制功能。

(3) 切除板。将电源转换成 24VDC,为二取二配置,给♯3 VIM 电路、激活继电器和切断继电器提供电源。该板包括控制切断继电器线圈电源的一个二取二表决的激活电路。当检测到故障后,所有的安全输出被切断。

五、数据通信系统(DCS)

数据通信系统 DCS 为控制中心、车辆段、车站、正线轨旁和车载信号子系统设备之间提供双向、可靠、安全的数据信息传输和交换。泰雷兹 DCS 典型网络图如图 6.6 所示。

DCS 在以下设备之间传递信息:
(1) ZC(区域控制器)和 VOBC;
(2) ATS 和 ZC;
(3) ATS 和 VOBC 之间。

按照物理位置的不同,DCS 网络系统的主要组件可以划分为轨旁设备、车载设备和中央设备三部分,具体包含如下:
(1) ATC 机架及内部各通信设备;
(2) 轨旁 AP 设备箱及内部各通信设备,轨旁天线等附件;
(3) 车载天线,车载无线单元(OBRU),车载 SD;
(4) 网络管理服务器(NMS)。

IEEE 802.11 FHSS 标准通过其 MAC 设备进行链接鉴定、MR 的关联,以期与轨旁(有线)网络进行通信。DCS 允许同一区域(通常由一个 AP 或者几个相连的 AP 确定)内有多列车。该网络还可以通过标准网络层(IP)功能,支持对一列车、一组列车或者所有列车有选择地进行通信。

在线路上行进的列车会通过连续的无线连接与 AP 进行通信。骨干网和轨旁网络支持由多重车—地无线连接所组成的无线网络;有线和无线设备共同构成了一个无缝的网络。

DCS 设备及其功能如表 6.2 所示。

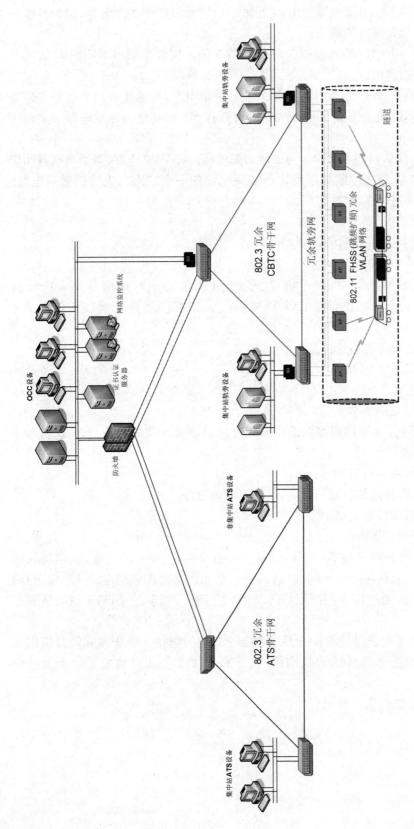

图 6.6 泰雷兹 DCS 典型网络图

表 6.2 DCS 设备及其功能表

设备	功能
AP/WRU	接入点/轨旁无线位于轨道沿线,用于传输和接收列车与其他子系统之间的信息。一般只要保证列车上的 SA(基站适配器)在轨道上的任意点,至少能够与 2 个轨旁无线单元通信即可
OBRU/SA	车载无线单元或基站适配器是一个安装在列车上的无线设备。两个基站适配器分别位于列车的两端
轨旁天线	为了提供更好的覆盖,和天线一起提供的还有快装的 U 型支架以及可调倾角的可选安装杆。轨旁天线安装在轨道桅杆上或者车站的建筑物上
轨旁光纤骨干网	光缆环路由两个安装在轨道上的单模光缆组成,每侧轨道各有一条光缆

NMS:网络管理系统,运行 SNM PC 软件的工作站,用来监督、轮询、配置和维护支持 SNMP 协议(ICMP 协议)的 DCS 网元。

AP:无线接入点,给无线通信终端设备提供接入,并一起构成一个无线网络。多个 AP 可连接组成一个支持漫游的无线通信网络。

(1) 在列车和其他子系统间发送/接收信息;

(2) 列车在轨道上的任一点可至少与两台 WRU 进行通信。

SD 器件:为保密器件,轨旁 SD 器件是工控机,车载 SD 器件是奔腾板卡,执行鉴权、加密/解密、静态路由的器件,SD 定义了可信和不可信 DCS 网络的边界。SD 器件(工控机)如图 6.7 所示。

(1) CA:认证授权,负责 SD 证书的颁发和管理;

(2) RM:冗余管理器,负责监测、管理环网,保证环网的完整性和自愈。

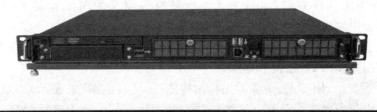

图 6.7 SD 器件(工控机)

DCS 设备受 SNMP 标准协议管理,NMS 支持网络设备层(以太网交换机)和无线电设备层(无线接入点和无线发射站)的所有管理功能:故障管理、性能管理、配置管理、安全管理、通信管理、拓扑管理、系统管理,实现统一的网络资源管理。

无线车—地通信传输方式应满足信号系统对数据传输的实时性、安全性、可靠性的要求。

无线车—地通信传输系统独立于信号系统并且应用完全透明,确保车到地之间端到端的通信。

无线传输系统可保证列车高速行驶时的车—地通信稳定可靠、无线分区之间无缝漫游。

车—地无线通信系统符合欧洲或世界相关无线网络的协议标准和安全标准。无线通信传输系统具有单独的网络安全认证、识别及动态加密机制,防范无线非法入侵,对重放、插入、破坏和伪冒等各种攻击威胁具有安全防护功能。

无线传输方式具有对来自其他无线系统或便携无线设备干扰的抗干扰能力。

第二节　泰雷兹 CBTC 系统原理

CBTC 系统的主要任务是保证列车在系统控制的线路范围内安全运行,这就是移动授权 LMA。VOBC 负责列车在自己的 LMA 范围内运行,并将列车的位置与运行方向发送给 ZC;而 ZC 使用列车当前位置、行驶方向、进路以及周围线路的当前状态来计算每列车的 LMA,并通过 DCS 通信子系统向 VOBC 发送 LMA。

ZC 有规律地、定期性地通过 DCS 通信子系统向其管辖区域内运行的列车 VOBC 发送 LMA。ZC 还会把列车 LMA 内的信号机和道岔状态报告给 VOBC。反过来,VOBC 也会把列车位置和行驶方向周期性地报告给 ZC。检测到系统状态(如前方列车的移动、占用、线路关闭区域、道岔动作)改变后,ZC 将重新计算并将调整后的 LMA 发给列车,而列车又不断地将新的位置发给 ZC,该位置在重建列车的 LMA 过程中将被使用。

一、列车定位

1. 列车在数据库中的表示

ATC 系统使用各种数据库,每一子系统数据库定义为所配置的数据:VOBC 使用 VOBC 数据库提供轨道拓扑(区段定义、节点、对象等)和速度曲线信息;MAU 使用 MAU 数据库提供轨道对象描述(轨道、闭塞分区、信号机、道岔、PESB 和站台);两个数据库都包括轨旁设备数据库和 ATP 速度数据库。

在 CBTC 系统中,用节点、边线等拓扑结构图——"有向图"来表示 CBTC 系统的线路对象。线路可以分为覆盖线路部分区域的物理和逻辑区域。每个区域都是一个从基本有向图中分隔出来的子图,它继承了线路有向图所有的拓扑、距离和限制。一个区域可以是过岔轨道区段(例如图 6.8 中区域 1、区域 3)或列车占用区域(例如图 6.8 中区域 4)。

2. 列车位置判定

每当列车读到线路上的应答器之后,列车可以获得一个在数据库中定义的"绝对"位置。在应答器之间的列车定位依赖于安装在车轮上的速度传感器,用以测量列车速度,由此可推算出自上一应答器起的走行距离。通过速度传感器测量列车位置会产生累计误差,根据选定的传感器的类型,列车的测速计定位误差小于 3%,则列车的位置误差为驶过定位应答器的距离 $L \times 3\%$。

为了减少列车位置的位置误差,在速度传感器测速精度一定的情况下,可以缩短应答器之间的间距。例如两个应答器之间的最大间距不大于 150m,考虑到系统可以容忍一个应答器丢失,则列车读到的最大的应答器间距为 300m,因此列车的最大位置误差为 300×

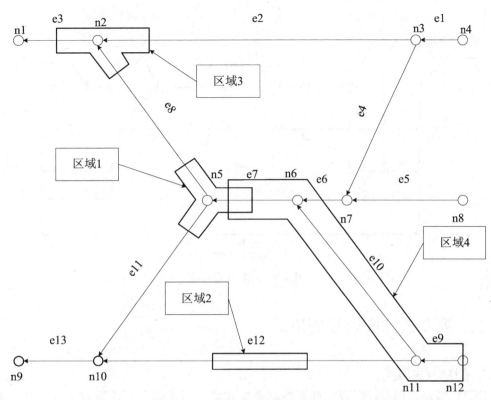

区域1和3是过岔轨道区段；区域2是轨道区段；区域4是列车占用区域

图 6.8　线路表示图

$3‰ = 9m$。列车向 MAU 及 ATS 以厘米精度报告列车位置：

（1）VOBC 将会测量它所经过的两个连续的应答器之间的距离，并将其与线路数据库中的距离进行比较。如果两者之差在限定的误差里，则列车的位置便确定，而且列车的确切位置及方向也能辨认出来。对应于每个检测到的应答器，VOBC 将调整位置不确定性。VOBC 将根据转速计的输入来确定列车在两个应答器之间的位置。

（2）如果没有检测到两个连续的应答器或者检测到一个意料之外的应答器，VOBC 将把位置设置为未知。意料之外的应答器是指检测到了与数据库中定义的位置不同的应答器。

（3）MAU 根据列车报告的车头位置，再加上位置测量误差值和估计的运行距离，计算得出通信列车的车头位置。

（4）MAU 根据列车报告的车尾位置，再加上位置测量误差值和潜在的倒溜距离计算得出通信车可能的车尾位置。

SelTrac 系统的优势是 VOBC 会根据当前位置的坡度和倒溜容限（施加紧急制动之前）计算出列车的潜在倒溜距离，并把这个信息发送给 MAU。由于计算是动态的，所以 MAU 可以为后续列车给出一个离前行列车最近的 LMA。列车位置判定如图 6.9 所示。

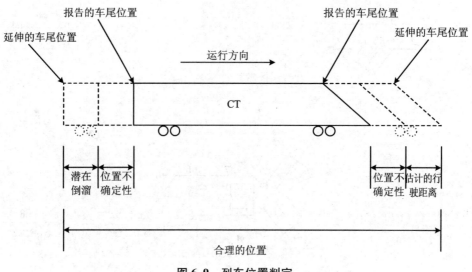

图 6.9 列车位置判定

二、列车追踪间隔控制原理

1. ATO 列车追踪

CBTC 系统采用移动闭塞原理来控制列车间隔。当前列车与前行列车的安全距离是基于当前列车的即时速度、速度测量的最大误差、列车位置的不确定性、最不利情况下列车的紧急制动能力、障碍类型等动态计算的结果。

车载设备在区域控制器发出的移动授权权限(LMA)下负责列车的安全运行。LMA 被授权至列车前方的实际障碍物。车载设备确保由它产生的速度曲线考虑了所有适当的安全因素。这些考虑包括最不利情况下的停车距离和前方障碍物位置的不确定性。

在传统信号系统中,对后续列车的移动授权是根据前行列车对轨道区段的占用而给出的。在移动闭塞系统中,MAU 根据列车所报告的位置、加上位置的不确定误差,从而得出该列车在最不利条件下的位置。MAU 将这个列车的位置作为后续列车的障碍物来计算后续列车的移动授权权限,使之与前方列车尽可能接近。

SelTrac® 解决方案是真正的移动闭塞原理,如果前行通信列车向前移动,后续列车的 LMA 相应向前延伸。如图 6.10、图 6.11 所示,MAU 根据列车位置设置与解锁进路、提供 LMA 的情况。

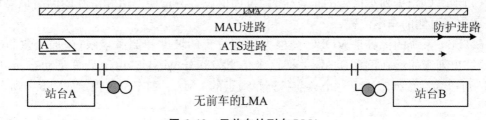

图 6.10 无前车的列车 LMA

(1) MAU 从 ATS 接收到列车 A 与 B 的进路请求；

(2) MAU 通过列车 B 所报告的列车位置，为列车 A 排列进路与 LMA。当列车 B 向前移动时，MAU 部分解锁了列车 B 后方的进路与 LMA；

(3) 随着列车 B 向前移动，MAU 将为列车 A 延伸进路和 LMA。

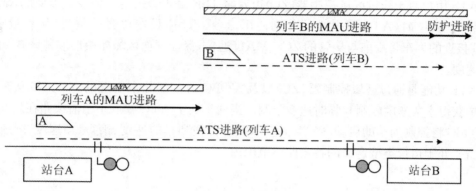

图 6.11 两列追踪的 LMA

2. ATP 防护控制

VOBC 根据接收到的来自 MAU 的 LMA 计算相应的停车点和最大允许速度，以确保列车可以在最差情况下在 LMA 之内停车。VOBC 动态计算安全距离，确保：① 安全——列车停在 LMA 之内；② 运营效率——列车停车点尽可能靠近 LMA。ATP 防护控制安全制动模型如图 6.12 所示。

VOBC 在每个周期动态计算速度限制基于以下三个因素——列车参数、轨道参数和 LMA。

(1) 列车参数：如列车长度、牵引切除与常用制动延迟时间、EB 建立时间；

(2) 轨道参数：如保存在车载数据库中的土建限速、坡度；

(3) LMA：可以是前车的尾部、轨道的末端、非通信列车占用 ACB 区段的边界。

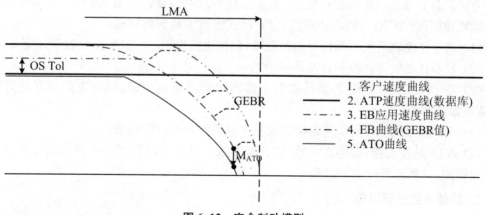

图 6.12 安全制动模型

3. 站台限速和临时限速原理

系统将线路分割成若干个逻辑分区，称为 Track，站台也是一个 Track。所有这些

Track 都保存在线路数据库中,形成线路电子地图。

泰雷兹 SelTrac® 系统允许 ATS 在任何 Track 上设置临时限速或取消临时限速(TSR)。临时限速将发送给与 MAU 通信的所有 VOBC;VOBC 在区段里将总是使用低于 TSR 和土建限速的速度。

ATS 用户对于跨过区域控制器(ZC)边界的 TSR 必须分别输入命令。类似的,取消跨过边界的 TSR 时,ATS 用户必须分别使用命令。TSR 只在边界一侧时,从临近 ZC-MAU 接近的列车将提前与接管的 ZC-MAU 通信,保证到达区域始端时它能降速到所要求的速度。

ATP 功能是通过区域控制器(ZC)以及 VOBC 的一部分来实现的。VOBC 从车载数据库中获得永久速度限制和临时速度限制。当列车处于 ATO 模式下沿着线路在站间运行时,VOBC 将控制列车的启动、停车和速度调节,以使列车的速度、惰行、加速度、减速度以及冲击率处于运行类型定义的特定曲线范围内。

第三节　泰雷兹 CBTC 系统后备模式

CBTC 系统是一个冗余系统,即使发生了不太可能的事件,如一个冗余设备完全不能工作,系统仍能维持运营并快速恢复(当一个冗余设备或一个轨旁无线设备故障时,ATS 及维护工作站都会收到一条报警信息)。从系统安全的角度,SelTrac® 系统还是设置了后备系统,即当 CBTC 系统出现全面故障时,后备系统仍然可以确保降级运营。

一、点式 ATP

CBTC 系统没有通常的闭塞分区(如自动闭塞的轨道电路对线路的物理分割所构成的闭塞分区),只有动态的逻辑分区概念(为了系统管理的需要而设置的,不是真实的分区)。以计轴轨道区段(ACB)为核心的点式 ATP 模式能够实现下列功能:

(1) 基于计轴轨道区段和信号机的联锁(包括进路锁闭、接近锁闭、区段锁闭等);

(2) 基于计轴轨道区段的自动站间闭塞;

(3) 基于车载列车定位和信号关联应答器的简单超速防护、倒溜防护和冒进信号机时,施加紧急制动;

(4) ATS 全线显示、固定进路控制和人工进路控制及故障报警功能;

(5) ATS 站控功能,即能在本地 ATS 工作站上对其控制范围内的道岔实行单独操作和单独锁闭,对列车开放引导进路。

1. 后备系统主要设备

(1) 计轴设备。计轴设备是为后备系统配置的主体设备,实现后备模式下列车的占用检测——获得类似轨道电路的计轴轨道区段 ACB。计轴设备的设置原则为:在道岔区段、车辆段/停车场转换轨处、站间和进/出站处设置计轴设备,实现独立保护区段,可满足 240 秒间隔的运行能力。

当 CBTC 系统工作正常时，计轴设备不参与 ATP 和联锁功能，但总是处于受监督的工作状态——计轴区段（ACB）的占用/空闲和设备的故障信息会发送到 ATS 子系统；ZC 忽略计轴区段的状态。这样，当系统处于自动模式时，计轴的故障不会影响 CBTC 系统的性能；一旦系统降级运营，即可立即投入使用。

（2）信号机。信号机也是为后备系统配置的设备，指示后备模式下列车的运行。正线信号机的设置为：道岔防护信号机、出站信号机、区间进路信号机、入正线信号机、阻挡信号机；车辆段/停车场信号机设置为：入段信号机、阻挡兼调车信号机、调车信号机、股道分割信号机、阻挡信号机。

（3）有源应答器。系统还提供基于信号机显示状态的有源应答器，以实现目标－距离控制的点式 ATP 功能。在 CBTC 模式下，MAU 根据移动闭塞原理进行进路设置并生成 LMA。在后备模式下，PMI 根据固定闭塞原理设置进路并控制信号机显示和道岔动作。如图 6.13 所示。

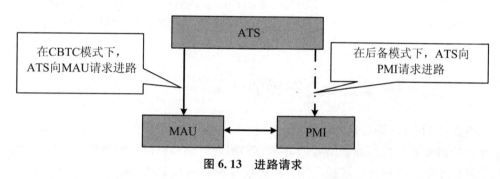

图 6.13　进路请求

后备模式下轨旁与车载使用与 CBTC 相同的设备，包括 PMI、ATS、通信网络、VOBC 等，仅轨旁的可变应答器是为后备系统额外设置的。

2. 后备模式运营

当 ATC 系统故障的情况下，计轴器作为轨道电路的替代品，由其构成联锁、闭塞系统，以确保列车运行安全。对于 CBTC 系统而言，车载信号作为主体信号；但是对于非通信列车或 CBTC 发生故障时，没有车载信号，列车只能由司机操纵，根据地面信号的显示运行，而设置于道岔区域的地面信号联锁控制，如图 6.14 所示，还是依赖于计轴器所构成的计轴区段（ACB）——线路轨道被分成"区段"，列车驶过计轴磁头就视为进入及离开一个区段，ZC（区域控制）负责控制联锁，并根据区段占用及所有障碍物的已知位置提供列车的安全间隔，ZC（PMI）与计轴器（ACE）连接，以获取 ACB 占用情况，获得类似自动闭塞的固定闭塞分区，确保形成列车安全的闭塞间隔分区（ACB）。

在后备模式下（RM、IATP），列车间隔是基于计轴区段与信号机的固定闭塞系统计算的。点式 ATP 模式运营原则是在各个站点（AC）、站间（AC2）以及站前（AC3）各安装一个计轴器；也可在站后或区间信号机后增加一个计轴器（AC1），通过增加计轴器所构成的计轴区段、缩短 ACB 区域，来保证行车间隔性能、提高行车效率。

后备模式下，MAU 不工作，PMI 直接从 ATS 接收进路请求并基于固定闭塞信号规则执行进路并命令信号机、道岔；根据进路请求预留并授权进路，包括必要的防护区段，防护区段按照固定闭塞原则确定。位于后备模式控区的列车将在点式 ATP 或 RM 模式下按照信号机指示运行。

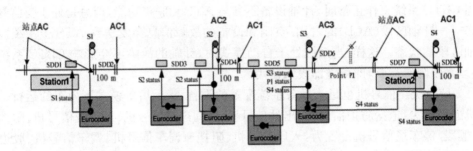

图 6.14 用于点式 ATP 模式的计轴器

值班员也可以手动设置信号机到信号机的进路,进路可以是自动解锁进路:列车经过进路后,进路自动解锁;也可以是人工解锁进路:列车经过后,进路不会自动解锁,条件具备后信号自动开放,为下一列车使用。

在后备模式,且中央及本地 ATS 均故障的情况下,联锁系统可以为进入其控制区的列车自动分配缺省的进路。对于折返站,可以自动分配折返进路,根据列车的接近条件自动排列和解锁。

二、点式 ATP 模式 B 应答器的部署

当点式 ATP 列车通过信号机红灯时,需要实施紧急制动,因此在所有的区间和道岔防护信号机处将安装 B 应答器。所有的 B 应答器将通过信号机接口设备控制,该接口设备直接与信号机控制电路相连。联锁信号机的典型布置如图 6.15 所示。

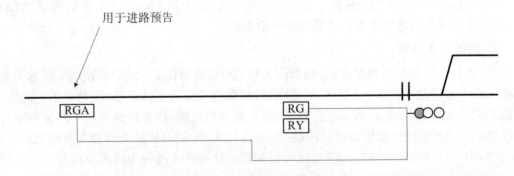

RGA 直向进路预告应答器; RG 直向进路应答器; RY 侧向进路应答器

图 6.15 联锁信号机的典型布置

以道岔防护信号机为例。当接近一个道岔时,会有两个线缆供电的应答器,分别称为直向进路应答器和侧向进路应答器。例如,当允许侧向时,信号机为黄灯显示并且相应的侧向进路应答器被激活;当允许直向运行时,信号机为绿灯显示并且相应的直向进路应答器被激活。当信号显示是红色时,这两个应答器都不被激活;这样,当列车越过红灯信号时,VOBC 将检测不到与信号机允许显示相对应的应答器,从而触发一个紧急制动。

对于只有二显示出站信号机,在发车端将一个直向进路应答器跟二显示信号机的绿灯相关联。当信号机为红灯时,此应答器为断电状态。这样,如果列车越过红灯,VOBC 将检

测到相应的应答器没有被激活,从而施加一个紧急制动。

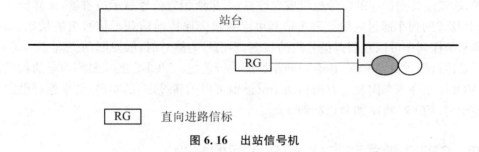

图 6.16　出站信号机

三、后备系统安全保证措施

在点式 ATP 后备模式下,列车由司机根据轨旁信号人工驾驶。车载 VOBC 提供以下 ATP 功能:超速防护和红灯防护。

如图 6.17 所示,追踪列车间将至少有 2 个红灯防护信号,即两列车之间至少间隔了一个闭塞区段。根据以上原则,将提供列车的防护区段,防护区段的长度将包括最坏情况下接近列车的制动距离。

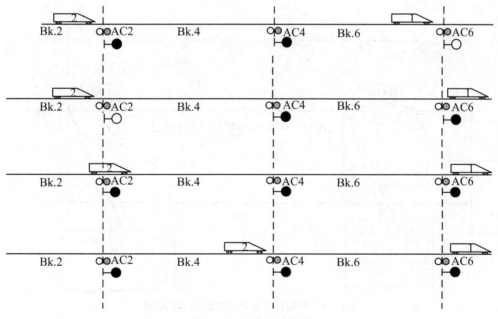

图 6.17　闭塞设计原则

列车处在点式 ATP 模式时,VOBC 对列车速度进行连续的监督,并且不断比较列车的测量速度与最大的允许速度,这个最大允许速度是根据数据库中的土建限速以及其他限制条件计算得到的。当列车接近最大允许速度时就会产生报警,提醒司机减速;一旦列车速度超过最大允许速度,VOBC 也将施加一个紧急制动。同样,VOBC 也监控列车没有冒进红灯。

中央 ATS 与联锁设备通信,基于轨道占用监控以点式 ATP 模式运行的列车。联锁设备提供了区段锁闭、进路锁闭、接近(时间锁闭)锁闭等联锁功能;当一个进路(计划或人工)被设置,联锁设备把相应的信号机设成允许显示,激活相应信号显示应答器,这样就允许点式 ATP 模式的列车通过区域。列车依然可以和轨旁保持通信获得信号机的状态(通过 B 应答器),确保列车可以在获得信号机的状态,当信号为红灯时,触发制动、禁止列车牵引。

后备运行模式下,VOBC 还会对列车倒溜进行监控。VOBC 能探测到列车的相反方向倒溜,VOBC 允许列车向相反方向移动 1m(该值可以重新设定)的距离;如果超过设定的最大倒溜距离,VOBC 将施加紧急制动。

四、CBTC 模式和点式 ATP 之间的转换

MAU 为冗余配置,具有很高的可用性。如果其中一个故障,MAU 仍继续以二取二运行,对安全或者运营没有影响。当 MAU 故障,系统将在故障区段运行后备模式,而仍保持在其他工作区域使用 CBTC 模式。列车在不同模式区域之间的转换如图 6.18 所示。

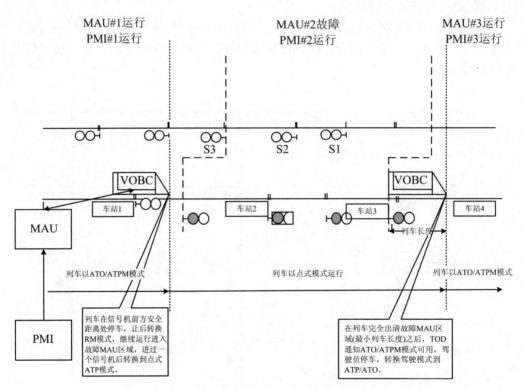

图 6.18 列车在不同模式区域之间的转换

1. 列车运行在故障区域

(1) 以 ATO 模式运行到故障区域的列车将检测到与 MAU 通信丢失,并实施停车;
(2) 如果 MAU 重启并恢复,则系统可以恢复 ATO 模式运行;
(3) 如果 MAU 不能恢复,调度员必须命令联锁系统切换到后备模式;
(4) 当分配了进路并且信号机显示允许信号,则司机必须按照调度员的指令,以 RMF 模式驾驶列车通过第一个允许显示的信号机后继续以点式 ATP 模式运行;

(5) 当列车行驶到故障区域外,则 CBTC 模式可用。

2. 列车接近故障区域

(1) 当列车的进路分配到故障区域,其 LMA 将被限制到故障区域边界;

(2) 当列车在故障区域边界停车时,司机和调度员必须按照上述故障区域描述的步骤进行操作。

3. 列车离开故障区域

(1) 当列车进入正常的区域时,TOD 会指示 ATPM/ATO 模式可用;

(2) 司机可以选择 ATPM 或 ATO 模式。

4. 转换到 CBTC 模式

(1) 当 MAU 恢复后且正在运行时,调度员应将列车扣在最近的站台,并将该区域转换到 CBTC 模式(向系统发送 ATS 命令);

(2) 当 ATS 指示区域已在 CBTC 模式下时,调度员应取消扣车;

(3) 列车收到 LMA 且显示 CBTC 可用,使列车可在 CBTC 模式下驾驶。

第七章 交控科技 CBTC 系统

本章主要介绍交控科技基于波导管的 CBTC 系统。交控科技的 CBTC 信号系统是完全针对大运量轨道交通的要求而设计的系统,作为 CBTC 系统最为关键的地—车通信传输系统,系统实现了自由波、波导管和漏泄电缆互相融合的模式,可以结合不同的工程项目特点选择最佳组合的技术方案,实现符合具体工程特点的无线通信,连续、实时地双向传输大容量车—地信息,实现对列车精确闭环控制。

第一节 ATC 系统概述

交控科技的 CBTC 信号系统采用移动闭塞理论,实现 90 秒的设计间隔;解决了移动闭塞系统设计、全生命周期的安全苛求系统设计、通用安全计算机平台研发等关键技术难题,完全达到安全苛求系统安全功能 SIL4 等级要求;在地—车通信传输、车载设备、地面区域控制设备等方面完全采取冗余的安全结构,采用系统化的设计与评估方法,保证系统在运行时不会因为单层次故障而影响正常运营。作为车—地间安全信息传输通道,无线通信系统的可靠性、可用性和安全性是影响 CBTC 系统整体性能的关键因素。

一、系统结构

交控科技 ATP/ATO 为核心的 CBTC 信号系统由六个主要的子系统组成,包括:ATS(列车自动监控)、ATP(列车自动防护)、ATO(列车自动驾驶)、CBI(计算机联锁)、DCS(数据通信)和维护监测系统。交控科技 CBTC 信号系统结构图如图 7.1 所示。

（1）ATS 子系统包括中心级、车站级的控制。

（2）ATP 子系统包括基于通信的 CBTC 模式与基于应答器的点式 BLOC 模式,可以实现自动升降级。

（3）ATO 系统可以实现全线的列车自动启动、加速、巡航、惰行和减速停车等过程,并可以实现无人的自动折返。

（4）CBI 子系统对应系统三级控制模式实现相应的控制功能,在 CBTC 模式下,结合移动闭塞要求提供相关的进路信息,由区域控制器发送移动授权;在点式降级模式下,结合固定闭塞要求提供相应的点式进路信息,由有源应答器发送移动授权;在站间模式下,实现传统的联锁功能。

(5) DCS(数据通信系统)实现地面设备、地—车设备间的数据传输。包括地面的双环冗余有线网络 DCS,实现中心、车站、轨旁的信息传输;地—车的信息传输网络 DCS 可以实现地—车双向、大容量数据信息传输。

(6) MSS(维护监测系统)作为信号系统的辅助系统,为运营管理与维护人员提供充分的维护与管理信息。

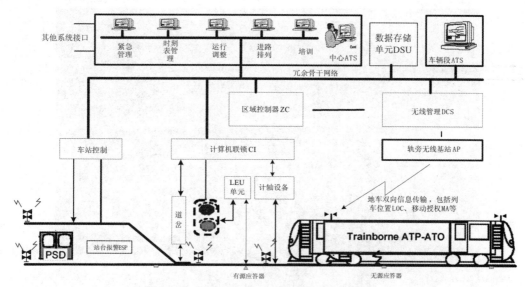

图 7.1　交控科技 CBTC 信号系统结构图

二、波导管简介

波导管是一种空心的、内壁十分光洁的金属导管或内敷金属的管子,如图 7.2 所示。波导管用来传送超高频电磁波,通过它脉冲信号可以以极小的损耗被传送到目的地;波导管内径的大小因所传输信号的波长而异;多用于厘米波及毫米波的无线电通讯、雷达、导航等无线电领域。作为轨道交通 CBTC 信号系统的波导管工作在 ISM 频段(2.4～2.4835GHz),并使用 IEEE802.11g 传输标准,车载无线设备与地面的传输速率为 6Mbps。

图 7.2　波导管实物图

波导管区段安装由波导管组装和两端的终端部件组成。一个波导管区段安装一个固定支架。由于温度变化,波导管可以从固定支架处向外膨胀。为了使波导管易于膨胀,滑动支架按固定距离安装,方便波导管滑动。波导管安装需要 5 步:① 在道床上标记波导管支架的位置(从固定支架到波导管末端);② 水泥道床打孔;③ 波导管区段安装;④ 电器连接;⑤ 安装检查。如图 7.3 所示。

图 7.3 线路上的波导管

2010 年由交控科技提供 CBTC 核心技术的北京地铁亦庄线、昌平线 CBTC 工程顺利开通,采用了无线自由波模式,高架线路采用波导管方式。

三、ATS 子系统

ATS 子系统属于一个自反馈的闭环运行自动控制系统。在每日系统运行前,系统从数据库中取出当日基本运行图,并结合当日车辆运行计划,形成当日实施运行图,下达给服务器,作为当日运行的依据。

ATS 子系统依据此运行图对运行列车进行识别,自动控制进路办理及输出列车运行控制指令。同时在列车在运行过程中,采集相关列车到发车站信息,对到发点进行记录,形成实迹运行图。另一方面,基于采集的现场到发点与计划运行时刻表的差异,对列车运行停站时间及区间运行等级进行调整,并以此调整后的运行计划继续后续作业指导,从而自动反馈的闭环运行逻辑。此运行过程直到最后一列车抵达转换轨进入车辆段结束。ATS子系统基本工作流程如图 7.4 所示。

ATS 子系统接口系统包括内部接口和无线通信、时钟、广播、PIS、综合监控、大屏幕显示系统、应急控制中心等外部接口。ATS 子系统对关键设备除了提高设备的硬件配置外,同时采用了双机热备的方法来保证系统的可靠性,能够满足整个信号系统的 RAMS 指标要求。

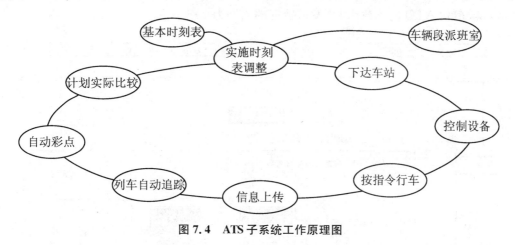

图 7.4 ATS 子系统工作原理图

第二节 ATP 子系统

交控科技 ATP 子系统基于移动闭塞下的系统设计理论,具备移动闭塞功能,同时将点式 ATP 系统作为 CBTC 系统的后备降级模式。ATP 子系统采用车—地协同的控制方法对列车进行高密度安全间隔防护,通过地面区域控制器 ZC 提供二次列车安全定位算法,对车载 ATP 设备的定位信息进行安全修正和处理,解决同一进路内多列车、短间隔追踪运行的防护难题,实现列车正线最小追踪间隔 90 秒,列车追踪停车后间隔距离 40 米左右的目标,构建了移动闭塞、固定闭塞与站间闭塞的"三级异步控制、无扰、多车混合运营"的复杂协同作业。

一、ATP 子系统接口

ATP 子系统是保证列车运行安全、提高运输效率的控制设备,提供列车运行间隔控制及超速防护,对线路上的列车进行安全控制。ATP 子系统确保与安全相关的所有功能,包括列车运行、乘客和员工的安全。ATP 子系统包括车载 ATP 子系统和地面 ATP 子系统,ATP 子系统的硬件和软件均按标准化功能模块进行设计。ATP 子系统结构图如图 7.5 所示。

ATP 子系统通过系统内的数据交互以及与 CBI 子系统、ATS 子系统及车辆、屏蔽门/安全门的接口,实现列车的 ATP 防护。ATP 子系统利用 DCS 子系统提供的物理冗余的传输通道与其他系统进行通信。DCS 子系统的平均无故障时间 MTBF$>2.5\times10^5$ h。DCS 子系统网络采用环形结构,网络自愈时间小于 20ms。ATP 子系统间接口如图 7.6 所示。

1. 车载 ATP 与车载 ATO 的接口

车载 ATP 子系统与车载 ATO 子系统通过周期性的数据交互实现对列车运行的安全和自动控制。车载 ATP 子系统与车载 ATO 子系统采用 RS422 通信接口,使用安全双网通信协议进行数据通信,每周期进行数据交互。车载 ATP 向车载 ATO 发送数据的周期为 200ms,车载 ATO 向车载 ATP 发送数据的周期为 200ms。

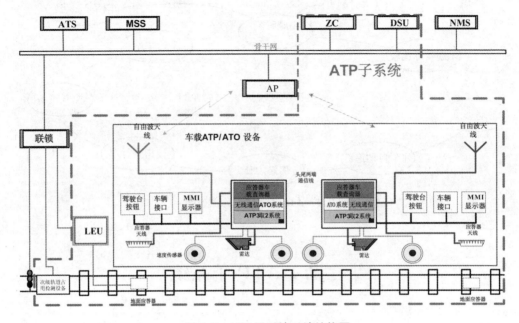

图 7.5　ATP 子系统系统结构图

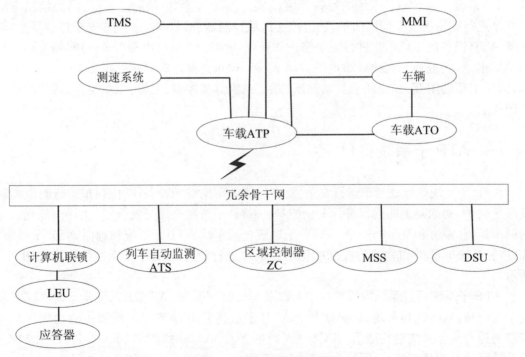

图 7.6　ATP 子系统接口框图

车载 ATP 子系统向车载 ATO 子系统发送的信息有:ATO 使能、列车位置、列车速度、列车控制级别(CBTC/点式)、EB 触发速度、MA 信息(含临时限速信息、屏蔽门/安全门、ESB 状态等信息)。车载 ATO 子系统向车载 ATP 子系统发送的信息有:提供推荐速度信息、停站计时倒时、提示关门信息。

2. 车载 ATP 与地面 ATP(ZC)的接口数据

车载 ATP 子系统与地面 ATP(ZC)子系统采用车—地无线通信接口,使用安全双网通信协议进行通信,周期性地进行数据交互。车载 ATP 向 ZC 发送数据的周期为 200ms,ZC 向车载 ATP 发送数据的周期为 400ms。

车载 ATP 子系统向 ZC 子系统发送的数据信息有:列车位置、列车模式、测距误差、折返状态、ZC 切换状态等。ZC 子系统向车载 ATP 子系统发送的数据信息有:移动授权、切换命令、线路条件(道岔状态、屏蔽门/安全门状态、紧急停车按钮状态等)、临时限速信息等。

3. 车载 ATP 与 MMI 接口

车载 ATP 子系统与 MMI 采用 RS422 通信接口。

车载 ATP 子系统向 MMI 发送的信息有:目标距离、目标速度、驾驶模式等。

MMI 向车载 ATP 子系统发送的信息有:试闸信息、无线测试信息、广播测试信息、驾驶员号输入信息、人工轮径输入信息。

4. 车载 ATP 与测速系统的接口

车载 ATP 子系统与测速系统(测速传感器、测速雷达)采用电磁脉冲接口。车载 ATP 接收测速系统发送的速度信息。

5. 车载 ATP 与 ATS 的接口

车载 ATP 子系统与 ATS 子系统采用车—地无线通信接口,使用安全双网通信协议进行通信。车载 ATP 每隔 3s 周期性地向 ATS 发送数据,ATS 向车载 ATP 发送的数据采用非周期通信。

ATS 提供两台网关,将信号安全网和 ATS 网通过网关隔离,这样 ATS 和车载 ATP 之间既增加了隔离又保持了双网连接。当 ATS 或车载 ATP 网络中任何一个网络出现故障时,对 ATS 与车载 ATP 之间的通信不会产生任何影响。ATS 与列车通信时,ATS 通过固定的红蓝网车载 IP 地址进行通信,车载 ATP 也以固定的红蓝网 IP 地址与 ATS 进行通信,不因车头车尾的改变影响通讯的 IP 地址。其连接方式如图 7.7 所示。

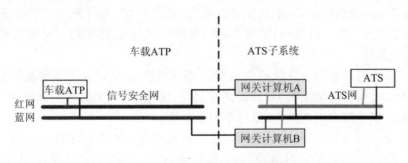

图 7.7 车载 ATP 与 ATS 接口图

车载 ATP 子系统向 ATS 子系统发送的数据信息有:驾驶模式、速度、门状态、停车信息、扣车状态、报警信息等。ATS 子系统向车载 ATP 子系统发送的数据信息有:车次号、表号、扣车命令、跳停命令、运营调整信息等。

6. 车载 ATP 与 CBI 接口

车载 ATP 子系统与 CBI 子系统采用车—地无线通信接口,使用安全双网通信协议进行通信。在列车进站停车后,每周期进行数据交互。车载 ATP 向 CBI 发送数据的周期为 200ms,CBI 向车载 ATP 发送数据的周期为 500ms。其连接方式如图 7.8 所示。

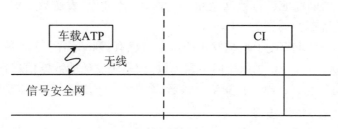

图 7.8 车载 ATP 与 CBI 接口图

车载 ATP 子系统向 CBI 子系统发送的数据信息有:屏蔽门/安全门开门命令、屏蔽门/安全门关门命令。

CBI 子系统向车载 ATP 子系统发送的数据信息有:屏蔽门/安全门状态信息。

7. 地面 ATP(ZC)与 CBI 接口

地面 ATP(ZC)子系统对外提供 2 个独立的 100M 以太网通道,通道采用标准 RJ-45 电气接口。

ZC 子系统与 CBI 子系统采用有线网络接口,使用安全双网通信协议进行通信。

ZC 子系统与 CBI 子系统采用成熟的接口。ZC 子系统与 CBI 子系统的接口采用 RSSP(Railway Signal Safety Protocol)铁路信号安全通信协议进行通信,该协议是适用于铁路信号安全设备之间的安全通信协议接口,是应用在干线铁路 RBC(无线闭塞中心)与 CBI 之间的成熟接口,是经过验证且成熟的技术应用。

二、ATP 子系统功能

交控科技 ATP/ATO 系统的 ATP 子系统是基于列车高精度的自主测速定位和车—地双向大容量无线通信的系统,能根据线路状态、道岔位置、前行列车位置等条件,确保追踪列车之间的安全行车间隔距离,实现移动闭塞的列车追踪,防止列车超速和撞车,实现列车运行的安全防护。

ATP 子系统的安全功能设计符合"故障—安全"原则。ATP 子系统除可保证行车安全外,还同时具备保护和辅助乘客、辅助列车运行、辅助驾驶、为其他子系统和用户提供技术支持等功能,其中既有安全功能,也有非安全功能。

ATP 子系统与 ATO 子系统结合共同实现对列车运行的安全和自动控制。车载 ATP 设备能够自动识别 ATC 监控区域,当列车自非 ATC 监控区(如车辆段)进入 ATC 监控区(如正线)时,车载 ATP 设备将建立和完成列车进入 ATC 监控区的工作,并立即进入工作状态。

根据 IEEE-1474 及欧洲相关标准,交控科技 ATP/ATO 系统的 ATP 子系统主要功能及实现这些功能的子系统组合如表 7.1 所示。

表 7.1 ATP 子系统功能列表

功能	车载 ATP	ZC	DSU	计轴	应答器	LEU	安全功能
确定轨道占用信息		√					√
列车追踪间隔控制		√		√	√	√	√
生成信号机强制命令		√					√
列车自主测速定位	√				√		√
列车轮径校正功能	√				√		
驾驶模式和运行级别管理	√					√	√
列车追踪速度曲线计算	√						√
列车超速防护	√						√
退行防护	√						√
闯红灯防护	√	√			√		√
故障处理	√	√	√	√	√	√	√
列车完整性监督	√						√
管理临时限速	√	√	√				
管理数据库版本	√	√	√		√		√
管理列车车门	√						√
管理站台屏蔽门/安全门	√				√		√
防护列车安全停靠站	√						√
授权驶离站台	√				√		
管理站台紧急停车按钮	√	√			√		√
设备上电自检	√	√	√				√
设备自诊断	√	√	√	√			√
车载设备日检	√						√
向司机显示详细驾驶信息	√						
系统故障处理	√	√	√	√	√		√
列车自动启动	√						
管理跳停	√						
管理扣车	√	√					
管理列车折返	√	√			√		√
时钟同步	√	√	√				
数据记录	√	√	√			√	
系统故障紧急制动及报警	√	√	√	√	√		√
双向运行	√	√	√				
其他功能							

注:各系统"√"表示此系统参与所述功能的实现,安全功能中的"√"表示此功能为安全相关功能,并且这些安全功能达到相应的 SIL 等级要求。

第三节　ATO 子系统

交控科技 ATO 子系统采用高可靠性的硬件结构和软件设计,应用单质点、多质点结合的列车动力学模型,采用分层式架构,实现长周期的运行曲线优化和短周期的实时控制有机结合,使列车在自动驾驶控制下准点、精确、舒适和节能平稳地运行。交控科技 ATO 子系统在 ATP 子系统的安全防护下,根据 ATS 提供的信息自动控制列车运行,完成列车的自动调整、定点停车和节能控制。

一、ATO 子系统组成

ATO 子系统由轨旁 ATO 设备和车载 ATO 设备组成,ATP/ATO 为核心的 CBTC 系统解决方案中,由于采用一体化设计思路,能够使轨旁 ATO 设备与轨旁 ATP 设备共用。在设备共用的基础上,针对 ATO 的精确停车的要求对应答器设备进行相应的系统设计,如设置站内精确停车应答器以满足 ATO 更高的列车定位与精确停车要求。共用的地面 ATP 设备包括:ZC、DSU、应答器、LEU 及次级轨道占用检测设备。整个 ATO 子系统由车载 ATO 设备及与 ATP 子系统共用的车载 BTM 天线、轨旁 ZC、DSU 及 LEU 组成。

1. 轨旁 ATO 子系统

轨旁 ATO 子系统通过车—地通信,发送相关的控制命令及运行限制信息给车载 ATO 子系统,车载 ATO 子系统根据收到的命令及运行限制信息控制列车自动驾驶。

（1）车站室内部分。安装在车站室内,共用地面 ATP 设备的轨旁 ATO 设备包括:区域控制器 ZC 和数据存储单元 DSU。ZC 计算列车运行移动授权发送给车载 ATO 子系统,ATO 子系统根据接收到的 MA 信息计算自动驾驶曲线,并控制列车在 MA 范围内自动驾驶。DSU 子系统存储线路数据库版本号,ATO 子系统通过与 DSU 进行比较实现版本号校核;并通过 ZC 接收 DSU 转发的临时限速指令计算出 MA,控制列车在设置了临时限速的条件下实现自动驾驶。

（2）室外部分。ATO 子系统与 ATP 子系统共用室外设备,此处不再说明。

除共用室外设备外,还需要针对 ATO 子系统考虑列车自动进站精确停车功能,所以在系统设计中对 ATO 子系统轨旁设备增加进站精确停车应答器的布置。站外的 ATO 停车区域停车精度要求没有站内高,所以无需专门针对 ATO 进行相关的应答器布置。

2. 车载 ATO 子系统

车载 ATO 子系统在车头、车尾各设置一套,通过与车载 ATP 子系统共用头尾通信及车辆接口设备实现 ATO 的相关功能,并确保系统的可靠性与可用性。

二、ATO 子系统的工作原理

ATO 控制需考虑车辆、线路及内部等相关信息,以达到对列车的精确控制。

速度控制系统可按照所选的速度曲线保持列车速度,并尽量补偿由于不同列车间的差异所引起的车辆特性偏差;为提高乘客舒适度并达到可驾驶性、平稳驾驶和停车精度要求,加速度、减速度和急拉猛推都控制在限定值和可行值内。

若列车在站间停车,则根据现场轨道坡度,通过制动使列车保持停稳状态。控制原理如图7.9所示。

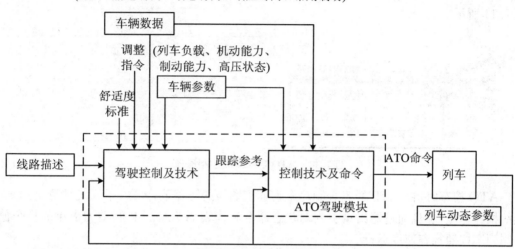

图 7.9 ATO 驾驶原理

1. ATO 模式下的超速防护

在 ATO 自动驾驶模式下,ATC 系统直接控制牵引和制动。在这种模式下,ATC 系统会自动控制列车速度到达目标速度,并在列车超出规定限速时实施常用制动。如果常用制动失效,则实施紧急制动。其中常用制动是可逆的。如图 7.10 所示。

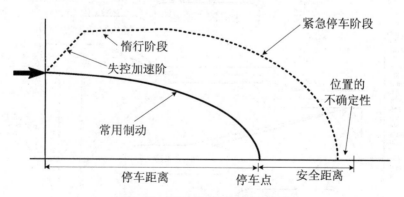

图 7.10 ATO 模式下的超速防护

在 ATO 模式中,CC 遵循车载计算机发出的指令速度调整列车速度。当所测列车速度超过指令的速度时,CC 通过常用制动来降低列车的速度。在实施紧急制动前,允许所测列车速度略微超过指令速度,超出值称为"超速误差"(实际值将在联络设计时定义)。此误差为速度控制系统对一些非控制因素,例如为风或者车辆反应延迟作出的响应留有余地。在正常运行中,列车速度很少接近超速限制。如果由于任何原因,例如牵引动力失控造成列车速度超过指令速度加上"超速误差",CC 将实施紧急制动。

2. 速度调整控制原理

ATO 子系统自动调整控制功能综合考虑了列车牵引、制动系统实际构成,停车精度、准点、舒适度和节能等多方面要求,建立了准确描述列车驾驶动态过程的控制模型,运用多目标优化方法生成理想运行曲线,再通过设计双自由度鲁棒控制器,由 ATO 控制器控制车辆跟踪该速度曲线行驶,实现对理想曲线的高精度跟踪,从而达到 ATO 自动驾驶要求,如图 7.11 所示。

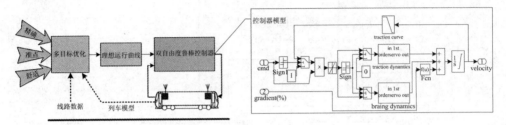

图 7.11　ATO 自动驾驶控制原理

ATO 控车时,在 ATP 的紧急制动触发速度曲线的防护下,ATO 子系统计算出列车运行的推荐速度,并且通过输出牵引制动状态命令和代表 ATO 牵引/制动力大小的指令值,控制列车按照推荐速度运行。

3. ATO 时间调节

在线路上的任何位置,ATO 子系统能通过车—地通信传输系统获得 ATS 子系统发送的对列车运行的调节命令,并且根据此调节命令控制列车到达下一个停车点的到达时间。

ATO 子系统可通过连续的地—车通信实时了解下一站间的轨道占用情况。根据前一列车的位置和信号限制,ATO 可计算出相应的目标曲线,如图 7.12 所示。

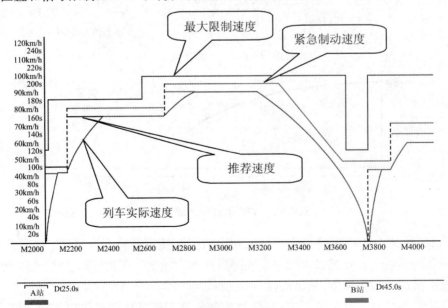

图 7.12　运行速度曲线描述

ATO 调整区间运行时间的具体策略如下：

(1) 牵引阶段的控制方式。在保证冲击率符合要求的前提下，ATO 以牵引力调整的方式控制列车启动和加速，实现对区间运行时分的精确控制。其运行时间遵循公式：

$$T = V_{max}/A_{max}$$

其中，V_{max} 为区间运行的最高限速，A_{max} 为满足冲击率和乘车舒适度要求的最大牵引加速度。

(2) 巡航阶段的控制方式。ATO 通过调整在区间巡航过程中的驾驶策略，实现对区间运行时分的精确控制：

列车出站即施加牵引至速度 A 后开始惰行，直至速度降为 B 后，重新施加牵引至速度 A……按上述过程循环，直至进入进站制动阶段后，开始施加制动并最终在站内停车。

基于上述策略，通过惰行门限调整的方式在线调整运行时间，以使 ATO 驾驶同时满足运行准点和节能的要求。区间运行速度跟踪如图 7.13 所示。

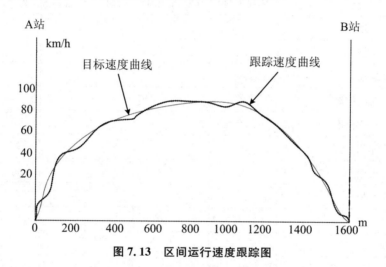

图 7.13　区间运行速度跟踪图

下面描述了 ATO 区间走行时分误差计算：列车在站间按照最大速度行驶所用的时间为最短运行时间 T_{min}，正常运行时间 T 都在最短运行时间之上。

定义 T_{target} 为 ATS 下达的要求运行时间。对 T_{target} 的要求是 $T_{target} < T_{min}$，这样规定的目标时间才具有可实现性。

定义 T_e 为运行时间 T 和要求运行时间 T_{target} 之差。

$$T_e = T - t_{target}$$

当 $T_e < 0$ 时，列车处于晚点状态，列车应该采取最大运行速度进行行车，避免晚点时间进一步延长。

当 $T_e = 0$ 时，列车按照最大速度行驶，列车应该维持当前最大运行速度进行行车，能够保证列车准点到达。

当 $T_e > 0$ 时，说明列车运行时间充足，可以对多余时间进行调整分配。

另外，根据 ATO 运行的时间控制算法，可得 T_e 与 T_{target} 的比在 ±2% 之内。因此，ATO 在控制列车在区间运行时，时间误差可以保证在 ±2% 之内。

三、ATO 子系统系统功能

车载 ATO 设备在 ATP 的支持和控制下能自动识别 ATC 监控区,当列车自非 ATC 监控区进入 ATC 监控区时,车载设备能立即进入工作状态。通过 ATO 车载设备将列车运行的有关信息传递至 ATS 子系统,以便 ATS 子系统能对在线列车进行监控。

为适应区间限速或临时限速运行、经济运行、速度调整和正点行车,ATO 子系统具有速度调整、巡航/惰行控制、定时控制、接受 ATS 控制指令、改变列车运行工况的能力。

交控科技 ATO 子系统功能如表 7.2 所示。表中各系统"√"表示此系统参与所述功能的实现,安全功能中的"√"表示此功能为安全功能。

表 7.2 ATO 子系统功能列表

功能	车载 ATO	ZC	DSU	计轴	应答器	LEU	安全功能
驾驶模式管理	√	√			√	√	
速度曲线控制	√	√	√		√	√	
列车自动启动	√						
站间运行时间控制	√						
控制列车进站停车	√				√		
管理列车车门	√						
管理站台安全门	√	√					
管理列车折返	√	√			√	√	
管理跳停	√						
管理扣车	√	√					
自动驾驶舒适度控制	√				√		
计算牵引和制动命令	√						
列车节能运行	√						
向司机显示详细驾驶信息	√						
管理数据库版本	√	√	√		√		
设备上电自检	√						
设备自诊断	√						
数据记录	√						
系统故障报警	√	√	√	√	√	√	
故障处理	√	√	√	√	√	√	
车载设备日检	√						

第八章 DCS 子系统及其维护

CBTC 系统利用通信技术实现车载设备和轨旁设备连续的、高速的双向通信,系统高度依赖 DCS 以控制列车运行,因此,DCS 子系统的状态对列控系统的正常运营有着重大的影响。由于波导管、漏缆等 CBTC 传输技术在 DCS 网络原理上与无线传输技术相似,所以不单独阐述。本章以泰雷兹 CBTC 系统的 DCS 为例,讲述 DCS 子系统的主要性能及其维护。

第一节 DCS 子系统概述

一、DCS 子系统有关的缩写

DCS 子系统有关的缩写如表 8.1 所示。

表 8.1 DCS 子系统有关的缩写

AES	Advanced Encryption Standard 高级加密标准	MS—SP	Multiplex Section – Shared Protection 复用段共享保护
BPSK	Binary Phase Shift Keying 二进位相移键控	NMS	Network Management System 网络管理系统
BSS	Basic Service Set 基本功能设置	NTP	Network Time Protocol 网络时钟协议
BTN	Backbone Telecommunication Network 骨干电信网	OFDM	Orthogonal Frequency Division Multiplexing 正交频分复用
CSMA/CA	Carrier Sense Multiple Access / Collision Avoidance 带有冲突避免的载波侦听多路存取	PER	Packet Error Rate 误包率
EMC	Ethernet Media Converter 以太网媒介转换器	RSSI	Received Signal Strength Indication 信号接收强度指示

续表

EPLAN	Ethernet Private LAN（carried by the SDH network）以太网专用局域网（在 SDH 网络中工作）	RTS/CTS	Ready To Send / Clear To Send 准备发送/清除发送
FEP	Front End Processor 前置处理器	SNMP	Simple Network Management Protocol 简单网络管理协议
ISM	Industrial Scientific and Medical 工业科学的和医学的	SSID	Service Set Identifier 功能设置标示符
MAC	Medium Access Control 媒介接入控制	STM	Synchronous Transport Module 同步传输模块
MIB	Management Information Base 管理信息基地	STP	Spanning Tree Protocol 生成树协议
MSS	Maintenance Support System 维护支持系统	WPA2-PSK	Wi-Fi Protected Access 2-Pre Shared Key 无线保真保护接入 2－预共享密钥

二、DCS 子系统的结构

DCS 是一个单独的网络，其主要作用是在各个子系统之间传输 ATC 报文，对于报文传送来说是完全透明的。虽然 DCS 系统所传输的是安全型的列车控制信息，但其本身并不是一个安全型系统，只是一个可靠的数据传输系统。

整个网络采用了 IEEE 802.3 的以太网标准，而网内的所有移动通信则采用了 IEEE 802.11 的跳频扩频（FHSS）无线标准。DCS 采用 UDP/IP 协议来传输 ATC 报文，并通过 IPSec 协议来保证网络的加密性。DCS 是通过采用稳定的、多级冗余配置的高可靠设备来保证其可靠性的，平均报文延迟低于 35ms。

1. 总体结构描述

DCS 通信系统由三个部分组成：DCS 有线传输系统、DCS 无线传输系统、DCS 网络管理系统。典型 DCS 网络结构如图 8.1 所示。

（1）DCS 有线传输系统——包括全线所有设备集中站、设备非集中站、停车场、车辆段（含试车线）的网络连接；其核心骨干层为由 SDH 传输节点所组成的环状网络。

（2）DCS 无线通信系统——DCS 采用无线方式建立车载和轨旁设备间可靠的通信连接；包括车载无线设备和轨旁无线单元，轨旁无线单元通过光电转换模块与 DCS 有线传输系统相连。

（3）DCS 网络管理系统——实现对所有 DCS 设备的管理、维护和配置，包括 SDH 网管系统与 IP 设备网管系统。

2. DCS 网络连接

（1）骨干网络和轨旁网络。有线骨干网是冗余的高速单模光纤以太网，它由 100Mbps

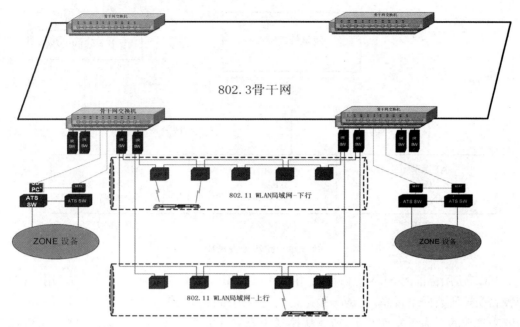

图 8.1 典型 DCS 网络结构

的 2 层网络交换机构成，这些交换机以冗余的自恢复环形结构形式连接，是为 802.3 局域网提供分布服务的固定有线网络。DCS 系统含有两套物理分隔的独立骨干网络：CBTC 骨干网、ATS 骨干网，它们都由 DCS 网络交换机组成。

网络交换机一般都位于沿线路所选定的车站设备室，通过终端设备与所有的轨旁交换机互相连接，光纤电缆则沿线路铺设；每个交换机最多提供两条 100Mb/s 的骨干网连接和最多 24 条 10/100b/s 本地以太网连接，并采用双机热备的方式来实现终端设备上行链路的冗余。WRU（轨旁无线单元）沿线路分布，并且构成了 802.11 无线局域网的基础，所有 ATC 设备都通过一对冗余端口接入到网络交换机。安全加密设备配置在控制中心、轨旁联锁车站，负责轨旁有线侧流量的加密，还负责出站数据包到达外网段的路由，同时阻止非法数据包的侵入。

(2) 无线网络。无线网络把每列列车 OBRU 上的 MR 连接到符合 IP65 等级的 WRU 中的 AP 无线装置，然后再连接到有线骨干网。每个 WRU 包含一个无线接入点（AP），每个供应链都能支持 40 个或更多的 WRU，并且每端都分别与不同的网络交换机连接，为 WRU 提供了一系列冗余的本地供应网络。

无线网络符合 IEEE 802.11 FHSS 标准，该标准在物理层采用了 2.4GHz 跳频技术，所有 DCS 网络的接入点端口都在 802.3 网络交换机上或在车载设备上。由于采用调频通信技术，使 DCS 的抗干扰能力极大地提高，确保 CBTC 的通信可靠性。

轨旁网络交换机通过多模光纤与本地 WRU 连接。WRU 沿线路安装，大约每 250m 一个。每个 AP 无线装置一般都有两个定向天线，并分别面向线路的相反方向，并确保相邻两个 WRU 的信号可以重叠覆盖本地（在本地 WRU 故障导致没有网络信号的情况下也能确保连续的无线覆盖）。

(3) 网络管理系统（NMS）。网络管理系统结构如图 8.2 所示。

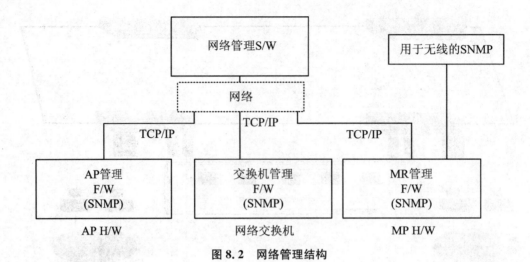

图 8.2　网络管理结构

NMS 使用标准的 SNMP 协议,它由含有 SNMP MIB 的 SNMP 代理组成,用于监督、配置和维护所有网络设备。NMS 服务是通过在网络管理工作站上运行一个工业标准管理系统来实现的。为了实现冗余,或者从控制中心以外的其他地方进行访问,DCS 可以连接两个或两个以上的 NMS 服务器/客户端。NMS 利用 SNMP 协议与 DCS 网络上的所有管理节点进行通信,始终显示节点和链接状况,并维护数据库和网络。

网管工作站设置在控制中心或者车辆段,使用基于 SNMP 的监控软件,对软件中定义的所有设备以预先设定的时间间隔轮询;采集到的数据保存在监控工作站上,并根据需要显示。控制中心通过 SNMP 监测——通过 SNMP"Get"操作所发现的所有网络设备,可以获取关于它们运行和性能的详细信息。

三、DCS 通信防护技术

1. 跳频扩谱通信(FHSS)技术

扩频(Spread Spectrum)通信是将待传送的信息数据被伪随机编码调制,实现频谱扩展后再传输;接收端则采用相同的编码进行解调及相关处理,恢复原始信息数据。跳频(Frequency Hopping)是最常用的扩频方式之一,其工作原理是收发双方传输信号的载波频率按照预定规律进行离散变化的通信,也就是说,通信中使用的载波频率受伪随机变化码的控制而随机跳变。从通信技术的实现方式来说,"跳频"是一种用码序列进行多频频移键控的通信方式,也是一种码控载频跳变的通信系统。从时域上来看,跳频信号是一个多频率的频移键控信号;从频域上来看,跳频信号的频谱是一个在很宽频带上以不等间隔随机跳变的。

在跳频系统中,即使在信道条件良好的情况下,仍有可能在少数跳中出现错误,因此有必要进行差错控制。差错控制的方法主要分为两类:一是自动请求重发纠错(ARQ)技术;二是采用前向纠错(FEC)技术。ARQ 技术可以很好地对付随机错误和突发错误,它要求有反馈电路,当信道条件不好时,需要频繁地重发,最终可能导致通信失败。FEC 技术不需要反馈电路,但是需要大量的信号冗余度以实现优良纠错,从而会降低信道效率。由于纠错码对突发错误的纠错能力较差,而通过交织技术可以使信道中的错误随机化,因此经常采用编码与交织技术相结合的办法来获得良好的纠错性能。

DCS 使用 FHSS 跳频这一在实践中经过验证的强抗干扰技术,确保系统可以在复杂的电磁环境,尤其是大量 wifi 干扰的情况下确保正常工作。当应用了跳频技术后,重新传输就会有更高的成功机会,因为它可以在一个完全不同的,也许是间隔 50MHz 或更多间隔频率上工作,从而避开了所有的干扰。跳频为用户提供了一种机制,使它们能通过虚拟的随机移动带宽来互相避让。例如,2.4GHz 的 ISM 频带总共有大约 80MHz 的带宽,可提供最多 79 个跳频通道,每个通道的带宽为 1MHz。另外,也可以根据用户需要进行跳序(如使用加密图谱)。正是由于精心选择了开放的标准技术,DCS 可以在列车周围或接入点天线旁同时有蓝牙设备及 wifi 系统运行的情况下正常运行而不丢失数据包。

2. 网络加密系统

系统采用的网络加密系统由 DCS 网络边缘的加密/解密装置及中央密钥管理,或者系统授权认证(CA)组成。网络加密是通过在每个 DCS 和它所支持设备的边界处安置一个加密器件实现的。加密器件可以通过采用独立的标准卡槽的计算机卡完成,也可以由用户采用标准 PC 和商业应用 IPSec 软件完成。

每个连接到 DCS 网络的 ATC 应用都有一个加密器件安置于 ATC 应用程序和 802.3 或 MR 端口接口之间。只有当数据有正确的鉴定信息时,才允许通信从一个边界节点传送到另一个。当数据从一个应用网络节点传送到 DCS,发送端 SD(进入 DCS)就把该鉴定数据放入每个包内,以便接收 SD(离开 DCS)检查。因而,所有通过 DCS 的加密通信都发生在一对 SD 中间,而这对 SD 就定义了一条通道。为了使应用节点可以通过 DCS 进行通信,必须对它们进行配置,以使它们把与之相关的 SD 作为它们的默认网关。

加密系统在计算机上运行,采用 OpenBSD 操作系统,而用的协议是 IPSec、IKE 和 PKI。认证授权(CA)工作站用于密钥管理。DCS 利用动态密钥交换。CA 工作站可以采用任何 PC 兼容工作站配置而成,并采用商用认证授权(CA)软件来管理鉴定所有装置的公共/私有密钥系统。该软件允许操作者明确地撤回已经生效的 SD 认证,并为新的或替换设备安装生成新的认证。有鉴于此,对上述设备的操作访问应该严格限制,并采取最高级别的实际保护防范措施。

为了实现冗余,中心设备室有至少两个 SD,并且列车每端的 MR 都与一个 SD 整合在一起。所有其他车站都有冗余的 SD 将各种装置连接到 DCS 网络。SD 把 DCS 网络有效地划分为包含所有 ATC 设备的若干信任网段,以及非信任网段(802.3/802.11 网络)。信任网段必须进行保护,以防未经授权的操作访问,至少应该保护所有的安全 ATC 设备。由于 SD 是成对配置的,因而非托管网段内的装置不能与托管网段内的装置进行对话,从而可以防止无线系统的入侵者模仿某个列车控制设备。每个 VOBC 安装一个车载安全器件,车载安全器件用来实现通信报文的过滤功能,保证报文的鉴定。

四、WRU 的内部结构

轨旁无线单元(WRU)是一种无线集线器,有时又可称作接入点(AP),提供接入到有线以太网,它与 IEEE802.11 无线局域网标准完全兼容。轨旁无线单元经特别布置,以便在线路上的任意一处列车上的车站适配器(SA)能够同时与至少两个 WRU 通信,确保无线网络单个 WRU 故障不会影响通信。

AP 是 CBTC 列车通信的基础,放置在线路上不受天气影响的防护箱盒内,以保护敏感电气和电子组件免受噪音和灰尘的影响。现场经常需要对 AP 进行检测与维护,下面分述其主要结构。轨旁 AP 实物及其结构如图 8.3 所示。

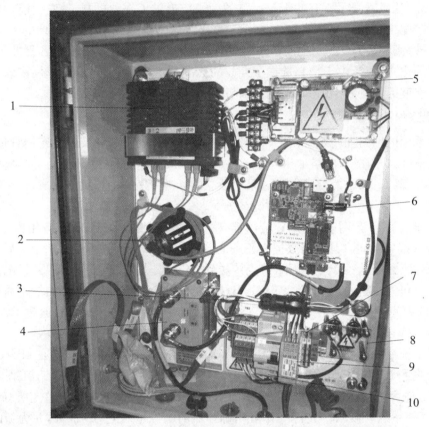

1. 工业以太网交换机;2. 光纤光缆管理架;3. 塑料圆形连接器;4. BDA 放大器;5. 电源装置(PSU);6. AP 无线;7. 热敏切断开关;8. 启动调节器和自动调温器;9. AC 线路浪涌保护装置;10. AC 线路断路开关

图 8.3 轨旁 AP 实物及其结构图

(1) 以太网交换机用于将接入点无线连接到网络交换机,同时允许传入光纤网络的菊花链配置进入邻接的接入点。以太网交换机是单一的装置,充满 10FL/T 模块,由两个 10/100 BASE-TX UTP(5 类线)插座和两个 100 BASE-FX 光纤插座组成。在需要两个以上 10/100Base-TX UTP 插座的车站位置,用附加的四个 10/100 Base-TX UTP 插座修改 AP 机柜。

(2) PCC 是从电源、PSU 或主电路板的交流输入端连接或断开电源的快速接头。

(3) BDA 放大器提供来自 AP 无线的信号输出,当天线距离 AP 装置过远时补偿天线的信号损失。BDA 放大器兼容直接序列和跳频扩频。此放大器提供了发送增益以及低噪音接收增益,以提高传输范围。它利用自动增益控制(AGC)来调节和传递全发送功率,与输入功率无关。

（4）AP无线是高性能无线局域网（WLAN）系统的一部分，运行的数据速率最大为3Mbps，并可自动降低至2Mbps和1Mbps。

（5）如果出现过热情况，热敏切断开关会中断主交流电源向AP机柜供电。当机柜温度超过85℃时，常闭触点切换为断开状态。

（6）AP机柜中的启动调节器是用于加热AP机柜内组件的硅胶机柜加热器，因此，当外部环境温度低于4℃时，这些组件开始运转，启动调节器额定功率介于50瓦和180瓦之间。

（7）AP机柜中的AC线路浪涌保护装置额定为240VAC输入电源。保护装置LED点亮时表明此指示灯完全起作用。

（8）AC线路电路断路器组合到单个设备残余电流保护和热敏电磁保护中；会在接地漏电、过载或短路的情况下跳闸。断路器用作AP机柜电源的开关，机组上需要任何服务时才操作此开关。

第二节　DCS系统安全性

DCS网络通信面临着与许多通信网络共同的安全威胁，并且由于DCS兼具有线及无线网络通信，而且DCS主要提供列车的无线网络移动接入以实现CBTC列控的功能，使其面临着比普通无线网络、有线网络更多、更严重的安全威胁，必须采用多种措施来保证信息传输的安全性。

一、系统安全概述

如表8.2所示，CBTC系统中采取了多种措施来保证系统的信息安全。

表8.2　安全性措施

安全策略	制定详细的安全策略，确定保护机制
保护网络环境	保护用户终端、服务器、操作系统等，建立身份认证和病毒防范体系，防止内外人员的违章操作和破坏
保护网络和通信基础设施	防止拒绝服务攻击，保护网络基础设施
定义封闭系统	不对大家都可以访问的默认SSID（即"any"）进行响应的系统，也不会向客户端广播SSID，避免攻击者的嗅探和侦听
过滤MAC地址	只有合法的MAC地址才能访问网络，其他用户不能访问
IEEE802.1x认证	没有正确密码的用户不能接入网络，该密码设置复杂
AES加密	安全的加密算法，目前还没有破解
CCMP密码协议	AES加密配合CCB模式，保证相同的明文得到不同的密文

续表

安全策略	制定详细的安全策略,确定保护机制
密钥管理	实现动态密钥,系统定期自动修改密钥,保证不被暴力破解
抗管理帧攻击	防止在管理帧上截获明文,并保证通信不中断

1. 安全策略

安全策略为整个DCS网络提供指导方针并且是建立安全系统防御的第一步骤,通过以下安全策略对资源给予合理的分类并加以保护。

(1)物理安全策略:确定各种设备防盗、物理访问、保护等方面的规定和措施,也包括避免对乘客的伤害和避免设备的损毁。

(2)访问控制策略:规定内网与外网(地铁公网、社会公网等)、内网各网段之间的访问规定和策略要求。

(3)安全检测策略:安全检测是强制落实安全策略的有力工具,通过不断地检测和监控网络和系统来发现新的威胁和弱点,通过循环反馈来及时做出有效的响应。安全检测的对象应该主要针对构成安全风险的两个部分:系统自身的脆弱性及外部威胁。可以用安全检测软件来实现安全检测,如"天网医生"等。

(4)审计与监控策略:安全审计是在网络中模拟社会活动的监察机构对网络系统的活动进行监视、记录并提出安全意见、建议的一种机制。用防火墙或者网络监控软件可以实现网络的安全审计与监控,如"百络网警网络监控软件"。

(5)网络反病毒策略:规定计算机病毒检测与防范的机制。通过防火墙和在计算机上安装杀毒软件来实现网络的反病毒,如"瑞星"、"赛门铁克"等。

2. 保护网络环境

(1)建立了用户终端、服务器和应用系统的保护机制,防止拒绝服务、数据未授权泄露和数据更改。

(2)保护操作系统:系统采用安全漏洞小的实时操作系统并且制定策略保护操作系统的安全,如"Vierworks"。

(3)保护数据库:规定数据库防止被入侵、修改及损坏的方法,对数据库设置密码,只有授权用户才可以访问。

(4)身份认证:识别用户的合法身份,只有通过身份认证的用户才能访问系统。建议系统采用IEEE802.1x认证。

(5)建立入侵检测体系:入侵检测技术是主动保护自己免受攻击的一种网络安全技术。DCS能够进行入侵检测以能够帮助系统应对网络攻击,提高信息安全基础结构的完整性。可以通过安装防火墙来进行入侵检测。

(6)建立病毒防范体系:DCS系统中有合理的计算机病毒防范体系和制度,以及时发现计算机病毒侵入,并采取有效的手段阻止计算机病毒的传播和破坏,恢复受影响的计算机系统和数据。可在计算机上安装杀毒软件进行病毒防范,如"瑞星"、"赛门铁克"等。

3. 保护网络和通信基础设施

保证基础设施所支持的关键任务,防止受到拒绝服务的攻击。拒绝服务攻击是指攻击者占用了主机或网络几乎所有的资源,使得合法用户无法获得这些资源。DCS系统能够防止来自有线网络和无线网络的拒绝服务攻击。可以通过防病毒软件和安装防火墙来防止来自有线网络的拒绝服务攻击;对于无线的大功率干扰类型的拒绝服务攻击,通过采用优化系统设计来减少或者克服。

防止受到保护的信息在发送过程中延时、误传或未发送。应用层协议中有重传机制,DCS 具有检纠错机制。

保护各种用户数据流:保证用户数据流的机密性、完整性和可用性,对于用户数据的传输,采用 128 位 AES 加密。

识别和定位非法 AP 和其他干扰源:DCS 无线设备采用双向认证机制,车载终端可以识别的定位非法 AP。

二、访问监控措施

1. 定义封闭系统

定义封闭系统是一种很好的安全措施。封闭系统是不对大家都可以访问的默认 SSID(即"any")进行响应的系统,也不会向客户端广播 SSID,即取消 SSID 自动播放功能。而当客户端在连接的范围内搜索 AP 的时候,它包含了符合自己配置的 SSID 的正确管理帧的出现。

在封闭系统中进行网络连接时 AP 不广播 SSID,相反,它向客户端询问该信息。如果客户端回答为"any",那么 AP 将不会响应。只有提供了合适的 SSID 和密钥,AP 才会连接客户端设备。如果 SSID 设置了一个很难猜测的名称,那么这个过程就变成了一个基本的访问控制方法,因为没有验证这个参数,就不会发生通信。这意味着客户端上的 SSID 必须同 AP 上的设置匹配。如果它们匹配,就意味着客户端已经通过了访问控制,因为设备设置是正确的。

封闭系统有助于把那些喜欢窥探自己网络或者发现你是否已经启动加密的人关在门外,它能够阻止诸如 Netstumbler 之类的无线嗅探,是一项很好的安全功能。

2. 过滤 MAC 地址

MAC 是媒体访问控制,它是 OSI 模型中数据链路层中最低的子层。MAC 子层的目的是为了在物理层和数据链路层的逻辑链路控制子层之间提供一个统一的接口。为了简化网络通信的传递,为 MAC 层分配了一个唯一的地址,即 MAC 地址。在网络产品制造期间就已经把这个地址编程到设备中了。操作系统将会为这个 MAC 地址关联一个 IP 地址,允许设备加入到 IP 网络中。因为 MAC 地址是唯一的,不存在两块具有相同 MAC 地址的网卡。

当客户端试图连接到网络时,首先向 AP 发送身份验证请求。这个请求包含目标网络的 SSID,如果连接到一个开放网络则可以是空值。AP 根据这个字符串同意或拒绝验证。成功验证之后,客户端设备试图连接 AP。就在这个时刻发生了 MAC 过滤。根据 AP 的管理设置,MAC 过滤只允许指定的 MAC 地址而拒绝其余的 MAC 地址,或者允许其余全部的 MAC 地址而拒绝指定的 MAC 地址。如果允许 MAC 地址,请求连接的客户端设备则允许连接到 AP 上。MAC 地址过滤如图 8.4 所示。

MAC 过滤位于 AP 中,会起到阻止非信任硬件访问的作用。在试图与 AP 连接之前,

MAC 过滤会识别出非信任 MAC，并阻止通信通过 AP 到达信任网络。

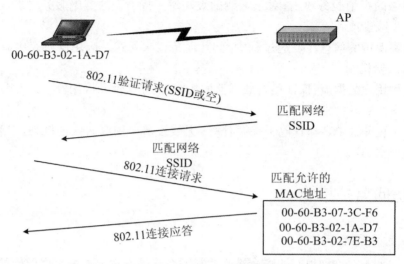

图 8.4 MAC 地址过滤

3. IEEE 802.1x 认证

IEEE 802.1x 称为基于端口的访问控制协议（Port based network access control protocol），是由 IEEE 在 2001 年 6 月提出的，符合 IEEE 802 协议集的局域网接入控制协议，主要目的是为了解决无线局域网用户的接入认证问题，能够在利用 IEEE 802 局域网优势的基础上提供一种连接到局域网用户的认证与授权手段，达到接受合法用户接入、保护网络安全的目的。

IEEE 802.1x 协议的体系结构包括三个重要的部分：客户端（Supplicant System）、认证系统（Authenticator System）和认证服务器（Authentication Server System）。IEEE 802.1x 认证体系如图 8.5 所示。客户端就是用户终端，该终端系统通常要安装一个客户端软件，用户通过启动这个客户端软件发起 IEEE802.1x 协议的认证过程。认证系统也称为认证者，就是轨旁的无线接入点。认证系统通常为支持 IEEE802.1x 协议的网络设备，在认证过程中只起到透传的功能，所有的认证工作在申请者和认证服务器上完成。认证服务器通常为 RADIUS（Remote Authentication Dial-in Service，远程接入用户认证服务）服务器，该服务器可以存储有关用户的信息。当用户通过认证后，认证服务器会把用户的相关信息传递给认证系统，由认证系统构建动态的访问控制列表，用户的后续流量就将接受上述参数的监管。

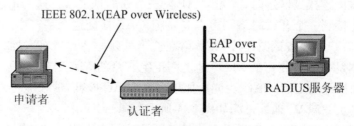

图 8.5 IEEE 802.1x 认证体系

认证系统和认证服务器之间的通信可以通过网络实体进行,也可以使用其他的通信通道,例如认证系统和认证服务器集成在一起。

三、加密措施

1. AES 加密

IEEE 802.11 标准中规定的加密算法为 WEP 算法,IEEE 802.11i 标准的 WPA 中规定了 TKIP 加密,但是 WEP 和 TKIP 中核心算法都是 RC4。RC4 是一种流加密算法,属于对称加密算法的一类,而 RC4 算法已经被破解。车—地无线通信加密算法为高级加密标准(AES),这是美国国家技术标准局(NIST)选定的加密算法,目前还没有被破解。

AES 加密中的 Rijndael 密码是一个迭代型分组密码,其分组长度和密码长度都是可变的,分组长度和密码长度可以独立的指定为 128 位、192 位或者 256 位。AES 加密算法的数据处理单位是字节,128 位的比特信息被分成 16 个字节,按顺序复制到一个 4×4 的矩阵中,称为状态(state),AES 的所有变换都是基于状态矩阵的变换。在轮函数的每一轮迭代中,包括四步变换,分别是字节代换运算(ByteSub)、行变换(ShiftRows)、列混合(MixColumns)以及轮密钥的添加变换(AddRoundKey),其作用就是通过重复简单的非线性变换、混合函数变换,将字节代换运算产生的非线性扩散,达到充分的混合,在每轮迭代中引入不同的密钥,从而实现加密的有效性。

2. CCMP 密码协议

分组加密算法本身只定义了将一个明文分组加密为密文的变换,然而实际中我们要加密的数据量远远大于一个分组,那么各个分组数据加密时相互关系如何,是否相互影响,能否防止加密数据在传输中被篡改等都是分组加密的模式所要解决的问题。简单地说,模式给出了不同应用要求、不同应用场合下如何正确使用分组算法的规范。在模式中我们常称加密算法为"基本分组密码"。

例如电子密码本(Electronic Code Book,ECB)模式是一种最简单、最明显的模式,它将明文数据按长度划分为一个个分组,各分组之间独立地直接使用基本分组密码,可见 ECB 模式实际上是没有使用模式。这种方法存在巨大的不足,在密钥不变的情况下,相同的明文块会加密成相同的密文块。对一段已知的明文来说,完全能够构建出一个密码本,其中包含所有的密文组合。如果我们知道一个 IP 数据包进行了加密处理,那么由于密文的头 20 个字节代表的是 IP 头,所以可利用一个密码本推断出真实的密钥是什么。另外该模式未提供消息认证功能,不能防止密文被恶意篡改。

由上可知,虽然 AES 本身是安全的,但若不能结合合理的模式仍将是不安全的。为此我们选择了 CCM(Counter-Mode/CBC-MAC)作为 AES 的配合模式,并在此基础上分别构建了 CCMP(Counter-Mode/ CBC-MAC Protocol)密码协议。它以 AES 为核心,配合 CCM 模式分别实现加密和认证功能。CCMP 密码协议如图 8.6 所示。

3. 密钥管理

密钥管理处理密钥自产生到最终销毁的整个过程中的有关问题,包括系统的初始化,密钥的产生、存储、备份/恢复、装入、分配、保护、更新、控制、丢失、吊销和销毁等内容。密

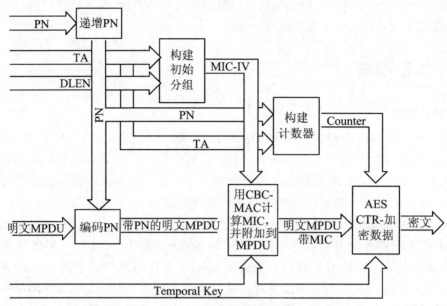

图 8.6　CCMP 密码协议

钥管理的目的是维持系统中各实体之间的密钥关系,以抗击各种可能的威胁,如私密钥的泄漏,私密钥和公开密钥确认性的丧失,私密钥或公开密钥未经授权使用等。在 CBTC 系统中,信息传输的密钥有三种:基本密钥、会话密钥和密钥加密密钥。

(1) 基本密钥(Base Key)或初始密钥(Primary Key)是由用户选定或系统分配,可在较长时间内由一对用户所专用的私密钥,故又称为用户密钥(User Key)。基本秘钥要求既安全又便于更换,和会话密钥一起去启动和控制某种算法所构造的密钥产生器来产生用于加密数据的密钥流。

(2) 会话密钥(Session Key)是两个通信终端用户在一次通话或交换数据时所使用的密钥。当它用作对传输的数据进行保护时称为数据加密密钥(Data Encrpting Key),当用于保护文件时称为文件密钥(File Key)。会话密钥的作用是使我们可以不必频繁地更换基本密钥,有利于密钥的安全和管理。这类密钥可以由用户双方预先约定,也可由系统的密钥建立协议动态地产生并赋予通信双方,它为通信双方使用,又称为私密密钥(Private Key)。

(3) 密钥加密密钥(Key Encrypting Key)用于对传送的会话或文件进行加密时采用的密钥,通信网每一个节点都分配一个这类密钥。

密钥协商是密钥管理系统中最主要的步骤,目的是确定站点和网络有相同的对等主密钥 PMK,并且是最新的,以保证可以获得最新的加密密钥 PTK;站点和网络则通过四步握手协商是否可以加载加密/整体性校验机制。四步握手密钥协商机制如图 8.7 所示。

在密钥协商后,通信双方将获得 PMK,然后根据此 PMK 以及其他参数,应用 PRF-384 函数导出 384 位的 PTK。取出 PTK 的前 128 比特作为计算和检验 EAPOL－KEY 报文的 MIC 的密钥(EAP－Key MIC Key),随后的 128 位作为加密 EAPOL－KEY 的密钥;最后的 128 位作为暂时加密密钥(Temporal Encryption Key),最后由暂时加密密钥根据 CBC－MAC 算法导出 AES 加密密钥。AES 的密钥层次如图 8.8 所示。

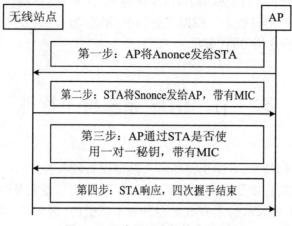

图 8.7　四步握手密钥协商机制

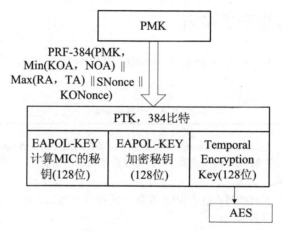

图 8.8　AES 的密钥层次

四、抗管理帧攻击

在目前 CBTC 系统主要采用的 IEEE 802.11 标准中，只规定了对数据帧进行加密以及对用户接入进行鉴权认证的过程。但是标准中规定的控制帧和管理帧都是明文传送的，这样控制帧和管理帧就完全暴露在攻击者面前。攻击者通过截获无线空中接口上传输的报文，获取管理帧中包含的 BSSID，就可以伪造无线局域网中的 AP 或用户，非法进入该系统并进行攻击。常规管理帧攻击种类有：

(1) Authentication Dos 攻击。不停地模拟不同的非法的 WGB 与轨旁 AP 进行认证，影响轨旁 AP 的正常工作，使合法的 WGB 与轨旁 AP 的通信出现中断。

(2) Deauthentication Dos 攻击。不停地模拟合法的 WGB 发送与 AP 的重新认证信息，使合法的 WGB 与轨旁 AP 已经建立的连接不停地连接、中断。

(3) EAPOL Logoff 攻击。在 EAP 身份验证的框架下，攻击方模仿合法的 WGB 给轨旁 AP 发送注销请求，影响合法的 WGB 与 AP 的连接。

(4) EAPOL Start packet flooding 攻击。在 EAP 身份验证的框架下，不停地模拟不同

非法的 WGB 与轨旁 AP 进行关联请求,占用轨旁 AP 的资源,影响轨旁 AP 的正常工作。

(5) Disassociation Dos 攻击。模拟合法的 WGB 与轨旁 AP 进行中断连接请求,使合法 WGB 与轨旁 AP 的连接中断、重联。

第三节　DCS 系统抗干扰性

无线通信具有空间特性,可能受到环境及其他设备的各种干扰,造成列车失去通信联系。在城市轨道交通的环境及运营条件下,DCS 子系统应具备完备的抗干扰方案,减少和避免外界的其他干扰,并采取行之有效的多种抗干扰措施,保证车—地无线通信的网络服务质量,提高 DCS 系统的可靠性和可用性。

一、干扰源与抗干扰措施

根据分析,城市轨道交通存在着若干干扰源,可能对信号系统的车—地无线通信造成干扰,如表 8.3 所示。

表 8.3　干扰源分析

同频干扰	2.4GHz PIS 系统干扰,Wi-Fi 设备的干扰,Bluetooth 设备的干扰,其他超声波以及机场雷达干扰,其他微波设备的干扰
多径干扰	无线信号在隧道内壁、车体及其他室内物体上进行反射时产生多径效应带来的干扰
谐波和杂波干扰	2100～2300MHz 第三代移动通信
电磁干扰	350MHz 公安无线通信,800MHz 政务无线通信,800MHz 专用无线通信,1755～2100MHz 第三代移动通信,800MHz/900MHz/1800MHz 民用无线移动通信,86～108MHz 调频立体声广播,790～798MHz 数字电视,牵引电流变化产生的干扰,钢轨回流谐波产生的干扰

通过对城市轨道交通环境条件下各种干扰源的分析,DCS 子系统可以采用多种抗干扰措施,有效地排除通信干扰。DCS 子系统在频率选择、信道选择和系统设计方面进行充分考虑,如表 8.4 所示,下面分别讨论。

表 8.4　抗干扰措施

无线链路预算	抗同频干扰、其他 WLAN 的干扰、Bluetooth 设备干扰、其他微波设备的干扰等
使用高增益定向天线	抗天线方向角外的同频干扰、其他 WLAN 的干扰、Bluetooth 设备干扰、其他微波设备的干扰等

续表

频率分集与双频冗余	抗同频干扰、其他 WLAN 的干扰、Bluetooth 设备干扰、其他微波设备的干扰等。两个频率同时受到干扰的可能性大大减少
空间分集	抗多径干扰
滤波装置设计	抗 LTE、3G、4G、公网引入、数字集群等的谐波干扰，抗 PIS 系统的谐波干扰
接入方式设计	抗用户终端的 wifi 干扰
自动功率控制	抗同频干扰、其他 WLAN 的干扰、Bluetooth 设备干扰、其他微波设备的干扰等
自动重传协议	抗同频干扰、其他 WLAN 的干扰、Bluetooth 设备干扰、其他微波设备的干扰，抗谐波干扰、电磁干扰
低传输占空比	降低数据受到干扰影响的几率
电磁兼容设计	抗牵引电流、钢轨回流等电磁干扰
隐藏广播消息	抗乘客的 wifi 设备干扰
空间分割与屏蔽	抗 PIS 系统和其他 WLAN 设备的干扰
窄带通信技术	抗同频干扰、其他 WLAN 的干扰、Bluetooth 设备干扰、其他微波设备的干扰和电磁干扰等。抗干扰能力提高了 12dB

二、场强控制措施

1. 无线链路预算

在系统设计中，根据系统设备的计算与测试，2.4GHz 频段无线传输 300m 的接收信号功率为 -45.5dBm，而设备的最小接收灵敏度为 -98dBm。因此在通信链路设计中，接收信号强度为接收机正常工作预留足够了多达 50dB 以上的余量，保证周围电磁环境变化不影响无线系统的使用。只要接收干扰信号的强度不大于 -52.5dBm 就能够满足信噪比的要求，在其他抗干扰措施，如屏蔽、定向天线的配合下，车厢内乘客的便携式 wifi 等干扰不会影响到通信性能。

2. 高增益定向天线

车载使用高增益定向天线保证信号的可靠接收。定向天线可以有效控制无线信号的发送和接收区域，减少对周围无线环境的干扰，并且定向天线不能接收天线方向角以外的无线干扰信号，从而减少无线干扰。车载天线方向性如图 8.9 所示。

3. 自动功率控制

DCS 系统的地面无线设备可以检测背景噪声和干扰的大小，并根据线路背景噪声和干扰的大小来调整 AP 的发射功率，以补偿损耗和因为干扰造成的噪声增加。AP 的功率调整范围从 1mW 到 200mW。

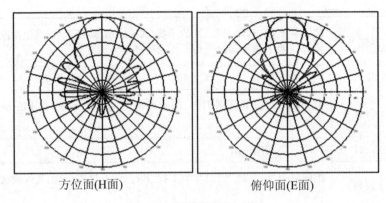

图 8.9 车载天线方向性图

三、传输检测与纠错措施

1. 自动重传协议

在无线设备的媒体接入控制层增加自动的反馈重传协议,接收端检测收到的数据包是否有误码,如果有则通知发送端重新发送。数据发送端在发送数据包后要等待来自接收端的确认数据包(ACK),如果因为干扰或其他原因发生丢包,指定时间内未收到 ACK 或者重新发送请求,则发送端将重新发送相同的数据包。自动重传协议如图 8.10 所示。

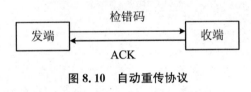

图 8.10 自动重传协议

2. 低传输占空比

无线数据的收发空中速率为 6Mbps,发送的数据包小于 200 字节。每列车控制信息的速率占用传输的占空比不到 1‰,使在传输时受干扰影响的几率很小。即使受到干扰,重传机制也有足够的时间重新发送数据包。

3. 接入方式设计

在无线设备接入中,站点首先向 AP 发送一个含有发送站点身份的认证管理帧;然后,AP 发回一个提醒它是否识别认证站点身份的帧进行响应。

当前城市轨道交通乘客会携带便携式 wifi 设备,例如手机很多都具有 wifi 功能。这些设备会搜索无线信号,搜索到以后发送认证管理帧尝试建立连接。虽然 CBTC 系统的安全性措施使它不能接入,但是这会影响 DCS 系统的效率。为此,在地面无线设备只允许网桥模式接入,通过配置使它对其他普通终端的接入请求不予响应,以避免效率降低。

4. 隐藏广播消息

在 IEEE 802.11 标准中,默认每 100ms 以最大功率发送广播消息,终端根据广播消息进行接入和越区切换。然而轨道交通乘客的便携式 wifi 设备也可以根据广播消息搜索到 AP,搜索到 AP 以后乘客可能会进行有意或无意的连接,这会带来干扰并降低效率。因此,轨旁所有设备都隐藏广播消息,使乘客不能搜索到 AP 的存在。

四、传输冗余与滤波措施

1. 频率分集与双频冗余

频率分集是指使用多个不同的频率来传输数据,以减少所有使用中的信号路径以同样的方式失真的可能性。使用双频覆盖设计实现频率分集,任何时候对信号系统中的每一辆列车来说,都可以同时接收两个不同频率的信号,这样两个频率同时受到干扰的可能性大大减少。

2. 空间分集

在接收端安装几个不同的天线,利用电磁波到达各个天线的行程不同来减少或消除衰落的影响,这种方法称为空间分集。因此,在每一个车载无线单元均配置双天线,通过设置使这两副天线工作在分集模式下,这两副天线既可以实现空间分集来有效抵抗多径干扰,也可以冗余备份提高可靠性。空间分集原理如图 8.11 所示。

3. 空间分割与屏蔽

车载八木天线用金属屏蔽天线方向性角以外的信号,可以降低干扰信号的影响。根据测试结果分析,采用金属屏蔽以后可以降低无线干扰 5dB 左右。如果 PIS 系统也工作在 2.4GHz 的 ISM 频段,车载 PIS 天线应该和 CBTC 系统天线有一定的间隔和屏蔽,这样可以通过空间分割减少 PIS 系统的谐波干扰。

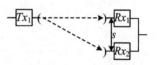

图 8.11 空间分集原理

4. 滤波装置

在 IEEE 802.11 标准无线局域网中,每个信道的带宽为 22MHz,但是相邻信道的间隔为 5MHz,因此共有三个无干扰信道 1、6 和 11。图 8.12 是 IEEE 802.11 标准规定的频谱图,从图中可以看出,这三个信道虽然主波无干扰二次谐波还是会形成干扰。所以,在轨旁和车载无线设备前端加装滤波装置,就可以滤除这种二次谐波造成的干扰和其他的杂波干扰。

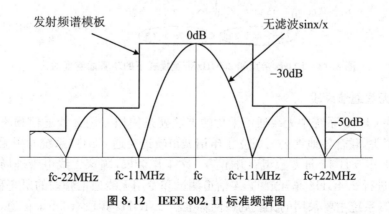

图 8.12 IEEE 802.11 标准频谱图

五、通信频带措施

1. 窄带通信技术

IEEE 802.11 标准的直接序列扩频无线局域网中每个信道的带宽为 22MHz，IEEE 802.11g 标准每个信道的带宽为 20MHz，在 2.4GHz 频段只有 3 个无干扰信道。

采用和 IEEE 802.11g 标准相同的 OFDM 技术，但是带宽只有 5MHz，独立的信道数目变多了，所有的信道都互不干扰。更为重要的是，在同样发射功率的情况下，5MHz 模式下设备的功率谱密度提高了 6dB；同时接收干扰信号的幅度降低了 6dB，如 20MHz 带宽的底噪为 -100dBm，而 5MHz 带宽只有 -106dBm。两者相加抗干扰能力提高了 12dB。5MHz 带宽和 20MHz 带宽模式下的功率谱密度对比如图 8.13 所示。

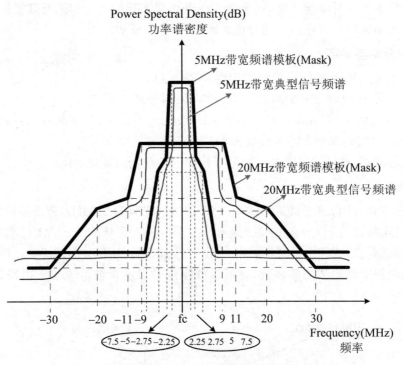

图 8.13　5MHz 带宽和 20MHz 带宽模式下的功率谱密度对比

2. 专用无线通信频段

彻底解决 CBTC 系统中无线通信干扰的方法就是使用专用无线通信频段。目前由中国交通协会牵头，联合各地铁公司成立了申请城市轨道交通 CBTC 系统专用无线通信频段专家组。2013 年 5 月 15 日专家组召开了第一次工作会议，国家无线电管理局也参加了本次会议，明确进行 2.4GHz 非开放的 14 信道测试和专用无线通信频段的研究和测试。

当前 DCS 系统主要采用的无线局域网标准在 2.4GHz 频段有 14 个信道，但是中国只开放了 13 个信道，且目前设备主要采用 1 到 11 信道。14 信道超出了 2.4835GHz 的开放频段范围，可能和北斗导航产生干扰，因此国家无线电管理局已经明确 IEEE 802.11 标准的 22MHz 和 IEEE 802.11g 标准的 20MHz 带宽设备不能工作在 14 信道。但是因为和北斗导航没有干扰或干扰很小，5MHz 的窄带通信设备可以考虑工作在 14 信道。如果用窄带通信设备，两个频点分别为 13 和 14，这样 13 信道干扰少，14 信道没有干扰，就可以解决目前的无线干扰问题。WLAN 信道分布如图 8.14 所示。

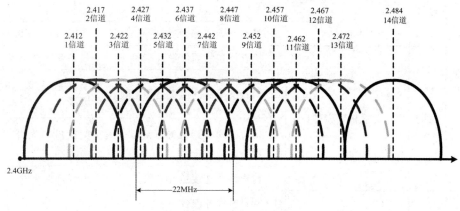

图 8.14　WLAN 信道分布

六、电磁兼容设计

在多设备互连的环境中，一台可靠运行的设备应该具备"不被其余设备影响正常工作，不影响其余设备正常工作"的能力，即不为外界电磁空间所骚扰（抗骚扰度），不辐射/传导过大信号干扰临近设备（辐射/传导骚扰）。同时要对静电释放、电网谐波、电网浪涌、雷击感应等异常电磁现象有抵抗力。

电磁兼容性包括两方面：EMI（电磁干扰）和 EMS（电磁耐受）。其中 EMI 包括 CE（传导干扰）、RE（辐射干扰）、PT（干扰功率测试）等。EMS 包括 ESD（静电放电）、RS（辐射耐受）、EFT/B（快速脉冲耐受）、surge（雷击）、CS（传导耐受）等。DCS 无线设备的集成设计采用屏蔽箱、金属屏蔽罩等电磁兼容措施，以达到和满足城市轨道交通相关 EMC 标准要求，并有效抵抗电磁干扰。

第四节　DCS 设备日常维护

1. 交换机维护

交换机维护如表 8.5 所示。

表 8.5 交换机维护

修程	周期	维护内容	维护方法	维护标准
日常保养	每日	1. 设备运行状态检查	1. 检查设备各运行指示灯是否正常	设备运行指示灯正常
		2. 外观检查	2. 外表有无损坏、安装是否牢固	牢固可靠、无破损
	每周	交换机紧固件	1. 检查设备紧固件是否牢固	设备紧固件牢固
			2. 检查交换机的接头是否紧固	交换机光缆、电缆紧固
			3. 检查交换机架内光纤终端盒是否牢固	交换机内光纤终端盒牢固
			4. 检查地线连接是否牢固	地线连接牢固
二级保养	每季	检查交换机线缆	1. 同日常保养内容	
			2. 检查机柜标牌是否完整	机柜标牌完整
			3. 检查机柜线缆是否完好无破损	机柜线缆完好无破损
			4. 检查交换机机柜内尾纤是否完好无破损	交换机机柜内尾纤完好无破损
			5. 线缆标识是否完整	线缆标识完整
			6. 尾纤插头是否有紧固	插头紧固
小修	每年	交换机线缆整治	1. 同二级保养内容	
			2. 检查线缆是否老化	线缆无老化现象
			3. 更换线缆(需要时)	线缆完好
			4. 检查地线固定螺丝是否牢固,必要时重新紧固,检查螺丝是否生锈	各地线螺丝固定,无生锈
			5. 清除地线连接头的污渍和锈渍	地线连接头无污渍和锈渍
中修	五年	根据实际情况更换相应硬件		
大修	十五年	更换系统		性能不得低于原设备标准

2. 无线控制器维护

无线控制器维护如表 8.6 所示。

表 8.6 无线控制器维护

修程	周期	维护内容	维护方法	维护标准
日常保养	每日	1. 设备运行状态检查	1. 检查设备各运行指示灯是否正常	设备运行指示灯正常
		2. 外观检查	2. 外表有无损坏、安装是否牢固	牢固可靠、无破损
	每季	紧固件	1. 检查设备紧固件是否牢固	设备紧固件牢固
			2. 检查接头是否紧固	光缆、电缆紧固
			3. 检查机柜内尾纤是否牢固	机柜内尾纤固定牢固
			4. 检查地线连接是否牢固	地线连接牢固
小修	每年	线缆整治	1. 同二级保养内容	
			2. 检查线缆是否老化	线缆无老化现象
			3. 更换线缆(需要时)	线缆完好
			4. 检查地线固定螺丝是否牢固,必要时重新紧固,检查螺丝是否生锈	各地线螺丝固定,无生锈
			5. 清除地线连接头的污渍和锈渍	地线连接头无污渍和锈渍
中修	五年	根据实际情况更换相应硬件		
大修	十五年	更换系统		性能不得低于原设备标准

3. 无线 AP 维护

无线 AP 维护如表 8.7 所示。

表 8.7 无线 AP 维护

修程	周期	维护内容	维护方法	维护标准
日常保养	每日	AP 工作状态检查	在网管上对 AP 的工作状态进行检查	可 ping 通每个 AP
二级保养	每年	1. 清洁和 AP 箱的卫生	1. 检查 AP 箱上是否堆积有泥土或其他凝结物,如有,把它清除掉	AP 箱表面洁净
			2. 用软毛刷子和白毛巾清除所有天线线缆接口的凝结物或灰尘	天线线缆接口洁净

续表

修程	周期	维护内容	维护方法	维护标准
二级保养	每年	2. 检查天线、AP 箱是否紧固	1. 查天线、AP 箱紧固情况,确定所有固定架都紧固,如有松动的,重新紧固	天线、AP 箱固定架紧固,无松动
			2. AP 箱是否密封完好	AP 箱密封完好
		3. 尾纤插头及光纤盒是否紧固	检查尾纤插头是否紧固	尾纤插头紧固
		4. AP 箱线缆及防雷端子整治	1. 检查天线连接头和电缆、光缆的接头是否有损坏和松脱,线缆是否老化现象,把损坏部分进行修理或更换	连接头无损坏及松脱,线缆无老化
			2. 检查地线固定螺丝是否牢固,必要时重新紧固,检查螺丝是否生锈	各地线螺丝固定,无生锈
			3. 检查防雷单元	防雷端子完好
		5. 技术检查及测量	1. AP 箱 220V 电源输出的电压	输出的电压在设计范围内
			2. AP 箱内 AP 工作状态指示灯是否正常	参考无线技术资料
中修	五年	根据实际情况更换相应硬件		
大修	十五年	更换系统		性能不得低于原设备标准

4. 车载 MR 维护

车载 MR 维护如表 8.8 所示

表 8.8 车载 MR 维护

修程	周期	检修工作内容	检修步骤	检修标准
日常保养	每日	安装装置检查,检查设备外表设备清洁	检查设备外表情况及清洁状况	设备固定良好,没有破损、脱漆、标识清晰正确
		工作状态检查	工作状态指示灯检查	显示正常
二级保养	每季	安装装置检查,检查设备外表设备清洁外观检查	手动检查安装装置的牢固情况,检查设备外表情况及清洁状况	设备固定良好,没有破损、脱漆、标识清晰正确
		同轴电缆线连接及固定状态检查	手动检查同轴电缆线的连接及固定情况	设备固定良好
		MR 连接器检查	电源 ITT 接头,Harting 接口检查	设备固定良好

5. 网管维护

网管维护如表 8.9 所示。

表 8.9 网管维护

设备	修程	检修工作内容	周期
网管服务器	日常保养	1. 设备各指示灯状态 2. 进程运行情况 3. 网络连通情况	每日
	二级保养	1. 设备表面清洁 2. 检查主机外设插接件紧固部件螺丝 3. 检查键盘及鼠标功能 4. 检查散热风扇是否正常 5. 电源及线缆检查 6. 检查主机	每季度
	小修	1. 设备部件紧固 2. 系统数据、用户密码备份、更新 3. 功能检查 4. 硬盘备份	每年

第五节　DCS 系统性能维护

DCS 一线维护设备(DCS FLMD)的构成：AP 箱/无线，移动无线，赫斯曼交换机，HP ProCurve 交换机，媒体转换器及安全器件。下面具体介绍 DCS FLMD 的维护流程，包括在 FLMD 上进行故障排查，维修/更换和确认 DCS 设备故障的所有工具。

一、AP 和 MR 无线维护

1. 使用 Hyperterminal 和 tftp 配置接入点和移动无线

在开始配置之前，需要以下信息：
(1) AP/MR 配置信息：IP 地址、子网掩码、跳频设置(仅限 AP)、跳频顺序(仅限 AP)；
(2) DCS FLMD 笔记本、CAT-5 线缆、串行编程线缆。

配置 AP 和 MR 无线时需进行以下步骤：
(1) 使用 Alvarion 串行编程线连接 AP/MP 与笔记本电脑的 COM 端口。
(2) 在电脑上运行 HyperTerminal，在文档键→特性下，设置以下通信参数：

Baud Rate：9600　　　　Data Bits：8
Stop Bits：1　　　　　　Parity：None
Flow ControlNone

（3）敲击 Call 键，通过监视器线连接 MR/AP。HyperTerminal 将显示主要菜单如下：

BreezeNET PRO. 11 Series (SA-10)

Version：5.1.38a   Hw：A

Sun Feb 29 19:12:09 2004

BreezeNET Monitor

==================

1 — System Configuration

2 — Advanced Settings

3 — Site Survey

4 — Access Control

5 — Code Activate Control

Select option >

（4）为了让 AP/MP 得到登录权限改变 IP 地址、子网和 WEP 关键信息，登录权需要改成 Installer,然后在 HyperTerminal 中敲 4,1,1,并输入密码更改登录权。

（5）根据 AP 和 MR 配置文档，更改 IP 地址、子网掩码、跳频设置（仅限 AP）和跳频顺序（仅限 AP）。

（6）设置配置好后，需要重置无线更新更改，然后在重置单元子菜单中确认重置。

（7）连接 DCS FLMD 电脑和 AP/MR 无线的以太网网络。

（8）通过设置 DCS FLMD 电脑到适当的 IP 地址和 AP/MR 子网，验证 AP/MR 无线配置的 IP 地址。

（9）用步骤 7 中的 HyperTerminal 命令重设无线设置。

（10）通过使用 BreezeCONFIG 进入参数，验证新的参数设定，并通过使用 DCS FLMD MR 无线进行检测 AP 无线参数流程。

2. 通过 BreezeCONFIG 验证无线参数

通过 DCS FLMD 笔记本上的 BreezeCONFIG 可控制网络上的所有 AP/MR 无线：

（1）调用 BreezeCONFIG PRO. 11。

（2）从显示的菜单中选择 BreezeCONFIG PRO. 11。配置应用窗口如图 8.15 所示。

（3）键入 AP/MR 无线设置参数表文档中列出的恰当域名。

（4）敲击本地子网键 ，并敲击本地网络自动发觉键 ，此程序将在本地网络搜索 Alvarion 无线。

（5）可标识 AP/MR 进行验证。

（6）按关键图标更改登录权，选择 Installer,并输入密码。

（7）按 tab 键验证参数。

3. 通过 DCS FLMD MR 无线检查 AP 无线参数

DCS FLMD MR 无线用于检查 AP 无线，确保单元能正确执行基本功能。请注意尽管 MR 无线能连接并通信，但并不意味着所有 AP 参数都设置正确，还需进行详细参数验证。在检查之前需具备以下条件：DCS FLMD MR 无线；DCS FLMD MR 无线、AP 无线的配置文档；螺旋状同轴电缆(SMA to N)；贴片天线；CAT-5 线缆；笔记本电脑。

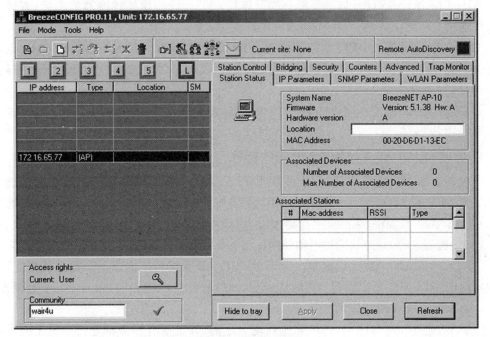

图 8.15　配置应用窗口

（1）DCS FLMD MR 无线配置。DCS FLMD MR 无线将被预先配置好，遵循每个项目 MR 的无线参数，从而与 AP 无线建立连接。

除了 IP 地址外，在单元送到现场之前以上所有其他的参数需遵循 MR 无线配置发布的标准参数进行配置。以上参数通过超级终端进行配置。

（2）通过 DCS FLMD MR 无线验证 AP。为了得到合适的配置参数，在验证 DCS FLMD MR 无线后，连接 SMA to N 网线到无线端口，另一端连接贴片天线。同时，连接 MR 无线的以太网端口到 FLMD 电脑上。

把天线瞄准与轨道列车天线的相同方向，指向 AP 无线时需进行确认。确认 DCS FLMD MR 天线通过如下方式与 AP 相连：

（1）调用 BreezeCONFIG 应用。

（2）为 DCS FLMD MR 无线选择 IP 地址。

（3）转到车站状态键。

（4）状态应显示为"连接"并且 MAC 地址应为 AP 无线地址。可通过连接 DCS FLMD BreezeCONFIG 应用到 AP 无线参数进行检验。

（5）如果连接到错误 AP 地址，重设 MR 并重新指向天线，确保直接指向 AP，并测试通过。

（6）如果 DCS FLMD MR 无线仍然不能与正确的 AP 连接，在重新进行步骤 5 之前检查 AP 参数和 MR 参数。在验证适当 AP 并连接后，在 FLMD 电脑上进行以下连续 ping 设置来验证 AP 无线的连接：

① 到 AP 的 IP 地址(ping － t {ap_ip_address})；

② 到最近交换机的 IP 地址(ping － t {switch_ip_address})。

如果两个 ping 有一致的回应,AP 无线的基本参数的设置和连接就完成了。如果只有 ping AP 的 IP 地址时有回包,就要检查如下连接:AP 无线到媒体转换器的连接;媒体转换器操作连接。

如果没有 ping 通过,就应作如下检查:FLMD MR 参数;AP 无线参数;FLMD 电脑的 IP 地址,确保属于 AP 和 MR 无线的相同子网;MR 和 AP 无线的 IP 地址/子网掩码,和 ping 命令行;重设两个无线单元。

如果连续的 ping 需耗时 5 分钟,丢失的信息包少于 5%,平均延时少于 20ms,这个测试就算成功。

4. 通过 FLMD AP 无线检查 MR 无线参数

当对车上的 MR 无线配置后,能使用 DCS FLMD AP 无线来检测它的基本功能。请注意尽管 DCS FLMD AP 无线允许与 MR 无线相连,但并不是说所有 MR 参数都恰当设置,需进行详细参数验证,在检查之前需要准备:DCS FLMD AP 无线;DCS FLMD AP 无线、MR 无线的配置文档;螺旋状同轴电缆(SMA to N);贴片天线;CAT-5 电缆;笔记本电脑。

(1) DCS FLMD AP 无线配置。DCS FLMD AP 无线将根据以下参数进行预先配置,允许与任何中国 MR 无线连接:IP 地址;Subnet Mask 子网掩码;Hopping Set 跳频设置;Hopping Sequence-1 跳频序列—1。

除了 IP 地址和跳频序列,在单元送到现场之前,以上所有参数都通过 AP 无线发布的标准参数进行配置,以上参数通过超级终端进行配置。

(2) 通过 DCS FLMD AP 无线验证 MR。DCS FLMD AP 无线验证并得到适当的配置参数后,连接 SMA to N 线缆到无线端口,另一端连接贴片天线,并且连接 AP 无线以太网端口到 FLMD 电脑。

把天线瞄准与轨道 AP 的相同方向,指向 MR 无线时需进行确认。确保 DCS FLMD AP 天线比安装在轨旁最近的 AP 还要近,保证 MR 将于 DCS FLMD AP 无线相连。确认 MR 天线与 DCS FLMD AP 无线根据以下情况相连:

(1) 调用 BreezeCONFIG 应用。

(2) 为 DCS FLMD AP 无线选择 IP 地址。

(3) 转到车站状态键。

(4) 状态应显示 MR 无线的相关 MAC 地址。

(5) 如果 MR 无线不相连,重设 DCS FLMD AP 并重新确定天线方向,保证方向正确直接瞄向 MR,并通过验证。

(6) 如果 MR 无线仍然不能与正确的 DCS FLMD AP 连接,在重新进行步骤 5 之前检查 AP 参数和 MR 参数。

MR 验证并连接后,在 FLMD 电脑上进行以下连续 ping 设置来验证 AP 无线的连接:到 MR 的 IP 地址(ping - t{mr_ip_address})。

如果 ping 的结果一致,那么 MR 无线的基本参数设置和连接都没有问题。如果没有 ping 通过,就作如下检查:MR 参数;AP 无线参数;FLMD 电脑的 IP 地址,确保属于相同子网;MR 和 AP 无线的 IP 地址/子网模板(和 ping 线路);重设两个无线单元。

如果连续的 ping 需耗时 5 分钟,丢失的信息包少于 5%,平均时延少于 20ms,这个测试就算成功。

二、赫斯曼交换机维护

可通过两种不同的方法进行赫斯曼交换机的维护：一种是通过一个 V.24 接口的串行接口，或 http 接口的以太网。通过 V.24 接口对初始 IP 地址配置后，可通过 http 接口完成详细的配置。

注意，在进行详细配置之前，赫斯曼交换机的 DIP 开关必须适当配置。详细的 DIP 开关设置可参考硬件设计图纸。对赫斯曼交换机配置之前，需具备以下条件：DCS FLMD 笔记本；赫斯曼 RJ-11 串行线；CAT-5 电缆；赫斯曼交换机配置文档；显示显示 DIP 开关设置和交换机模块连通性的网络图纸；有 IP 地址的主机表。

1. 通过 V.24 串行接口进行赫斯曼 MS20 交换机的 IP 地址配置

被 V.24 接口配置的唯一参数是 IP 地址。以下步骤为写入新交换机的 IP 地址。

（1）根据以下转换参数连接 VT100 终端到 RJ11 插座——速度：9600 波特；数据：8 字节；奇偶性：无；停止字节：1 字节；握手：关。

（2）按下按键后开始用户接口。

（3）输入密码（递交状态：private）。

（4）点击向系统参数，按回车键。

（5）根据交换机主机文档表格的定义输入 IP 地址。

（6）指向应用，按回车键。

（7）点击主菜单，按回车键。

（8）点击系统重设，重新设置单元。

2. 通过以太网接口安装赫斯曼 MS20 交换机更新软件

（1）在交换机子网里更改 DCS FLMD 笔记本 IP 地址。Ex：172.19.129.99。

（2）断开并连接网络连接。

（3）连接 DCS FLMD 到交换机模块。

（4）开启网页浏览器。

（5）确保在浏览器里激活 JavaScript applet 程序（Sun Java 2 v.1.3.1 或更高）。JavaScript 应用程序在赫斯曼软件包里。

（6）建立连接，进入 MICE IP 地址，可通过网页浏览器中地址输入栏的基于网络的网络管理进行控制管理。根据以下格式输入地址：http://xxx.xxx.xxx.xxx。屏幕上将显示如图 8.16 所示的内容。

（7）选择需要的语言。

（8）在阅读了许可说明后密码"public"显示在在密码栏里。如果希望用书写的许可进入 MICE，标注密码栏里的内容，并用密码"private"重新书写（移交说明）。

（9）按 OK 键，就进入赫斯曼 http 接口的主菜单。

（10）按左边菜单树的软件键。

（11）按"http Update"键，MICE 将打开第二个浏览器窗口，如图 8.17 所示。

（12）选择更新软件，并按"update"转换软件为 MICE。

（13）以下任意一个信息都表示更新完成——更新完成；更新失败，原因：不正确文件；

更新失败,原因:文件损坏;更新失败,原因:flash 错误。

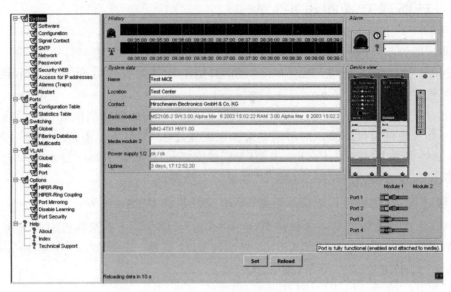

图 8.16　连接时的显示

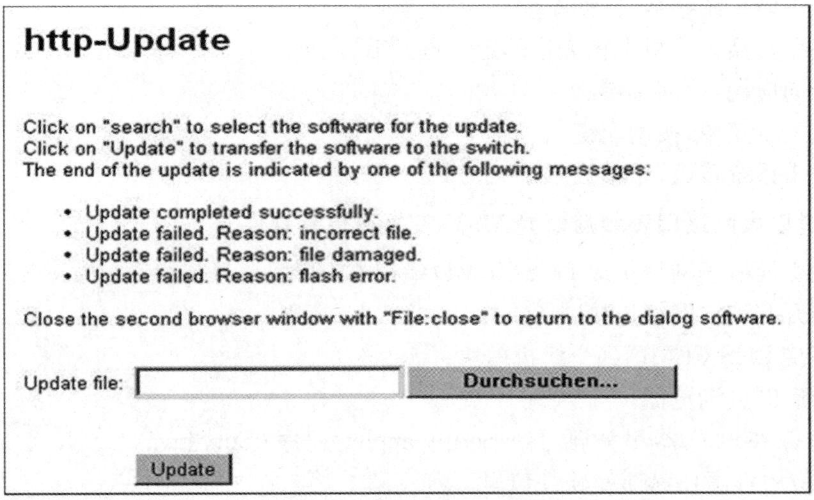

```
http-Update

Click on "search" to select the software for the update.
Click on "Update" to transfer the software to the switch.
The end of the update is indicated by one of the following messages:

   · Update completed successfully.
   · Update failed. Reason: incorrect file.
   · Update failed. Reason: file damaged.
   · Update failed. Reason: flash error.

Close the second browser window with "File:close" to return to the dialog software.

Update file: [          ]   Durchsuchen...

[Update]
```

图 8.17　第二个浏览器窗口

（14）用"File:close"关闭浏览器窗口,重新回到软件对话窗口。

（15）重启开关,关闭网页浏览器。

（16）重复步骤 1～6,进入交换机 http 接口并确认通过空格键配置参数。

3. 通过串行接口加载赫斯曼 MS20 交换机配置文档

（1）在 DCS FLMD 中启用 3CdDeamon。

（2）通过串行接口连接 DCS FLMD 电脑到赫斯曼交换机。

（3）输入密码登录电脑。

（4）指向配置并按回车。

（5）指向加载配置并按空格键,直到选择为"Remote ConfigFile"。

(6) 指向 ConfigFile 的 URL,进入"tftp://xxx.xxx.xxx.xxx/config.dat",xxx.xxx.xxx.xxx 是 DCS FLMD 的 IP 地址,config.dat 是 tftp 服务器上的交换机配置文件。

(7) 指向加载应用,并按回车键。

(8) 等到加载状态显示 OK,回到主菜单并重设交换机。

(9) 确认根据网页接口进行配置。

三、交换机维护

进入 FLMD 的交换机之前,需具备如下条件:操作系统和 DCS FLMD 笔记本上的配置文件;连接 HP Procurve2500 串行交换机的串行线;DCS FLMD 笔记本电脑;显示交换机模块连接的网络图标;显示 IP 地址的主表。

以下对交换机的操作,均需要与交换机建立通讯,都需要如下两个步骤:

(1) 通过 PC 操作系统的作为终端的控制台 RS-232 端口连接交换机;

(2) 为了连接控制台到交换机,配置 PC 终端仿真仪为 DEC VT-100(ANSI)终端,或使用 VT-100 终端,并配置任意一个进行如下设置:从 1200 到 115200 的任意波特值(交换机感知速度);8 个字节,1 个停止字节,无奇偶性,设置流控制为无。

1. 通过 CLI 从 DCS FLMD 电脑下载 OS 到交换机

(1) 对于 Hilgrave 超级终端程序,为"Function,arrow,and ctrl keys act as"参数选择"Terminal keys";

(2) 输入交换机密码,按回车键(或按不输入密码直接按回车键);

(3) 输入"enable"进入管理模式;输入密码并按回车键;

(4) 输入"Config"进入配置模式;输入密码并按回车键;

Syntax: copy xmodem flash <unix | pc>。

例如:从 PC 上下载一个 OS 文件,文件名为 F_01_03.swi。

(5) 执行以下 CL1 中的命令:

  HP2512(config)# copy xmodem flash pc

  Device will be rebooted,do you want to continue [y/n]? y

  Press 'Enter' and start XMODEM on your host…

(6) 执行终端仿真仪命令,通过转换菜单的超级终端发送文件选项开始 Xmodem 转换。下载需要几分钟,取决于转换过程中使用的波特率。

(7) 当下载完成后,交换机自动重启并开始运行新的 OS 版本。

输入 HP2512> show system 确认操作系统正确下载。

(8) 检查 Firmware rev 验证防火墙配置正确。输入"logout"并终止连接。

2. 从交换机上拷贝配置文档到 DCS FLMD 电脑上

为了使用这种方法,交换机必须通过串行端口连接到想复制配置文件的 PC 或 Unix 工作站;须选择一个文件名,并得知储存配置文件地方的服务器和位置。

(1) 对于 Hilgrave 超级终端程序,为"Function,arrow,and ctrl keys act as"参数选择"Terminal keys";

(2) 输入交换机密码,按回车键(或按不输入密码直接按回车键)。
(3) 输入"enable"进入管理模式;输入密码并按回车键;
(4) 输入"Config"进入配置模式;输入密码并按回车键;
Syntax: copy startup-config xmodem <pc | unix>
例如:拷贝一个配置文件到串行连接到交换机上的PC。
(5) 执行以下命令:
HP2512# copy startup-confing xmodem pc
Press'Enter' and start XMODEM on your host...
(6) 看到以上提示后,按回车键。
(7) 执行终端仿真仪命令,通过转换菜单的高端终端发送文件选项开始Xmodem转换。输入"logout"并终止连接。

3. 从 DCS FLMD 电脑上拷贝配置文档到交换机上

如想使用此方法,必须将交换机通过串行端口连接到PC机或你想拷贝的配置文档的Unix工作站上。为了完成拷贝操作,需要知道拷贝文档的名称及文档的驱动及目录位置。

(1) 对于Hilgrave Hyper终端程序,选择"Terminal keys"选项,然后选择"功能、箭头、ctrl加关键行为"参数。
(2) 输入交换机密码,然后按输入键(无密码时直接按输入)。
(3) 输入"enable"进入管理模式;输入密码并点击进入。
(4) 输入"Config"进入配置模式;输入密码并点击进入:
Syntax: copy xmodem startup-config <pc | unix>
Syntax: copy xmodem startup-config <pc | unix>
例如,从与交换机连接的PC机复制配置文档。
(5) 执行下列命令:
HP2512# copy xmodem startup-coning pc
Device will be rebooted, do you want to continue [y/n]? y
Press 'Enter' and start XMODEM on your host...
(6) 看到以上提示后,点击 Enter 键。
(7) 执行站台终端仿真仪命令来启动 Xmodem 文档转移,通过 Hyper 终端发送文档选择转换菜单。
(8) 文档转移完成后,交换机以新配置自动重启。点击"logout"结束连接。

四、媒体转换维护

复位任何媒体转换具备如下条件:DCS FLMD 电脑;使用断开/安装媒体转换器;使用调整 DIP 开关;CAT-5 线缆;网络图标显示媒体转换器连接和 DIP 开关设定。

1. 在 DCS 机架中对轨旁媒体转换器进行替换

NMM 通过位置编号来识别媒体转换器。
(1) 检查两个绿色连接灯:一个位于光纤端口旁,另一个位于CAT-5 端口旁。

(2) 检查光纤端口连接灯上的黄色电源 LED。

(3) 检查 DIP 开关和交叉按钮,确认它们的设置是否正确。

① 如果这三个灯都亮起,则媒体转换器正在运行。

② 如果这三个灯没有全部点亮,则检查电源情况。

③ 如果光纤灯没有点亮,检查如下可能存在的问题:Tx/Rx 光纤连接;媒体转换器的 AP 箱的光纤端口(由远程故障检测模式引起);媒体转换器的 AP 箱的 CAT-5 连接头:检查接插面板来确认光纤的正确连接,如果♯1 被确认,检查用来连接媒体转换器的 AP 箱,并复位媒体转换器;如果♯2 没有解决此问题,光纤出现了故障。

如果 CAT-5 端口显示灯没有点亮,可能是媒体转换器和交换机间的连接问题。试着使用 CAT-5 线缆将 FLMD 电脑连接到媒体转换器上,并确认连接灯被点亮。

2. AP 箱内的媒体转换器替换

AP 箱内的媒体转换器是 AP 箱背板的组成部分,将作为一个单元被替换。背板被安装好后:

(1) 检查 LED 电源。

(2) 检查光纤和以太网端口上的两个连接灯,来确保它们都显示绿色。

(3) 检查 DIP 开关和交叉按钮来确保它们被正确地设置:

① 如果三个连接灯都被点亮,则媒体转换器正在运行;

② 如果光纤连接灯熄灭,则复位连接到轨旁站台的媒体转换器并复测。如果它仍为熄灭状态,则光纤故障;

③ 如果 CAT-5 端口连接灯熄灭,检查与 AP 无线的连接,来确保 AP 无线以太网连接灯点亮。使用 FLMD 电脑来确认 CAT-5 端口的设置。

五、保密器件维护

对于轨旁和车载保密器件来说,保密器件维护将在 UNIX 接口处进行。FLMD 电脑可以为自己在 Windows 或 UNIX 选项中选择启动程序。当配置保密器件时,FLMD 机将使用 UNIX 操作系统进行启动。继续配置保密器件前,需要满足下列要求:

① 用 UNIX 启动 FLMD 电脑;

② LEMO 线缆;

③ 保密器件串联线缆;

④ 使用保密器件配置文档来复位保密器件;

⑤ 网络图表显示保密器件的连接;

⑥ 主机显示保密器件的 IP 地址。

UNIX 程序的目录结构,工作目录必须具有下列子目录:

① docs——相关文档;

② occam——OpenBSD 中每个需要删除的不必要的比特;

③ sdd——保密器件的 daemon 软件;

④ config——保密器件的配置工具。

1. 配置并下载安全器件配置文件

以下流程通过装有 UNIX 操作系统的 DCS FLMD 电脑进行，在根目录下登录：

(1) 打开安全器件并插入串口连接器。

(2) 输入:ppp. At ppp> prompt type：term。

(3) 在 SD 上登录。账户是 root，当前 CF 驱动 OS 镜像 LABEL OS 3.2.1.6 是 p。登录后提示是 sd_unconfigured♯。

(4) 在提示 sd_unconfigured♯ 里输入 date。如果 SD 日期不对，设置日期。输入：date yyyymmddhhmm（例如：200406201559 表示 2004/6/20/3 PM/59 分）。新拷贝的文件将有时间戳。

(5) 输入 rm /etc/isakmpd/crls/crl.pem。

(6) 输入 connect。当 SD 在提示 PPP 后停止，打开一个新的终端(CRTL-ALT-F2 or，如果 安装了 X-Window，按鼠标左键并选择：xterm)，使用 root 和密码登录，并指向 cd /workdir/config/site_name。Site_name 是 SD 的名字（例如：SD_SAH1）。要知道所有的 Site_name，输入 ls /workdir/config/SD *

注意：workdir 指的是 the working directory /home/sdddev_view2/DCS_SD/。

(7) 验证 PPP 连接。输入：ping 99.99.99.1 能得到安全器件给的回复。

(8) 拷贝配置文件到 SD 上。输入：scp-r-p * root@99.99.99.1:/。不能忽略最后的":/"，没有这个符号，将在本地路径上生成 root@99.99.99.1。

(9) 回到前一个终端，在 PPP 提示里输入 bye 来同步拷贝的文件，同时关闭 ppp 连接，必须要输入 bye。

(10) 重设 SD。

(11) 当 SD 设置好，重复步骤 2 和 3。新的提示将由 sd_unconfigured♯ 改为当前配置名（例如：SD_SAH1♯）。

(12) 输入 date 验证日期是否正确。如果不正确，重复步骤 4。

(13) 输入 exit 得到登录提示。这里输入 "~."（短波浪号，然后点）得到安装机器的提示。

2. 旧安全器件证书的撤回

安装了新安全器件后，旧安全器件的证书在证书授权里撤回。此程序在证书授权机里完成。如图 8.18 所示。

(1) 双击左边格里的 SCEP-CA，显示 4 个文件包。

(2) 双击 "Revoked/Issued certificates" 文件包，显示所有撤销/发布证书的表。

(3) 双击旧安全器件证书，显示有证书详细信息的对话框（版本、系列号、发布人、发布对象、签名、运算法则、验证期、公开钥匙等）。

(4) 在发布的证书项里，按鼠标右键撤销证书，然后选择 "All Tasks/Revoke Certificate"。

3. 安全器件配置和设置的验证

(1) 通过串行线登录 SD。账户名是 root，当前 CF 驱动 OS 镜像 LABEL OS 4.0 的密码是 p。

(2) ING line shows the OS version (ex. 4.0) and the release number (ex. BJL4config1.03)。

输入 cat /etc/sdd.conf. LC_VERSION_STRING 显示 OS 版本(如 4.0)和版本号(如 BJL4config1.03)。

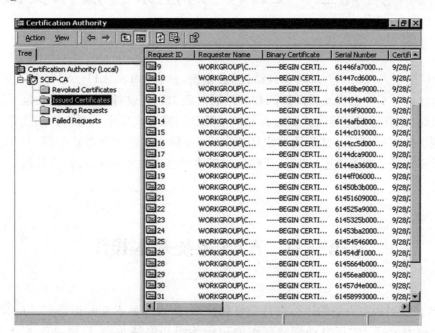

图 8.18 旧安全器件证书的撤回

第九章 CBTC 列控系统操作实践

CBTC 是新一代的 ATC(列车自动控制)系统,具有 ATS、ATP、ATO 等功能,可以最大限度地保证行车安全以及提高区间和车站通过能力。其设备构成、主要功能一直在不断完善和提高,尤其是列车运行控制方式和信号系统闭塞方式发生了根本性的变革。它是地铁行车调度依据行车计划或运力需求组织行车,并按一定的闭塞方式指挥列车安全、正点运行的重要系统。本章讲述 CBTC 下列控的基本操作实践以及 CBTC 后备模式下系统的应急处置。

第一节 ATS 系统基本操作

ATS 系统对所有设备的运行进行监督和控制,监视并显示实际运营列车的位置,控制列车按时刻表运行。它可自动调节列车的运行等级和停站时间,以维持时刻表和运行间隔;还能进行人工操作控制,通过 DCS 通道对所有或其中一列到站列车进行扣车/解除扣车,办理/取消速度限制,使用区域控制器临时关闭/开放某一区域。

调度员可分别通过各自的控制终端实现对其管辖线路的运行控制。OCC 的中央 ATS 子系统将运行状态信息发送到大屏幕显示系统,供调度员使用;ATS 系统具有若干控制等级,可将异常情况或设备故障而产生的不良影响降至最低。通常情况下控制中心 ATS 控制全线,当控制中心 ATS 故障发生(如通信中断)时,系统切换至某站设置的 ATS 主机服务器和通信服务器控制全线。当站级 ATS 设备故障,可以建立自动进路及自动折返进路;也可通过本地控制工作站进行人工进路控制和信号机控制,以及按站间闭塞行车。下面分别介绍其具体功能操作。

一、列车监督

ATS 系统实时接收所有列车报告的位置,ATS 系统界面上显示其位置,如图 9.1 所示。

二、扣车

扣车指令由调度员通过 ATS 工作站发布,并向列车发送。列车接到指令后,一直在站台停车等待。列车收到调度员发布的解除扣车指令后,可以从车站出发。如图 9.2 所示。

第九章　CBTC列控系统操作实践

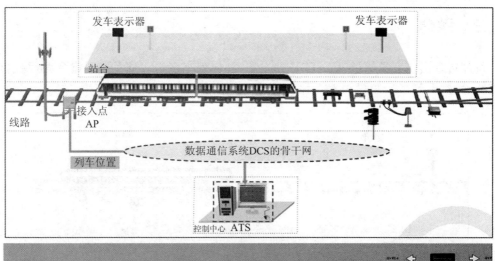

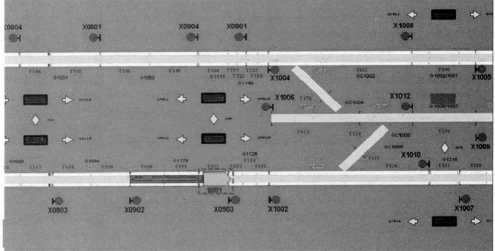

图 9.1　监督列车位置

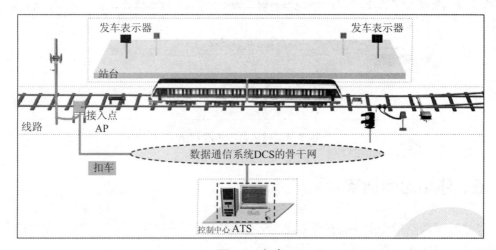

图 9.2　扣车

三、跳停

跳停指令由调度员通过 ATS 工作站发布,并向列车发送。列车接到指令后,到达车站时直接通过,不停车。如图 9.3 所示。

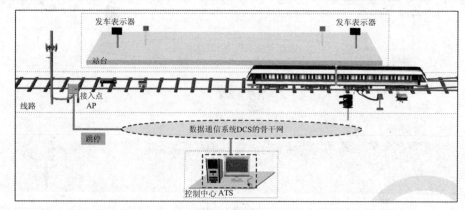

图 9.3 列车跳停

四、运行等级调整

运行等级调整指令由调度员通过 ATS 工作站发布,并向列车发送。列车接到指令后,以新的运行等级对应的速度曲线控制列车自动运行。如图 9.4 所示。

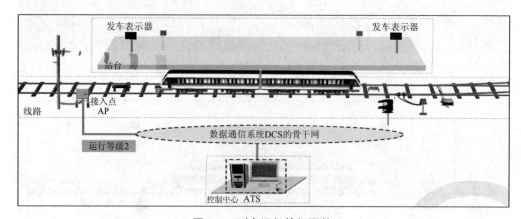

图 9.4 列车运行等级调整

五、停站时间调整

停站时间调整指令由调度员通过 ATS 工作站发布,并向列车发布。列车接到指令后,按照新的停站时间在车站停车。如图 9.5 所示。

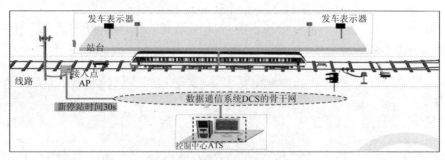

图 9.5　列车停站时间调整

六、发车表示器控制

列车到达车站站台停稳后，ATS 向发车表示器发送倒计时指令。发车表示器收到指令后开始倒计时，显示列车停站的剩余时间。如图 9.6 所示。

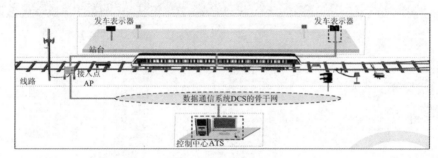

图 9.6　发车表示器控制

七、进路控制

进路控制分为自动排列进路和人工排列进路，自动排列进路由系统自动完成，人工排列进路操作员在 ATS 工作站完成。这里主要介绍人工排列进路过程。

1. 人工排列进路

ATS 系统的人工排列进路指令由操作员在 ATS 工作站上操作完成。这里以排列 X2104—X2109 进路为例介绍人工排列进路的操作步骤。如图 9.7 所示。

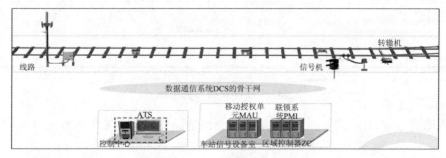

图 9.7　人工排列进路

通过鼠标选择进路始端信号机 X2104 并拖动到进路终端信号机 X2109，弹出进路命令窗口，进路命令窗口中的开始信号机列表中 X2104 高亮显示，结束信号机列表中的 X2109 高亮显示。如图 9.8 所示。

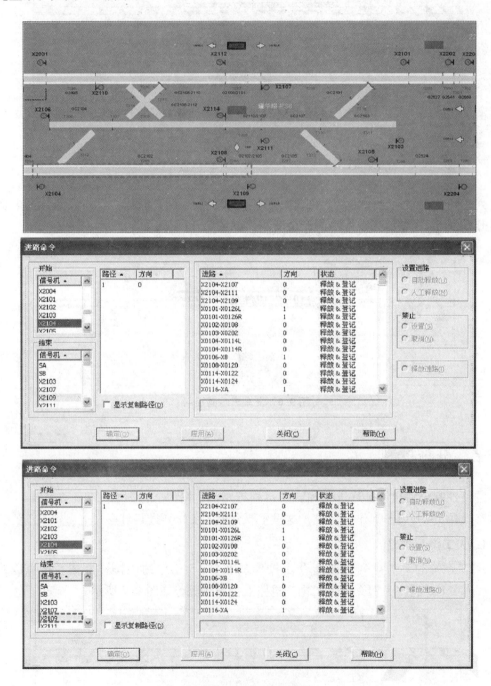

图 9.8　人工排列进路步骤 1

在进路命令窗口中，选择路径，进路列表中的进路 X2104－X2109 高亮显示，如图 9.9 所示。

图 9.9 人工排列进路步骤 2

在设置进路单选框中选择进路解锁方式，这里选择人工解锁方式。单击"确定"，则形成 ATS 排列进路命令。如图 9.10 所示。

图 9.10 人工排列进路步骤 3

ATS 系统将排列进路指令发送给区域控制器 ZC 的移动授权单元 MAU，MAU 执行 ATS 的进路请求。如果进路请求包含道岔，则向联锁系统 PMI（CI，CBI）发送进路请求，PMI 收到指令后执行联锁指令，控制道岔和信号机。如图 9.11 所示。

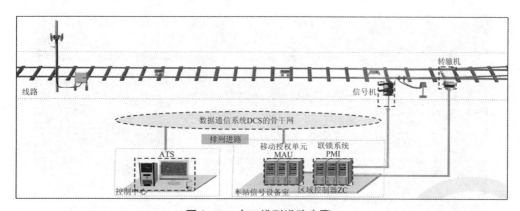

图 9.11 人工排列进路步骤 4

然后 PMI 将进路锁闭状态、道岔锁闭状态、信号机开放状态发送给 ATS，ATS 界面上显示相应的进路状态信息。如图 9.12 所示。

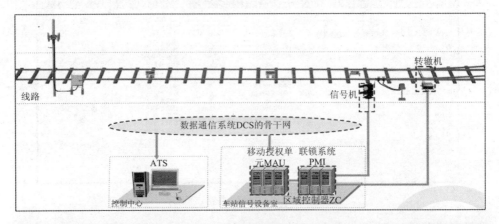

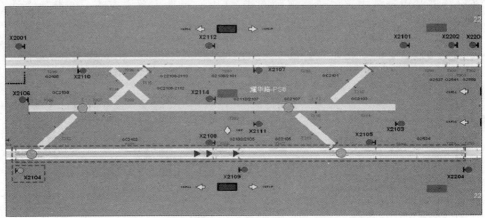

图 9.12　人工排列进路步骤 5

2. 人工取消进路

ATS 系统的人工取消进路指令由操作员在 ATS 工作站操作完成。这里以取消进路 X2104－X2109 为例介绍人工取消进路的操作步骤。如图 9.13 所示。

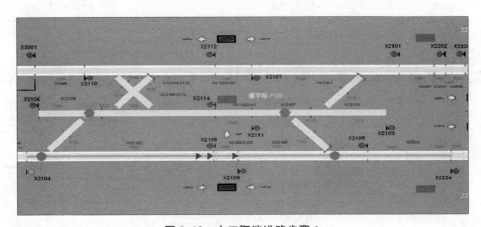

图 9.13　人工取消进路步骤 1

第九章 CBTC列控系统操作实践　　-179-

通过鼠标选择欲取消进路的始端信号机 X2104 并拖动到进路的终端信号机 X2109，弹出进路命令窗口，进路命令窗口中的始端信号机列表中 X2104 高亮显示，结束信号机列表中的 X2109 高亮显示。如图 9.14 所示。

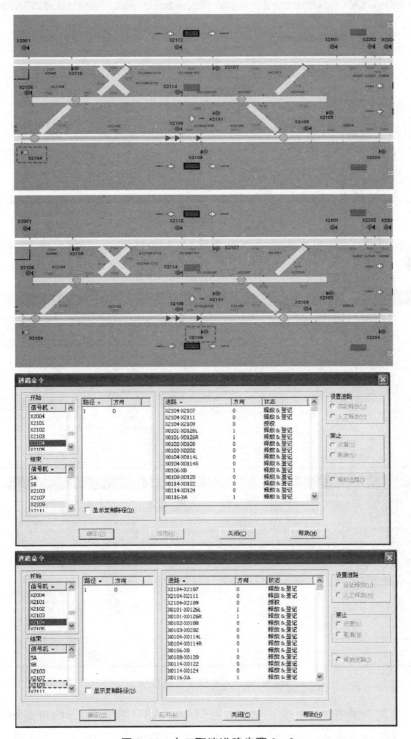

图 9.14　人工取消进路步骤 2～3

在进路命令窗口中，选择路径，进路列表中的进路 X2104－X2109 高亮显示。如图 9.15 所示。

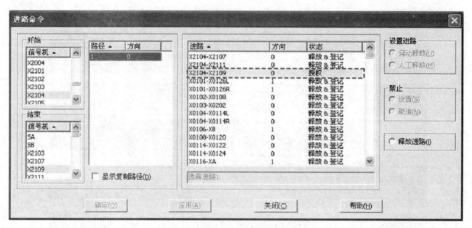

图 9.15　人工取消进路步骤 4

在设置进路单选框中选择释放进路单选框，单击"确定"，则 ATS 取消了进路指令。如图 9.16 所示。

图 9.16　人工取消进路步骤 5

ATS 系统将取消进路指令发送到 ZC 的 MAU，MAU 执行 ATS 的进路取消请求。如果所请求的进路包含道岔，则向 PMI 发送解锁进路请求，PMI 执行进路解锁。如图 9.17 所示。

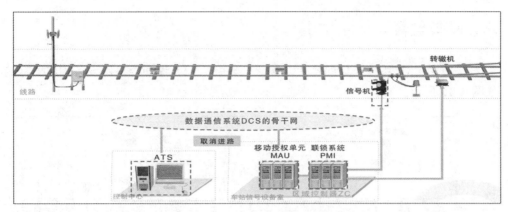

图 9.17 人工取消进路步骤 6

PMI 将进路解锁后的状态发给 ATS，ATS 界面上显示相应的进路解锁状态信息。如图 9.18 所示。

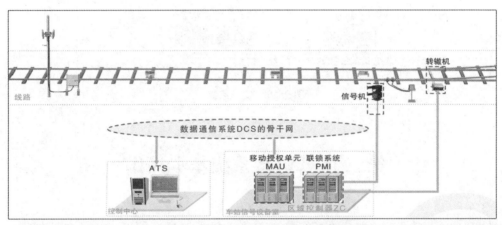

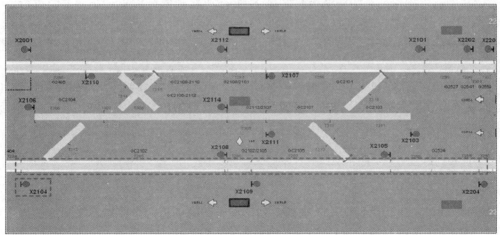

图 9.18 人工取消进路步骤 7

八、设备监督

ATS 接收由 PMI 系统采集的轨旁设备状态,并在 ATS 界面上显示设备相应图标的状态。如图 9.19 所示。

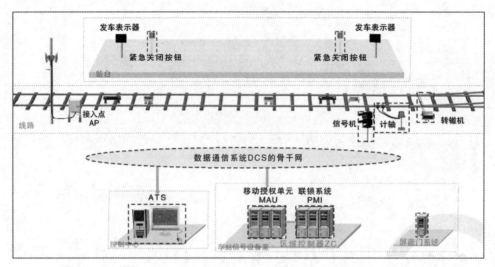

图 9.19　设备监督

第二节　ATP 系统基本操作

ATP 功能可确保列车的安全运行。ATP 所有功能都依照故障—安全准则执行,该准则符合 CENELEC 标准,系统具有线路双向运行的 ATP 功能。ATP 系统包括车载和轨旁 ATP 部分,如图 9.20 所示。轨旁子系统主要由区域控制器(ZC)、联锁系统及应答器等组成。

ZC 接收由其控制区内列车发出的位置信号。它负责根据所有已知障碍物的位置和运行权限来确定其区域内所有列车的运行权限。ZC 也回应相邻 ZC 的授权申请。在系统配置中,ZC 与 PMI 接口,如图 9.21 所示。下面分别按十个项目介绍其具体功能操作。

一、列车定位

VOBC 通过速度传感器的输入来确定列车在线路的任何两个应答器之间的具体位置。列车经过两个连续的具有校准功能的 A 型应答器(A-TAG)时,速度传感器测量它们之间的距离并发送给车载控制器 VOBC,VOBC 将测量值与车载数据库中预先定义的两个应答器之间的距离值进行比较,如果两者之差在允许误差范围之内,则列车位置确定。如图 9.22 所示。

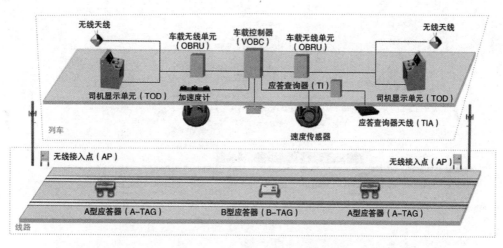

图 9.20 ATP 系统组成

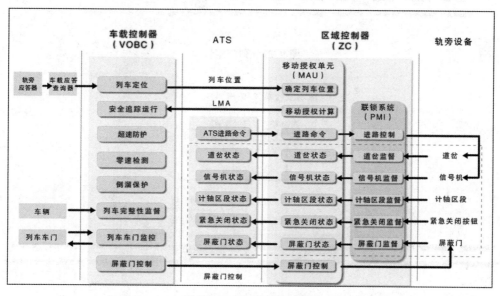

图 9.21 ATP 系统功能图

VOBC 向 ZC 的 MAU 报告列车位置(包括车头和车尾位置),如图 9.23 所示。

ZC 的 MAU 收到后,计算列车可能的位置。列车报告的车头位置加上位置不确定值以及估计的运行距离等于车头的可能位置。列车报告的车尾位置加上位置不确定值以及倒溜距离等于车尾的可能位置。MAU 确定的列车位置对其他列车而言是个障碍物。如图 9.24 所示。

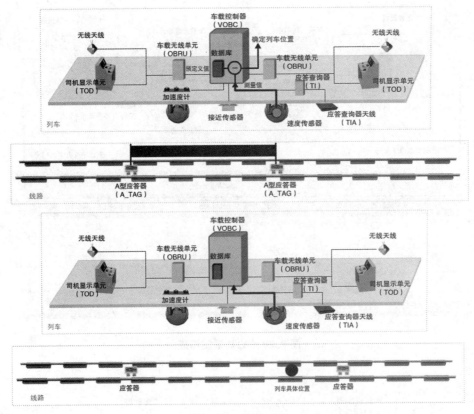

图 9.22 列车定位

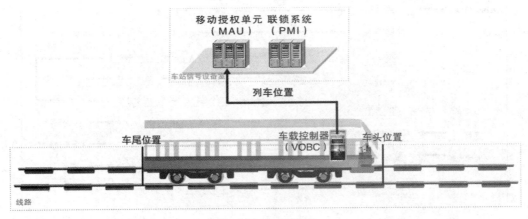

图 9.23 列车位置

二、移动授权计算

列车向 ZC 的 MAU 报告列车位置,MAU 根据前方障碍物的状态,计算移动授权 LMA,如图 9.25 所示。

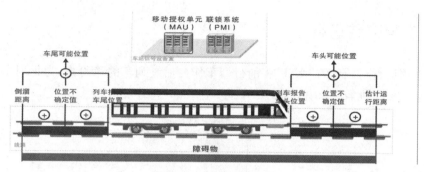

图 9.24　列车可能位置

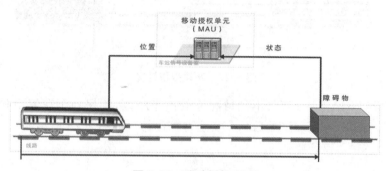

图 9.25　移动授权 LMA

三、超速防护

VOBC 连续监督列车实际速度,如果列车超速,VOBC 将施加紧急制动。如图 9.26 所示。

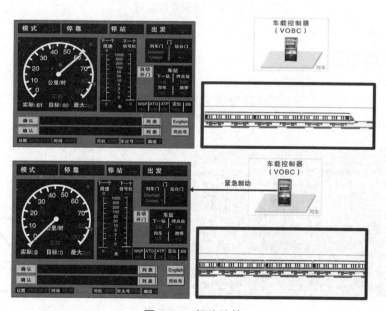

图 9.26　超速防护

四、安全追踪运行

两车追踪运行时，ZC 的 MAU 将前行列车作为后续列车的障碍物，为每列车计算移动授权 LMA 并发给列车。如图 9.27 所示。

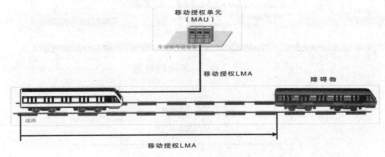

图 9.27　移动授权计算

VOBC 收到 LMA 后，计算最不利情况下的停车距离，确保列车在最不利情况下也能在 LMA 范围内停车，从而保证前后列车安全追踪运行。如图 9.28 所示。

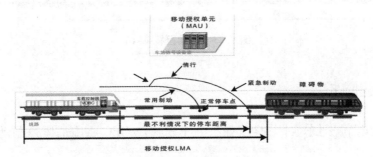

图 9.28　安全追踪运行

五、零速检测

列车速度小于 0.5 千米/小时且持续 1 秒钟以上，VOBC 就认为是零速状态，制动停车。如图 9.29 所示。

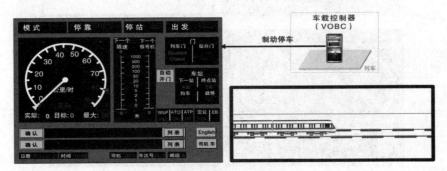

图 9.29　零速检测

六、倒溜保护

当列车停下来后,VOBC 能探测到列车沿允许运行方向的相反方向倒溜的情况,VOBC 允许列车向相反方向移动 1 米的距离,如果超过,将施加紧急制动。如图 9.30 所示。

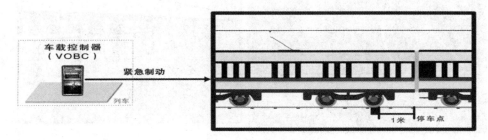

图 9.30　倒溜保护

七、列车完整性监督

VOBC 周期性的监督由车辆提供的列车完整性信号。如果在预定的时间没有收到车辆的列车完整性信号,VOBC 将施加紧急制动。如图 9.31 所示。

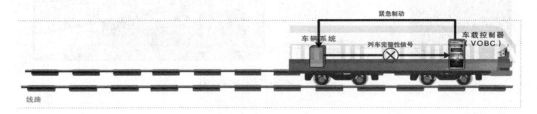

图 9.31　列车完整性监督

八、列车车门与屏蔽门监控

列车车门控制包括列车开门和关门控制。列车开门控制分人工开门和自动开门模式。通过司机显示单元 TOD 的车门开门模式选择按钮来设置。如图 9.32 所示。

人工开门模式下,当列车准确对位停靠站台后,VOBC 发送允许开门信号,司机按压开门按钮打开车门。同样,当列车停站结束时,VOBC 发送允许关门信号,司机按压关门按钮关闭车门。如图 9.33 所示。

自动开门模式下,当列车准确对位停靠站台后,VOBC 发送自动开门信号打开车门。同样,当列车停站结束时,VOBC 发送自动关门信号关闭车门。如图 9.34 所示。

VOBC 监督列车车门状态。车门打开时,VOBC 指示 TOD 的车门状态显示 OPEN;车门关闭时,VOBC 指示 TOD 的车门状态显示 CLOSED。如图 9.35 所示。

当车门状态丢失时,VOBC 指示 TOD 的车门状态显示"-----"(无效),VOBC 发送信号制动列车运行。

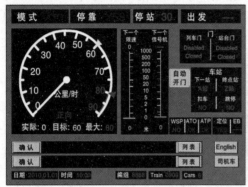 

图 9.32　车门开门模式

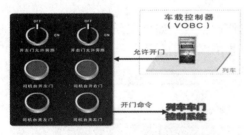 

图 9.33　人工开门(或关门)

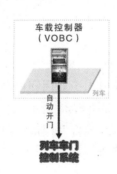 

图 9.34　自动开门模式(或关门)

当列车停稳站台后，VOBC 检测到车门允许打开，即向 ZC 的 MAU 发送屏蔽门开门授权。MAU 收到后，向屏蔽门系统发送开门指令，屏蔽门系统收到开门指令后打开屏蔽门。如图 9.36 所示。同样，当列车停站结束后，VOBC 向 ZC 的 MAU 发送屏蔽门关门授权。MAU 收到后，向屏蔽门系统发送关门指令，屏蔽门系统收到关门指令后关闭屏蔽门。

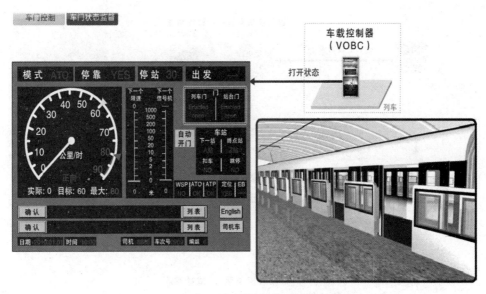

图 9.35　车门状态监控(停站开门状态)

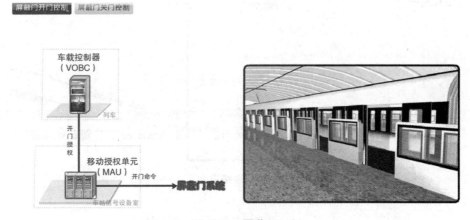

图 9.36　屏蔽门开门

九、进路控制

ZC 的移动授权 MAU 接收来自 ATS 的进路请求。如图 9.37 所示。

如果进路请求中包含道岔，则 MAU 向 PMI 发送进路请求，PMI 根据进路请求办理进路，控制道岔转到进路所要求的位置，并开放信号。如图 9.38 所示。

十、轨旁设备监督

ZC 的 PMI 监督道岔、信号机、计轴区段、紧急关闭按钮、屏蔽门等轨旁设备状态。PMI 将轨旁设备状态发送给 MAU，MAU 收到后，向 ATS 系统发送轨旁设备状态。同时，屏蔽门状态发送给 MAU，实现屏蔽门控制。如图 9.39 所示。

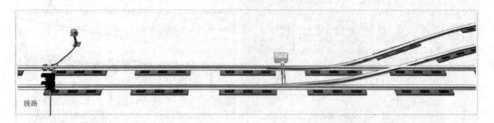

图 9.37 进路请求

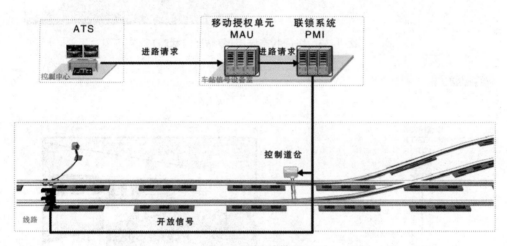

图 9.38 进路控制

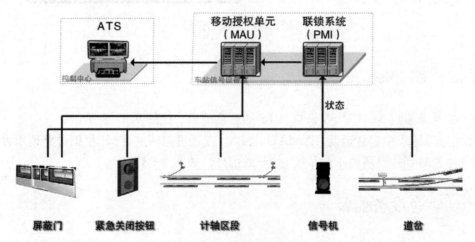

图 9.39 轨旁设备监督

第三节　ATO 系统基本操作

ATO 子系统由车载设备和轨旁设备组成。车载设备包括车载控制器(VOBC)、车载无线单元(OBRU)、无线天线、司机显示单元(TOD);轨旁设备主要是接近盘(应答器)。ATO 子系统与 ATP 子系统共用车载硬件设备,并没有独立的设备。车载 ATO 设备为主备冗余,且运行同样的软件,当主 ATO 单元发生故障,自动从主 ATO 单元切换到备用 ATO。如图 9.40 所示。

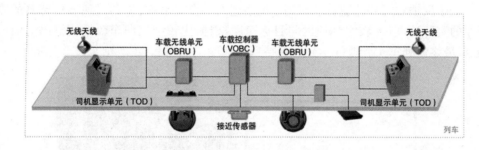

图 9.40　ATO 系统组成

由于 ATO 始终在 ATP 的监督下运行,所以就 ATO 子系统而言,并没有安全性的要求。系统的非安全列车自动运行和监控功能由 ATO 子系统完成。在列车运行过程中,ATO 子系统执行其规定功能,同时与 ATP 和其他子系统交换数据。在人工 ATP 模式下,ATO 的功能将受到限制。ATO 主要功能如表 9.1 所示。

表 9.1　ATO 的主要功能

非安全功能	自动(ATO模式)	人工(ATP模式)
列车速度控制	有	
车站停车	有	
门控	有	有
列车发车	有	
折返	有	有
跳停	有	
扣车	有	

续表

非安全功能	自动（ATO 模式）	人工（ATP 模式）
停站时间控制	有	有
报警监督与报告	有	有
与 TIMS 接口	有	有

一、列车速度控制

列车以自动 ATO 驾驶模式运行时，TOD 实时显示列车的实际速度和目标速度。VOBC 利用反馈和开环控制算法对列车速度进行控制，周期性地通过速度传感器的输入测量列车的实际速度，比较实际速度与目标速度，根据比较结果向车辆系统输出牵引或者制动命令，最终使列车实际速度达到并保持目标速度。如图 9.41 所示。

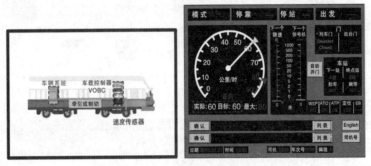

图 9.41 列车速度控制

二、车站停车

列车以自动 ATO 驾驶模式进站停车过程中，经过站台区域的接近盘（应答器）时，接近传感器探测到接近盘并向 VOBC 发送对位信号，VOBC 收到后控制列车在站台准确停车。如图 9.42 所示。

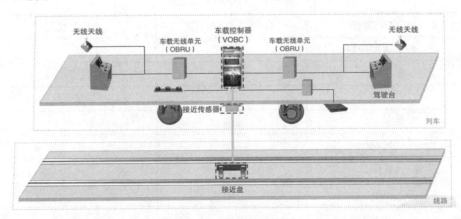

图 9.42 列车接近站台

列车停准站台后，VOBC 向 TOD 发送列车停靠站指令，TOD 接到后，停靠信息显示为 YES。如图 9.43 所示。

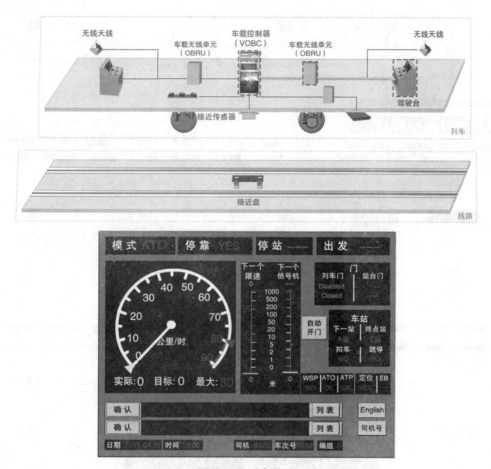

图 9.43　列车停站

列车以 ATO 驾驶模式运行时，进入站台停车前，列车的 VOBC 收到 ATS 发送的站台跳停命令，则向 TOD 显示发送跳停信息，TOD 收到后，站台跳停信息显示为 YES，列车直接通过站台，不停站。如图 9.44 所示。

三、车站扣车

列车以 ATO 驾驶模式运行时，在站台停车过程中，列车的 VOBC 收到 ATS 发送的站台扣车命令，则向 TOD 显示发送扣车信息，TOD 的站台扣车信息显示为 YES，列车不允许发车离开站台。如图 9.45 所示。

四、站台时间控制

列车以 ATO 驾驶模式运行时，在站台对位停车后，列车的 VOBC 收到 ATS 发送的新停站命令，则向 TOD 显示发送扣车信息，TOD 收到后显示新的停站时间并开始倒计时。

如图 9.46 所示。

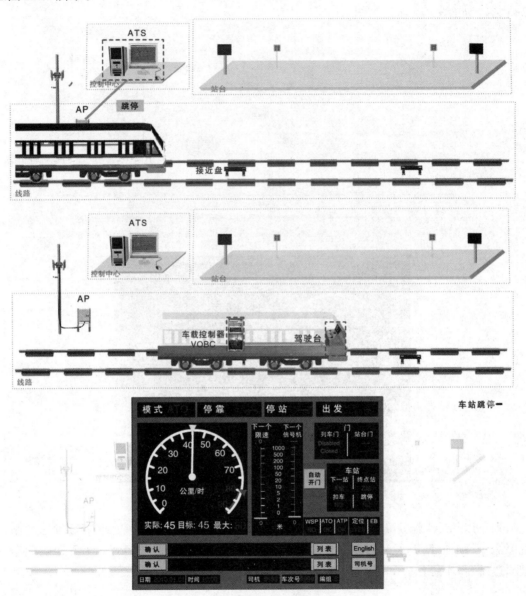

图 9.44　列车跳停

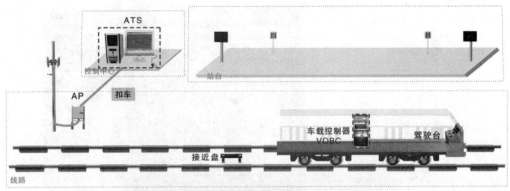

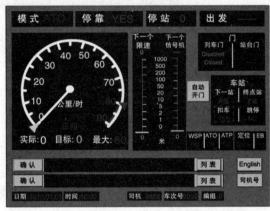

图 9.45 车站扣车

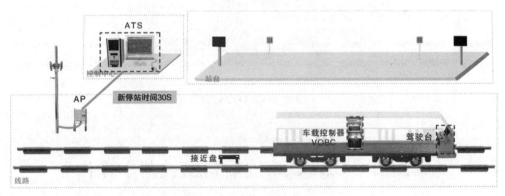

图 9.46 新停站时间设定

列车以 ATO 驾驶模式运行时,在站台停站时间结束后,如果发车条件满足,VOBC 向 TOD 发送允许发车信息,TOD 收到后,允许发车显示为 YES,允许列车从站台出发。

五、报警监督与报告

VOBC 监督各类报警信息,指示 TOD 显示报警信息,包括车—地通信故障、紧急制动、超速等,同时 VOBC 向 ATS 系统报告列车的各类报警信息。如图 9.47 所示。

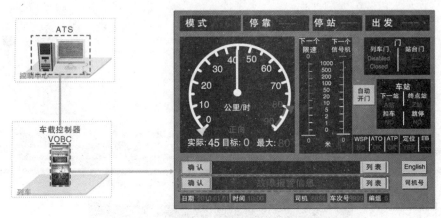

图 9.47　报警信息监督

六、VOBC 与 TIMS 接口

VOBC 实时将列车车次号、到达车站站名、下站站名、下站跳停、时钟等信息传送给列车信息管理系统 TIMS。如图 9.48 所示。

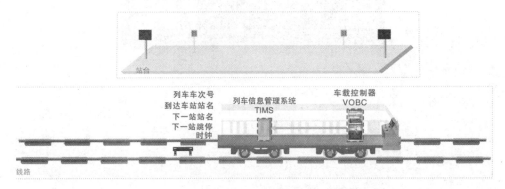

图 9.48　TIMS 接口

第四节　CBTC 系统后备模式基本操作

在 CBTC 系统中,增加后备模式已经成为标配。例如无线中断或者 ZC 故障时,在后备模式中,ATP 大多数厂家都采用了点式 ATP 或者利用计轴区段及联锁实现站间闭塞。可是,在 CBTC 模式和后备模式的切换,常常需要人工干预。如图 9.49 所示。

后备模式通常采用点式 ATP+站间闭塞+计轴系统。列车按照出站信号机显示行车,列车的行驶完全由司机人工控制,但是具有全程的 ATP 防护;如果司机丧失警惕越过红灯,车载控制器会通过轨旁设备接收到的信息触发紧急制动,因此保证了运行的安全。如图 9.50 所示。

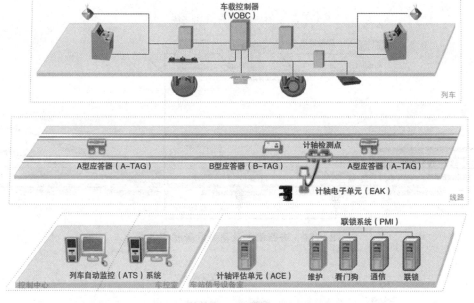

图 9.49　CBTC 后备模式系统组成

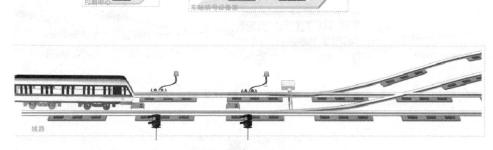

图 9.50　计轴区段

ATS 向 PMI 发送进路请求,联锁系统 PMI 执行进路请求,控制道岔和信号机。如图 9.51 所示。ATS 接收来自 PMI 采集的道岔、信号机、计轴区段等设备状态,并在 ATS 工作站上显示道岔、信号机、计轴区段等设备的状态,对列车和轨旁设备进行监督。

司机根据轨旁信号显示,以轨旁信号保护 WSP 模式驾驶列车运行。如图 9.52 所示。

一、列车检测

在 CBTC 后备模式下,计轴系统提供列车检测。如图 9.53 所示。

计轴监测点将轨道划分为若干计轴区段,无岔区段由两个监测点构成,道岔区段由三个或者三个以上监测点构成。如图 9.54 所示。根据列车运行方向,一个是区段入口监测点,一个是区段出口监测点。若出口监测点的车轮数等于入口监测点的车轮数,说明列车已经出清区段。

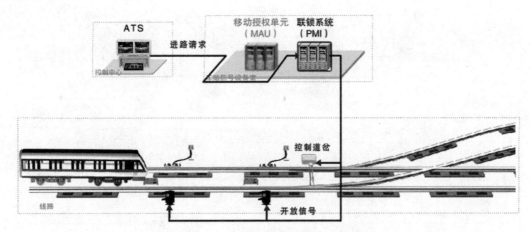

图 9.51　进路请求及轨旁设备状态监督

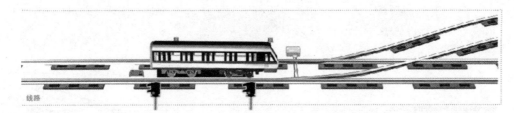

图 9.52　轨旁信号保护 WSP 模式运行

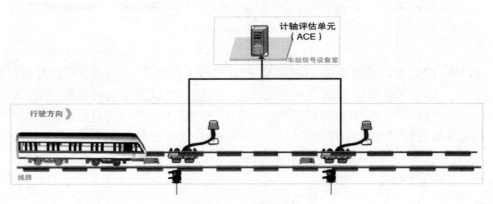

图 9.53　计轴检测

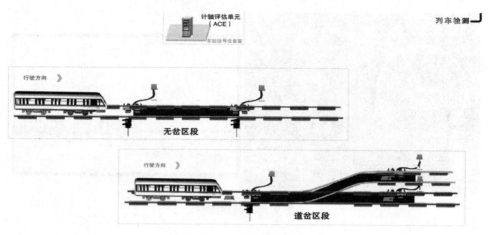

图 9.54 计轴区段划分

二、联锁与闭塞

当列车出清区段时,区段空闲,信号开放。如图 9.55 所示,前后两车追踪时,安全追踪间隔至少为一个区段。

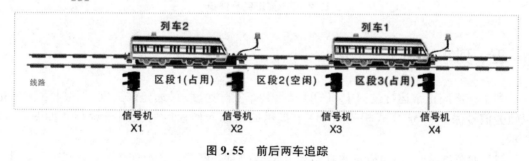

图 9.55 前后两车追踪

三、超速防护

司机以轨旁信号保护 WSP 模式驾驶列车运行过程中,VOBC 对列车速度进行连续监督,并且不断比较列车的实际速度与目标速度。一旦列车实际速度接近目标速度,就会产生声音报警,提醒司机减速。如果在一定的时间内,司机未采取减速措施,列车速度超过目标速度,VOBC 将施加紧急制动。如图 9.56 所示。

四、冒进红灯保护

VOBC 提供冒进红灯保护功能。当前方信号机为红色信号时,与信号机关联的 B 型应答器(B-TAG)不激活。当列车超过红灯信号时,VOBC 检测不到激活的 B 型应答器,即施加紧急制动。如图 9.57 所示。

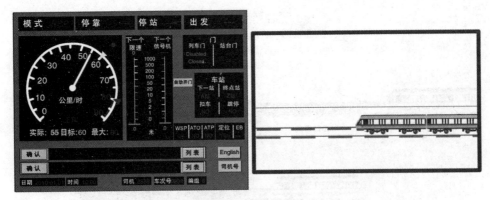

图 9.56 超速防护

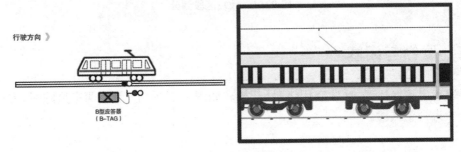

图 9.57 冒进红灯保护

五、列车运行

列车在区间正常运行过程中,TOD 显示列车实际速度、目标允许速度、驾驶模式;司机以轨旁信号保护 WSP 模式根据 TOD 上提示的目标允许速度驾驶列车运行。如图 9.58 所示。

(1) 列车进站时,由司机负责在站台与屏蔽门对准停车;
(2) 列车停站后,需要打开的车门开门按钮点亮,司机按压按钮打开车门;
(3) 停站结束后,已打开的车门关闭按钮点亮,司机按压按钮关闭车门;
(4) 司机需要确认以下条件才能操作驾驶手柄从站台发车:
① 确定车门和屏蔽门关闭并锁闭;
② 出站信号机开放;
③ 停站时间结束,上客完毕;
④ 没有其他危险。

当按下站台紧急关闭按钮后,该站台的进站信号机和出站信号机全部显示为关闭(禁止)信号(红灯),准备出站的列车不允许出站。如图 9.59 所示。

六、列车出/入库

列车从车库以限速向前 RMF 模式运行,接近 CBTC 区域前,如果 VOBC 检测到两个连续的 A 型应答器(A-TAG)，则 VOBC 建立列车位置。如图 9.60 所示。

图 9.58 WSP 运行、站台发车

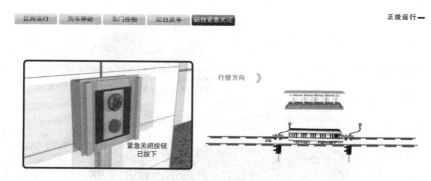

图 9.59 列车停在站台

停车场排列进路，开放 ATC 信号系统进入信号机，ATC 进入信号开放，激活关联的 B 型应答器(B-TAG)，列车经过 B 型应答器时，VOBC 检测到该应答器为允许进入信号。如图 9.61 所示。

列车进入转换区停车，VOBC 指示 TOD 显示轨旁信号保护 WSP 模式可用，司机转换驾驶模式为轨旁信号保护 WSP 模式。如图 9.62 所示。

如果转换区 TZ 信号机开放，则司机可以轨旁信号保护 WSP 模式驾驶列车进入正线运行。如图 9.63 所示。

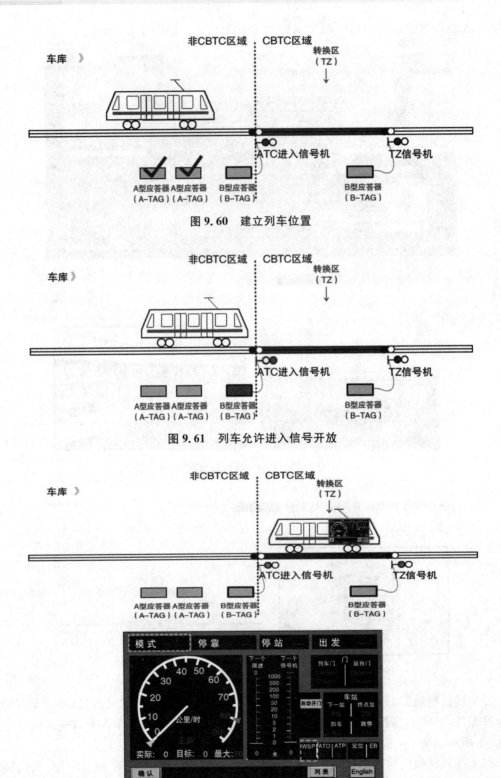

图 9.60 建立列车位置

图 9.61 列车允许进入信号开放

图 9.62 列车进入转换区

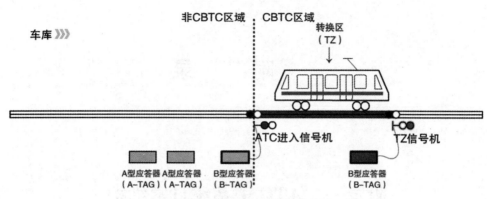

图 9.63 转换区 TZ 信号机开放

列车回库与出库类似,正线联锁系统 PMI 判断转换区 TZ 是否空闲、退出信号机是否开放。当 ATC 退出信号机开放时,司机驾驶列车由正线进入转换区 TZ 后,轨旁信号保护 WSP 模式变为不可用。列车在 TZ 停车后,司机将驾驶模式由 WSP 切换到限速向前模式 RMF,驾驶列车回库,退出运营。

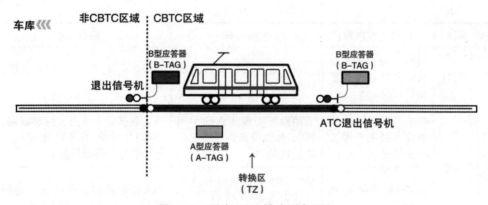

图 9.64 退出 WSP 模式列车回库

附　录

附录一　ATC 子系统日常维护

一、速度传感器维护

修程	周期	检修工作内容	检修步骤	检修标准
日常保养	每日	安装装置检查。检查设备外表及设备清洁状况	检查设备外表情况及清洁状况	设备固定良好,没有破损、脱漆、标识清晰正确
二级保养	每季	安装装置检查。检查设备外表及设备清洁状况	手动检查安装装置的牢固情况,检查设备外表情况及清洁状况	设备外部安装或固定螺丝紧固,没有破损、脱漆、标识清晰正确。进行连接电缆弯曲度检查
		接线端子导通性检查	使用数字万用表检查速度传感器各通道与 CC 的导通性	所有速度传感器接线端子与相对应的 CC 的 P2 端子均导通
小修	每年	同二级保养内容		
		绝缘电阻测试	对外壳及各通道间进行检查	正常情况下≥500MΩ,极端湿热情况≥20MΩ
		设备除锈、油漆	对锈蚀的设备、装置进行除锈,整机油漆	除去锈点及漆斑使,设备无锈蚀平顺,油饰光滑、平整
		弯曲半径检查	使用卷尺测量电缆的弯曲半径	传感器直接引出电缆最小弯曲半径不得小于 165mm,否则会引起电缆损坏
		速度传感器工作状态测试	在试车线进行动车测试,测试需连接 MCT	MCT 检测的速度传感器工作参数值正常

二、TIA 天线及连接电缆维护

修程	周期	检修工作内容	检修步骤	检修标准
日常保养	每日	安装装置检查。检查设备外表及设备清洁状况	检查设备外表情况及清洁状况	设备固定良好,没有破损、脱漆、标识清晰正确,TIA 接受信号范围内没有金属物质
二级保养	每季	安装装置检查。检查设备外表及设备清洁状况	手动检查安装装置的牢固情况,检查设备外表情况及清洁状况	设备固定良好,没有破损、脱漆、标识清晰正确
		同轴电缆线连接及固定状态检查	手动检查同轴电缆线的连接及固定情况	设备固定良好
		导通性检查	使用万用表测量导通性	TIA 应该与车体构架进行电气连接。TIA 底座应该与机车车体/转向架进行可靠连接
		设备安装规范检查	按照规范检查设备安装位置	TIA 中心距车钩距离为 5.86m±10mm;TIA 安装在车辆纵向轴的中心处,边到边的误差范围为 ±5mm;TIA 的安装高度距离轨面为 300mm±10mm;使用十字水平仪检查 TIA 的纵向和水平方向的水平程度
小修	每年	同二级保养内容		
		设备除锈、油漆	对锈蚀的设备、装置进行除锈,整机油漆	除去锈点及漆斑,使设备无锈蚀平顺。油饰光滑、平整
		TI 工作状态测试	在试车线进行动车测试,测试需连接 MCT	MCT 检测的 TI 读取信标工作参数值正常

三、加速度计及连接电缆

修程	周期	检修工作内容	检修步骤	检修标准
日常保养	每日	安装装置检查。检查设备外表及设备清洁状况	检查设备外表情况及清洁状况	设备固定良好,没有破损、脱漆、标识清晰正确

续表

修程	周期	检修工作内容	检修步骤	检修标准
二级保养	每季	安装装置检查。检查设备外表及设备清洁状况	手动检查安装装置的牢固情况,检查设备外表情况及清洁状况	设备固定良好,没有破损、脱漆、标识清晰正确
小修	每年	同二级保养内容		
		故障冗余测试	人工模拟1块加速度计故障	任一加速度计故障时CC仍将正常工作
		加速度计工作状态测试	在试车线进行动车测试,测试需连接MCT	MCT检测的加速度计工作参数值正常

四、CC机柜维护

修程	周期	检修工作内容	检修步骤	检修标准
日常保养	每日	安装装置检查。检查设备外表及设备清洁状况	检查设备外表情况及清洁状况	设备固定良好,没有破损、脱漆、标识清晰正确;检查各板卡在对应的位置;接地线安装螺丝紧固,接地良好,P1和P2端子连接良好,弯曲半径满足要求(信号屏蔽线P2的线束弯曲半径不小于65mm,电源线P1的线束弯曲半径不小于51mm)
		检查设备运转状态有无异状	开主控钥匙,观察显示屏显示,并根据检修内容检查柜内板卡各模块灯显示是否正确	设备显示标准参照车载维护手册
		作好日检测并下载车载日志记录	使用MCT读取上线列车(包括备用)的故障信息及紧急制动数据,读取后删除车载设备的记录	不能漏读,所有上线列车(包括备用)的故障信息及紧急制动数据都要读取
二级保养	每季	同日常保养内容		
		安装装置检查。检查设备外表及设备清洁状况	手动检查安装装置的牢固情况,检查设备外表情况及清洁状况	各部件的面板、印刷电路板、插槽、插匙、端口(接口)清洁无灰尘。清洁完毕,所有部件保证正确恢复原位且连接紧固口(接口)清洁无灰尘

续表

修程	周期	检修工作内容	检修步骤	检修标准
二级保养	每季	静态测试	在车库或试车线内进行静态功能测试	测试相关项目和标准参照《车载维护手册》
		地线检查	检查地线	地线连接良好,安装牢固、无锈蚀
		风扇检查	1. 检查风扇转动情况; 2. 风扇清洁;必要时加油润滑	风扇运作良好
		检查标示及设备铭牌	检查标示及设备铭牌	标识齐全、清楚;设备铭牌安装良好、清洁
小修	每年	同二级保养内容		
		动态测试	连接 MCT 在试车线进行动车测试	参照《车载维护手册》及《车载测试大纲》相关内容

五、TOD 显示屏维护

修程	周期	检修工作内容	检修步骤	检修标准
日常保养	每日	检查设备运转状态有无异状,显示是否清晰,外观无机械损伤,外部清扫	1. 启动检查; 2. 外观检查; 3. 触摸屏定位精度检查	1. 启动时正常响应车载 ATP/ATO 系统要求,各表示正确; 2. 显示正常,图像清晰、色彩鲜艳、光暗度对比度适中; 3. 检查设备外表是否有裂纹、刮花或破损等现象,如果有,应根据损坏程度作出适当的处理。TOD 安装方正、稳固不松动,设备表面及背部干净、清洁、无灰尘及油渍; 4. 触摸屏定位精确
		读取显示屏上的故障信息	打开显示屏观看	读取故障信息,做好记录,并分析
二级保养	每半年	同日常保养内容		
		声音报警功能测试	模拟故障状态,检查报警响应	报警功能正常,喇叭声响适中
		静态测试	按照静态测试项目要求进行	1. 按照检查项目要求; 2. 点触显示屏选项反应灵敏,正确表示相关数据及实时列车状态; 3. 电缆的连接应牢固,接触良好; 4. 安装接口测试正常

续表

修程	周期	检修工作内容	检修步骤	检修标准
小修	每年	同二级保养内容		
		显示屏内部卫生清洁(部件)	清洁显示屏内部清洁	1. 内部清洁无灰尘; 2. 各部件螺丝紧固(无松动、锈蚀、滑丝、缺损等现象)
		检查接插件是否牢固,接口是否良好	采用眼看、手动检查设备外观	各部件、接口的螺丝应紧固,连接线应连接牢固,无断线,无接触不良,表皮无破损
		动态测试	按照动态测试项目要求进行	1. 显示正常,图像清晰、色彩鲜艳、光暗度对比度适中; 2. 显示内容与测试项目吻合,无延时性

附录二 DCS 设备日常维护

一、交换机维护

修程	周期	维护内容	维护方法	维护标准
日常保养	每日及每周	设备运行状态检查	检查设备各运行指示灯是否正常	设备运行指示灯正常
		外观检查	外表有无损坏、安装是否牢固	牢固可靠、无破损
		交换机紧固件	1. 检查设备紧固件是否牢固	设备紧固件牢固
			2. 检查交换机的接头是否紧固	交换机光缆、电缆紧固
			3. 检查交换机架内光纤终端盒是否牢固	交换机内光纤终端盒牢固
			4. 检查地线连接是否牢固	地线连接牢固
二级保养	每季	检查交换机线缆	1. 同日常保养内容	
			2. 检查机柜标牌是否完整	机柜标牌完整
			3. 检查机柜线缆是否完好无破损	机柜线缆完好无破损
			4. 检查交换机机柜内尾纤是否完好无破损	交换机机柜内尾纤完好无破损
			5. 线缆标识是否完整	线缆标识完整
			6. 尾纤插头是否有紧固	插头紧固
小修	每年	交换机线缆整治	1. 同二级保养内容	
			2. 检查线缆是否老化	线缆无老化现象
			3. 更换线缆(需要时)	线缆完好
			4. 检查地线固定螺丝是否牢固,必要时重新紧固,检查螺丝是否生锈	各地线螺丝固定,无生锈
			5. 清除地线连接头的污渍和锈渍	地线连接头无污渍和锈渍
中修	五年	根据实际情况更换相应硬件		
大修	十五年	更换系统		性能不得低于原设备标准

二、无线控制器维护

修程	周期	维护内容	维护方法	维护标准
日常保养	每日及每季	设备运行状态检查	检查设备各运行指示灯是否正常	设备运行指示灯正常
		外观检查	外表有无损坏、安装是否牢固	牢固可靠、无破损
		紧固件	1. 检查设备紧固件是否牢固	设备紧固件牢固
			2. 检查接头是否紧固	光缆、电缆紧固
			3. 检查机柜内尾纤是否牢固	机柜内尾纤固定牢固
			4. 检查地线连接是否牢固	地线连接牢固
小修	每年	线缆整治	1. 同二级保养内容	
			2. 检查线缆是否老化	线缆无老化现象
			3. 更换线缆（需要时）	线缆完好
			4. 检查地线固定螺丝是否牢固，必要时重新紧固，检查螺丝是否生锈	各地线螺丝固定，无生锈
			5. 清除地线连接头的污渍和锈渍	地线连接头无污渍和锈渍
中修	五年	根据实际情况更换相应硬件		
大修	十五年	更换系统		性能不得低于原设备标准

三、无线 AP 维护

修程	周期	维护内容	维护方法	维护标准
日常保养	每日	AP 工作状态检查	在网管上对 AP 的工作状态进行检查	可 Ping 通每个 AP
二级保养	每年	1. 清洁和 AP 箱的卫生	1. 检查 AP 箱上是否堆积有泥土或其他凝结物，如有，把它清除掉	AP 箱表面洁净
			2. 用软毛刷子和白毛巾清除所有天线线缆接口的凝结物或灰尘	天线线缆接口洁净

续表

修程	周期	维护内容	维护方法	维护标准
二级保养	每年	2. 检查天线、AP箱是否紧固	1. 查天线、AP箱紧固情况,确定所有固定架都紧固,如有松动的,重新紧固	天线、AP箱固定架紧固,无松动
			2. AP箱是否密封完好	AP箱密封完好
		3. 尾纤插头及光纤盒是否紧固	检查尾纤插头是否紧固	尾纤插头紧固
		4. AP箱线缆及防雷端子整治	1. 检查天线连接头和电缆、光缆的接头是否有损坏和松脱,线缆是否老化现象,对损坏部分进行修理或更换	连接头无损坏及松脱,线缆无老化
			2. 检查地线固定螺丝是否牢固,必要时重新紧固,检查螺丝是否生锈	各地线螺丝固定,无生锈
			3. 检查防雷单元	防雷端子完好
		5. 技术检查及测量	1. AP箱220V电源输出的电压	输出的电压在设计范围内
			2. AP箱内AP工作状态指示灯是否正常	参考无线技术资料
中修	五年	根据实际情况更换相应硬件		
大修	十五年	更换系统		性能不得低于原设备标准

四、车载 MR 维护

修程	周期	检修工作内容	检修步骤	检修标准
日常保养	每日	安装装置检查,检查设备外表、设备清洁状况	检查设备外表情况及清洁状况	设备固定良好,没有破损、脱漆、标识清晰正确
		工作状态检查	工作状态指示灯检查	显示正常
二级保养	每季	安装装置检查,检查设备外表及设备清洁状况	手动检查安装装置的牢固情况,检查设备外表情况及清洁状况	设备固定良好,没有破损、脱漆、标识清晰正确
		同轴电缆线连接及固定状态检查	手动检查同轴电缆线的连接及固定情况	设备固定良好
		MR连接器检查	电源ITT接头、Harting接口检查	设备固定良好

五、网管维护

设备	修程	检修工作内容	周期
网管服务器	日常保养	1. 设备各指示灯状态； 2. 进程运行情况； 3. 网络连通情况	每日
	二级保养	1. 设备表面清洁； 2. 检查主机外设插接件紧固部件螺丝； 3. 检查键盘及鼠标功能； 4. 检查散热风扇是否正常； 5. 电源及线缆检查； 6. 检查主机	每季度
	小修	1. 设备部件紧固； 2. 系统数据、用户密码备份、更新； 3. 功能检查； 4. 硬盘备份	每年

参 考 文 献

[1] 刘婉玲.城市轨道交通运输设备[M].成都:西南交通大学出版社,2010.
[2] 周顺华.城市轨道交通设备系统[M].北京:人民交通出版社,2009.
[3] 林瑜筠.城市轨道交通信号[M].北京:中国铁道出版社,2010.
[4] 上海申通地铁集团有限公司轨道交通培训中心.城市轨道交通通信技术[M].北京:中国铁道出版社,2012.
[5] 上海申通地铁集团有限公司轨道交通培训中心.城市轨道交通信号技术[M].北京:中国铁道出版社,2012.
[6] 贾文婷.城市轨道交通列车运行控制[M].北京:北京交通大学出版社,2012.
[7] 陈荣武.城市轨道交通列车运行控制[M].北京:科学出版社,2014.
[8] 顾保南,叶霞飞.城市轨道交通工程[M].武汉:华中科技大学出版社,2007.
[9] 孙章,蒲琪.城市轨道交通概论[M].北京:人民交通出版社,2010.
[10] 刘晓娟,张雁鹏,汤自安.城市轨道交通智能控制系统[M].北京:中国铁道出版社,2008.
[11] 牛红霞.城市轨道交通概论[M].北京:化学工业出版社,2011.
[12] 贾毓杰.城市轨道交通通信与信号[M].北京:机械工业出版社,2014.
[13] 邢红霞,李乐.城市轨道交通信号系统[M].重庆:重庆大学出版社,2013.
[14] 中华人民共和国住房和城乡建设部.城市轨道交通技术规范[M].北京:中国建筑工业出版社,2009.
[15] 李慧玲.城市轨道交通调度指挥工作[M].北京:中国铁道出版社,2013.
[16] 何宗华.城市轨道交通通信信号系统运行与维修[M].北京:中国建筑工业出版社,2007.
[17] 赵跟党,张玮.城市轨道交通信号常见故障及应急处理[M].重庆:重庆大学出版社,2014.
[18] 张利彪.城市轨道交通信号与通信系统[M].北京:人民交通出版社,2010.
[19] 李珊珊.城市轨道交通列车运行控制[M].北京:化学工业出版社,2014.